Mike Hager
Geld allein ist auch eine Lösung

Mike Hager

Geld allein ist auch eine Lösung

Erstaunlich einfache Wahrheiten
über Wohlstand und Reichtum

WIE DU WIRKLICH FINANZIELL FREI WIRST

ARISTON

Sollte diese Publikation Links auf Webseiten Dritter enthalten,
so übernehmen wir für deren Inhalte keine Haftung,
da wir uns diese nicht zu eigen machen, sondern lediglich
auf deren Stand zum Zeitpunkt der Erstveröffentlichung verweisen.

Bibliografische Information der Deutschen Bibliothek

Die Deutsche Bibliothek verzeichnet diese Publikation in der
Deutschen Nationalbibliografie; detaillierte bibliografische Daten sind im
Internet unter www.dnb.de abrufbar.

Penguin Random House Verlagsgruppe FSC® N001967

© 2021 Ariston Verlag in der Penguin Random House Verlagsgruppe GmbH,
Neumarkter Straße 28, 81673 München
Alle Rechte vorbehalten
Unter Mitarbeit von Dr. Petra Begemann, www.petrabegemann.de
Umschlaggestaltung: Hauptmann & Kompanie Werbeagentur Zürich,
unter Verwendung eines Fotos von © Christian Lisch
nach einem Entwurf von Alexander Volkmer
Redaktion: Evelyn Boos-Körner
Satz: Satzwerk Huber, Germering
Druck und Bindung: CPI books GmbH, Leck
Printed in Germany

ISBN: 978-3-424-20247-2

INHALT

Mikes Credo: Reich werden ist keine Hexerei 9

💶 Über Geld spricht man!

1. Von der Hand in den Mund?
   Lieber als Riese aus der Krise! 17
2. »Neid-Rider«: Wer die Reichen nicht mag, bleibt
   selber arm 21
3. Geld kommt nur zu Menschen, die Geld mögen 25
4. Ziele: Lieber größenwahnsinnig als kleinmütig! 32
5. Mangel oder Fülle? Deine Entscheidung! 37

💡 Geld-Basics

6. Ohne Lotto und Coffee to go ganz einfach Millionär 45
7. Ausgabe oder Investition? Das wichtigste Geldgesetz 49
8. Anders als der Standard: Lebe lieber »ungemütlich« 54
9. Gib kein Geld aus, das du nicht hast, für Dinge,
   die du nicht brauchst, um Menschen zu beeindrucken,
   die du nicht magst 59
10. Hirn hilft: Investiere nur in etwas, das du verstehst 63

Geld im Alltag

11. Kopiere nicht das Leben deiner Eltern	69
12. Liebe vergeht, Hektar besteht	74
13. Schau, wem du traust	81
14. Der Wert deiner Kontakte	85
15. Konto fett, Körper schlank	93

Geldgeneratoren

16. Von Milliardären lernen heißt siegen lernen (Lob der Sparsamkeit)	99
17. Erhöhe den individuellen Nutzen deiner Arbeit	109
18. Nutze den kleinsten Geldgenerator der Welt	118
19. Wer den Mund nicht aufmacht, macht den Geldbeutel auf	122
20. Wer billig kauft, kauft zweimal	127

Geld klug investieren

21. Geld-Know-how: Schmiede dein Glück selber	133
22. Kontenmodelle: Mit System zu vollen Konten	145
23. Börse für alle: Mit Aktien auf Nummer sicher	155
24. Anleihen, Gold & Co.: Wer streut, rutscht nicht aus	169
25. Der Millionärsmacher: Immobilien	179

 **Geld und Glück**

26. Verschwende deine Zeit nicht	195
27. Was du fokussierst, wird größer	201
28. Glück ist, wenn Vorbereitung auf Gelegenheit trifft	209
29. Auf Dauer besitzt man, was man verdient	214
30. Mikes F.A.B.E.L.®-Strategie – und warum sie auch beim Thema Geld greift	218
Pack es an!	224
Die zehn Gebote des Geldes	226
Die ultimative Reichtumsformel	227
Danke	229
Quellenangaben und Anmerkungen	232

MIKES CREDO:
REICH WERDEN IST KEINE HEXEREI

> »Ich war reich und ich war arm. Reich ist besser.«
>
> Mae West (Filmstar) (1893–1980)

Reich werden ist tatsächlich kein Hexenwerk. Ich weiß ziemlich genau, wovon ich rede, denn mit dem Schuldenmachen ist es leider ganz genauso. Mit 26 lebte ich in einer Dreier-Studenten-WG und war gerade dabei, beruflich wieder Fuß zu fassen, nachdem ich meinen ersten »echten« Job als Comedy-Autor bei einem privaten Radiosender verloren hatte. Dazu kamen, quasi über Nacht, 35.000 Euro Schulden. Das geht leichter, als du vielleicht denkst. Alles, was du dazu brauchst, ist ein mittelmäßiger Steuerberater, eigene Ahnungslosigkeit in Geldfragen und eine kleine erfolgreiche Börsenspekulation.

Doch der Reihe nach. Ich wusste natürlich, dass ich auch als Freiberufler Steuern zahlen muss, und hatte brav Geld dafür beiseitegelegt. Was ich nicht wusste, ist, dass das Finanzamt gleich noch mal dieselbe Summe fürs nächste Jahr als Steuervorauszahlung kassieren will. Vielleicht hätte ein findiger Steuerberater mich gewarnt oder mir geholfen, diese zweite Forderung zu drücken. Doch letztlich lag der Ball bei mir: Spätestens jetzt hätte ich aktiv werden und mit der Behörde verhandeln sollen. Das tat ich nicht. In meiner Familie verhandelte man nicht mit dem Finanzamt. Meine Eltern sind sparsame Beamte, sie leben so gesehen auf einem anderen Stern. Wie es das Unglück wollte, hatte ich kurz zuvor mit Pennystocks an der Börse 37.000 Euro Gewinn gemacht. Pennystocks sind Aktien, die nur ein paar Cent pro Stück kosten. Ich hatte knapp

3000 Euro investiert und tatsächlich waren sie ein paar Wochen später 40.000 Euro wert. Ich habe sie sofort verkauft und so Gewinn gemacht. Es war die Zeit, in der beliebte Fernsehkommissare vor der *Tagesschau* Werbung für Telekom-Aktien machten und nur Deppen keine Aktien kauften. Biedere Rentner investierten ihr Geld in Unternehmen, deren Namen sie nicht einmal aussprechen konnten. Ich steckte nun meinen gesamten Gewinn gleich in neue (und – wie ich heute weiß – hochriskante) Pennystocks. Dann kam der Crash von 2000, die Dotcomblase platzte und mein Geld war weg. Na ja, wie ich heute weiß, war es nicht weg. Geld ist nie weg, es ist halt nur bei jemand anderem. Doch die 37.000 Euro Gewinn mussten natürlich trotzdem versteuert werden. Und schon hatte ich Schulden in deutlich fünfstelliger Höhe.

Ich war am Boden zerstört und konnte kaum noch schlafen. Beruflich hatte ich noch nicht viel auf die Reihe gebracht. Kein Geld. Horrende Schulden. Es war eine schwere Zeit. Und das Schwerste an der Zeit war ich selbst: Ich hatte 50 Kilo Übergewicht, was das nächtliche Herumwälzen echt mühsam machte. Ich stand vor dem Nichts. Dieses Gefühl kennen vermutlich einige Menschen. Jahr für Jahr melden in Deutschland Zehntausende Menschen Privatinsolvenz an. 2019 waren es gut 86.000, und das ist noch weit entfernt vom Spitzenwert im Jahr 2010. Ich selbst konnte damals übrigens aus einem einfachen Grund keine Privatinsolvenz anmelden – ich wusste gar nicht, dass es so etwas gab. Tatsächlich konnte ich aber meinen Hals noch einmal aus der Schlinge ziehen, denn ich fand einen Bankberater, der mir einen Kredit über 35.000 Euro bewilligte. Ich hatte inzwischen wieder ein neues freiberufliches Engagement bei einem anderen Radiosender und er glaubte meiner Beteuerung, dass ich es gewohnt sei, hart zu arbeiten, und jeden Cent zurückzahlen würde. Ins Schleudern kam er nur kurz, als ich auf die Frage nach Sicherheiten ratlos die Achseln zuckte und ihn fragte, was denn Sicherheiten seien. Er sagte:

»Na ja, zum Beispiel ein Auto. Haben Sie ein Auto, Herr Hager?« Ich bestätigte das freudestrahlend.

»Was denn für eins?« – »Einen Golf!«

»Wie alt?« – »Zwölf Jahre.«

Mein zwölf Jahre alter Golf überzeugte ihn nicht wirklich. Damals war mir nicht bewusst, wie viel Glück ich hatte, dass dieser Mann ein Herz besaß und an mich glaubte. Glauben, das lateinische Wort hierfür heißt »credere«, daher auch das Wort »Kredit«. Und so bekam ich eben einen solchen Kredit über 35.000 Euro. Es war die dunkelste Zeit meines Lebens.

Heute scheint all das wie ein Echo aus einem fernen Universum. Der Kredit ist längst abbezahlt. Ich wohne in meiner Eigentumswohnung mitten in München. Finanzielle Sorgen gehören der Vergangenheit an. Statt in Pennystocks habe ich über viele Jahre nach und nach in Immobilien investiert, später auch mithilfe von Aktien in solide Unternehmenswerte. Ich muss mir Gott sei Dank über meinen Lebensunterhalt auch dann keine Sorgen machen, wenn eine Pandemie das Land lahmlegt oder ein Job von heute auf morgen platzt. Ich bin finanziell frei, der Chef in meinem Leben. Ich entscheide, was ich tue und wie ich lebe. Ein schönes Gefühl. Dabei habe ich weder geerbt noch im Lotto gewonnen. Ich verfüge auch nicht über Geheimwissen oder außergewöhnliche Talente in Sachen Geld. Das ganze Geheimnis ist, dass es kein Geheimnis gibt: Ich habe hart gearbeitet und mich intensiv mit Geldfragen auseinandergesetzt. Ich hatte einen tiefen und starken Willen, mich aus meiner Misere herauszuarbeiten, und ich habe einen stringenten Plan dazu entwickelt. Diesen Plan und seine Bausteine möchte ich in diesem Buch mit dir teilen, sodass du ihn ganz einfach nachbauen kannst. Was ich geschafft habe, kannst du auch schaffen. Und wenn du dieses Buch liest ohne einen Schuldenberg zu haben, der dich belastet, wird es dir sogar erheblich leichter fallen als mir. Und es wird um einiges schneller gehen.

Bist du bereit für Geld-Know-how, aber auch für Hartnäckigkeit, Disziplin und entschlossenes Handeln? Dann ist dies das richtige Buch für dich. Wenn du allerdings zu denen gehörst, die auf das Wunder der Mühelosigkeit hoffen, verschenk das Buch lieber weiter. Man wird so wenig »mühelos« reich, wie man schlank im Schlaf wird. Auf beiden Gebieten bin ich Experte, denn es ist mir nicht nur gelungen, mich am eigenen Schopf aus dem Schuldensumpf zu ziehen. Nachdem mir wieder einmal eine Traumfrau zu verstehen gab, ich sei ja ein ganz netter Typ, aber allenfalls »als guter Freund« vorstellbar, beschloss ich abzunehmen. Auf dem

Autorenfoto siehst du einen normalgewichtigen Mittvierziger. Na ja, vielleicht mit dem kleinen Ansatz einer Lebensmittelschwangerschaft. Doch seit der Abizeit war ich über viele Jahre der Superdicke, von dem alle im Flieger hofften, dass er sich in der Economyclass nicht ausgerechnet in den Mittelsitz neben einem quetscht. Ich war der, bei dem sich auf jeder Feier alle fragen: »Geht der Dicke jetzt schon wieder zum Büfett? Der war doch schon dreimal!« Im Internet findest du Beweisfotos dieser traurigen Realität.[1] Heute wiege ich 80 Kilogramm statt geschätzten 135. Bei 126 Kilo hatte ich aufgehört, mich zu wiegen. Vogel-Strauß-Taktik: Steck den Kopf in den Sand, wirf die Waage an die Wand. Die Erfolgszutaten für den Weg zum Normalgewicht waren dieselben wie beim Gelderfolg: sich Wissen aneignen, einen Plan machen und dranbleiben. Doch das nur am Rande.

Vielleicht gehörst du zu denen, die meinen, Geld sei ja nicht alles im Leben. Das ist der Trost der Besitzlosen und obendrein als negativer und bremsender Glaubenssatz sogar sehr gefährlich für deine finanzielle Entwicklung. Manche behaupten sogar, dieser Mythos sei von Reichen erdacht worden, um die Armen zu vertrösten. Ich möchte dir aber voller Inbrunst zurufen: Geld ist wichtig! Denn Geld ist nicht einfach Geld – es ist gedruckte Freiheit. Es geht nicht um das Geldhaben an sich, nicht darum, dass du wie Dagobert Duck regelmäßig in Goldtalern baden kannst. Es geht auch nicht um protzige Statussymbole, mit denen du andere beeindrucken kannst, die sich von solchem Protz blenden lassen. Es geht darum, dass dich finanzielle Sorgenfreiheit unabhängig macht. Wer kein Geld hat, muss immer an Geld denken. Wer hingegen Geld besitzt, hat den Kopf frei für die wichtigeren und schöneren Dinge im Leben. Deshalb ist Geld allein auch eine Lösung, denn der »Rest« wird folgen.

Sehr viele Menschen kommen finanziell ihr Leben lang auf keinen grünen Zweig. Das ist schade. Niemand sollte ein Stoßgebet sprechen müssen, wenn die Waschmaschine komische Geräusche von sich gibt, oder eine Panikattacke haben, nur weil das Auto nicht mehr durch den TÜV kommt. Niemand sollte im Alter hoffen müssen, dass die Tafel auch diese Woche genug Lebensmittelspenden bekommt. Geldmangel vergällt das Leben. Wenn du in einer Geldmisere steckst, kann dir nur einer helfen: du selbst. Denn: Wenn wir uns ändern, ändert sich alles. Einer der wichtigsten Sätze meines Lebens. Ich sehne den Tag herbei, an dem dieser Satz das heute gängige Wohnzimmer-Wandtattoo der ewig Frustrierten ersetzt: »Träume nicht dein Leben, sondern lebe deinen Traum.« Ja, wie soll ich denn um Himmels willen meinen Traum leben?

Ganz einfach: Es gibt einige universelle Geldregeln, die du kennen musst, wenn du finanzielle Unabhängigkeit erreichen willst. Dazu gehören simple Maximen wie »Kosten senken, Einnahmen erhöhen«. Und bitte erzähl dir selbst nicht, dass du »nichts sparen kannst«. Ich habe schon viele Menschen in Sachen Geld beraten, und wir haben immer etliche Sparquellen gefunden, mehr noch: Wenn das Sparziel ehrgeizig genug definiert war, spornte das manchen sogar an, noch mehr beiseitezulegen. Dasselbe Prinzip gilt für die Erhöhung der Einnahmen. Wer den Wert und den Nutzen seiner Arbeit für den Arbeitgeber oder für den Kunden steigert und gut verhandelt, wird immer mehr verdienen. Mehr als die anderen und mehr, als er für möglich hält. Ein anderes Geldgesetz lautet: Es gibt (lohnende) Investitionen und es gibt (überflüssige) Ausgaben. Schon wer diesen Unterschied kennt, ist klar im Vorteil. Ein gutes Netzwerk hilft auf dem Weg in die finanzielle Unabhängigkeit, falsche Freunde hingegen schaden. Klare Ziele sind wichtig – wer groß denkt, erreicht auch mehr. Ich nahm mir mit Mitte 20 vor: »Mit spätestens 40 bin ich Millionär«, das heißt, mein Besitz ist eine Million wert. (Euro, nicht Lire). Mit 35 stellte ich mit Blick auf den Münchener Immobilienspiegel fest: »Wow, ich habe mein Ziel ja schon erreicht!«

Auf den folgenden Seiten erfährst du in 30 handlichen Kapiteln, wie du deine Finanzen in den Griff bekommst und Schritt für Schritt finanzielle Freiheit gewinnst. Nichts davon ist nur angelesen oder ausgedacht. Ich habe das alles selbst ausprobiert und umgesetzt. Es funktioniert und es ist nicht einmal kompliziert. Es geht schlicht um Wissen und Wollen. Wenn du beides mitbringst, wird dich niemand bremsen können. Ganz im Gegenteil, es wird dir sogar Spaß machen! Alles beginnt mit der richtigen Einstellung zum Thema Geld. »Geld kommt nur zu Menschen, die Geld mögen«, ist eine der ersten Geldregeln. Viele meiner Kunden sind mit negativen Glaubenssätzen zum Thema Geld aufgewachsen, die ihren

Umgang mit Geld bewusst oder unbewusst prägen. Da wurde am Küchentisch gegen »die Reichen« gewettert, die schlecht sind. Oder es hieß: »Lieber arm und glücklich als reich und unglücklich.« Als wäre es keine Option, reich *und* glücklich zu sein. Ich kann dir versichern: Reich und glücklich geht. Und es fühlt sich verdammt gut an!

ÜBER GELD SPRICHT MAN!

> »Lass uns über Geld reden. Wie viel verdienst du denn so? Kommst du damit zurecht? Oder könnte es ein bisschen mehr sein?«

Auf jeder Party könnte man jetzt eine Stecknadel fallen hören, und selbst unter guten Freunden in der Kneipe würde es peinlich. Benimmbücher warnen eindringlich: Über Politik, Religion und Geld spricht man nicht. Stimmt offenbar, eher kann man sich über angesagte Sexpraktiken austauschen. So gesehen wird dies ein richtig schmutziges Buch. Hardcore, um im Bild zu bleiben: Ich werde meine eigene Geldgeschichte schamlos offenlegen. Du wirst nicht nur erfahren, wie ich mit Aktien auf die Nase fiel, sondern auch, wie ich mein Einkommen Schritt für Schritt steigerte und wie ich es zu einem Immobilien-, Aktien- und Geldvermögen gebracht habe, das mir heute finanzielle Freiheit garantiert. Das kannst du auch. Allerdings nur, wenn du nicht länger den Deckmantel des Schweigens und der Verdrängung über deine finanziellen Verhältnisse ausbreitest und mehr Zeit auf die Planung des nächsten Wochenendtrips verwendest als auf deine Geldangelegenheiten. Komm, trau dich! Sprechen wir über Geld. Wir sind ja unter uns.

1 • VON DER HAND IN DEN MUND? LIEBER ALS RIESE AUS DER KRISE!

> »Mit dem Geld ist es genauso wie mit dem Sex:
> Man denkt an nichts anderes, wenn man es nicht hat,
> und an anderes, wenn man es hat.«
>
> James Baldwin, US-Schriftsteller (1924–1987)

Nie werde ich den Moment vergessen, als eines Morgens gegen zehn Uhr der Gerichtsvollzieher an der Tür unserer Münchener Studenten-WG klingelte. Und klingelte. Und ein drittes Mal schellte. Einer meiner Mitbewohner öffnete, empört über die frühe Störung. Du weißt ja, warum Studenten immer spätestens um halb acht aufstehen. Weil um acht die Geschäfte zumachen. Zumindest in Bayern. Ein formell gekleideter Herr verlangte nun also, »einen Herrn Michael Hager« zu sprechen. Er wurde in der Küche »geparkt«, bis ich angezogen war. Dort eröffnete er mir, er sei gekommen, um meine Schulden in Höhe von 90 D-Mark beim Land Bayern einzutreiben. Dabei blickte er sich bereits resigniert-zweifelnd in unserer WG-Küche um. Ich war ehrlich erschrocken. Schulden? Ich? Beim Land? Die Sache war schnell aufgeklärt. Vor einem Vierteljahr hätte ich ein Strafmandat wegen einer Geschwindigkeitsübertretung in Höhe von 30 D-Mark per Post erhalten. (Echt jetzt?) Das hätte ich weder bezahlt (stimmt!) noch auf Mahnungen reagiert (äh …?). Inklusive Verwaltungs- und Mahngebühren beliefe sich meine Schuld jetzt auf exakt 89 D-Mark und 87 Pfennig, zahlbar sofort. Auch das Stichwort »Erzwingungshaft« fiel nebenbei, und ich war mir nicht sicher, ob das ein Scherz sein sollte.

Ich war jung, Anfang 20, und hatte kein Geld. Vor allem aber hatte ich keinerlei Ahnung von Gelddingen. Briefe, darunter allerlei Rechnungen, auch die des Zahnarztes, stapelten sich auf meiner Fensterbank, bis schließlich eine genervte Praxismitarbeiterin anrief und sich erkundigte, wann ich denn meine Behandlung zu bezahlen gedächte. Worauf ich mich überrascht bei meiner Mutter erkundigte, ob es wahrhaftig sein könne, dass der Zahnarzt mir Rechnungen schickt. Das hatte ich vorher noch nie erlebt. Da hörte ich zum ersten Mal, dass sie als verbeamtete Hauptschullehrerin privat versichert sei, ich in Ausbildung bei ihr mitversichert und dass die Rechnungen erst bezahlt werden müssen (von mir? Persönlich?) und dann bei der Krankenkasse einzureichen seien. Aha. Bei uns daheim wurde über alles diskutiert, heftig und ausdauernd: Franz Josef Strauß und die CSU, die DDR und die Pershing-Raketen, die Atomkraft und die Wiederaufbereitungsanlage in Wackersdorf. Nur über Geldfragen wurde nicht gesprochen, außer bei Taschengeldkürzungen oder mit dem Satz »Das können wir uns nicht leisten«. Wie viel Geld wir als vierköpfige Familie überhaupt zur Verfügung hatten, ob und wie es angelegt wurde und ob wir überhaupt etwas auf der hohen Kante hatten, all das war nie Thema.

Kommt dir das bekannt vor? Dann bist du in großer Gesellschaft. Fast zwei Drittel aller Bundesbürger schweigen lieber über ihre finanziellen Verhältnisse, ergab eine Umfrage der Postbank. Und nur 59 Prozent der Deutschen wissen laut einer Studie der Consorsbank überhaupt, was der eigene Partner verdient.[2] Da denkt manche(r) jahrelang, er habe sich einen dicken Fisch geangelt, und teilt in Wahrheit womöglich das Bett mit einem schmalen Hering … Ich frage mich, wie in solchen Beziehungen das Geld gemanagt wird. Das erinnert mich an die für mich damals sehr lustige Aussage einer Ex-Partnerin, die zum Thema Geld großzügig verlauten ließ. »Weißt du, mir ist das Emotionale wichtig. Ich hätte mir durchaus auch einen Reichen suchen können, aber ich habe dich genommen.« Was sie nicht wusste: Sie hatte schon einen, hab ich sie nur nicht wissen lassen. War wohl auch besser so. Wie wird nun also in Beziehungen das Geld gemanagt? Vermutlich gar nicht. Und so kann es passieren, dass Ehefrauen ahnungslos für Kredite des Gatten bürgen, um dann jahrelang horrende Schulden bedienen zu müssen, von denen sie gar nicht ahnten, dass sie sie einmal haben könnten. Oder dass am Monatsende das Konto immer leer geräumt ist und schon eine einzige unvorhergesehene Ausgabe den Kontoinhaber in Bedrängnis bringt – von größeren Krisen ganz zu schweigen. Es scheint eher die Ausnahme zu sein als die Regel: Viele Menschen – und bei Weitem nicht nur Geringverdiener! – leben von der Hand in den Mund, und das in einem der reichsten Länder der Erde.

Du denkst vielleicht: »Na, das sagt der Richtige! Selber nicht mal in der Lage, seine Rechnungen zu zahlen, und über die Ahnungslosigkeit anderer mosern.« Du hast vollkommen recht: Warum sollte ausgerechnet ich dir etwas über Geld erzählen können? Ganz einfach: weil ich mich mehr als 20 Jahre intensiv mit Geld beschäftigt und Schritt für Schritt gelernt habe, mein Geld erfolgreich zu vermehren. Und das beginnt schon damit, dass ich es nicht mehr sinnlos verschwende, etwa indem ich durch bloße Schlamperei ein Strafmandat auf das Dreifache der ursprünglichen Kosten hochjage. Inzwischen spare ich sogar beim Rechnungszahlen Geld und verrate dir später gern, wie. Mit Ende 20 war ich hoch verschuldet, mit Mitte 30 Vermögensmillionär, und das ganz ohne Lottogewinn. Manches habe ich auf die denkbar unangenehmste Weise gelernt, indem ich mir aus Unerfahrenheit eine blutige Nase holte. Ich habe mich von der Aktienhysterie der Nullerjahre anstecken lassen, mit null Ahnung in riskante Pennystocks (Miniaktien) investiert, damit binnen weniger Wochen erfreuliche 37.000 Euro gewonnen und postwendend wieder verloren (lies »Mikes Credo«, dort erfährst du die ganze Geschichte). Ich habe einem unfähigen Steuerberater zu lange vertraut und hatte plötzlich 35.000 Euro Steuerschulden. Ich habe Freunden Geld geliehen, auf deren Zusagen ich mich im Nachhinein nicht verlassen konnte. Aber ich habe auch gelernt, dass es beim Geld nicht anders ist als in anderen Lebensbereichen: Du musst dich auskennen, du brauchst ein klares Ziel und dann brauchst du noch eine diszipliniert umgesetzte Strategie, um dein Ziel zu erreichen.

Wissen + Ziel + Strategie = Erfolg

That's it. Das ist keine Weltraumforschung. Steck also nicht wie ich damals den Kopf in den Sand und rede dir ein, für Geldfragen hättest du »später« noch Zeit. Das erinnert an den Mann, der ohne Fallschirm aus dem Flugzeug springt und sich kurz vor dem Aufprall denkt: »Ach komm, die letzten drei Meter schaff ich auch noch ohne.« Je früher du anfängst, dich um deine Finanzen zu kümmern, desto leichter wirst du dein Vermögen aufbauen. Viel leichter, als du dir heute vorstellen kannst.

Als mir klar wurde, dass mein Leben als finanzieller Analphabet ein Ende haben muss, habe ich Bücher gelesen, Videos und Vorträge konsumiert, Finanzblogs abonniert und vor allem: Ich habe mich mit finanziell erfolgreichen Menschen darüber unterhalten, wie sie das geschafft haben: reich werden. Ich habe angefangen, über Geld zu reden, nicht nur mit Experten, sondern auch mit Auftraggebern und mit Vorgesetzten, und so peu à peu immer mehr verdient. Auch das kannst du mit Erfolg selbst umsetzen. Ich habe in Immobilien investiert und damit langsam, aber sicher ein Vermögen aufgebaut. Das Angebot »Reich in zwei Wochen« gibt's nur im Märchen. Heute bin ich sogar an der Börse erfolgreich, einfach weil ich mehr darüber weiß und Risiken besser einschätzen kann. Immer häufiger wurde ich in den letzten Jahren von Freunden gefragt, ob ich ihnen nicht Tipps in Sachen Geld geben könne. Bei mir liefe es doch anscheinend ganz gut. So wurde ich, ohne es zu wollen, zum »Geldberater«. Schnell war mir klar: Das ist meine Berufung, sobald der Josef Nullinger in mir einmal kürzertreten wollte. Inzwischen biete ich Online- und Präsenz-Mentorings zu den Themen Geld, Immobilien und allem, was dazugehört, an, und die Nachfrage danach wächst stetig. Eines fällt mir dabei immer wieder auf: wie verklemmt die Haltung vieler Menschen zum Thema Reichtum ist. Doch wenn du wirklich reich werden willst, ist eines ganz wichtig: Lerne, den Reichtum zu mögen! Denn wer die Reichen und das Geld nicht mag, bleibt selbst zwangsläufig arm. Dafür sorgt schon dein Unterbewusstsein. Glaubst du nicht? Du wirst schon sehen …

2 • »NEID-RIDER«: WER DIE REICHEN NICHT MAG, BLEIBT SELBER ARM

> *»Der Neid ist die aufrichtigste Form der Anerkennung.«*
>
> Wilhelm Busch, Maler, Zeichner und Dichter (1832–1908)

Das kann doch wohl nicht wahr sein, dass es Leute gibt, die für 20.000 Euro an der Côte d'Azur Champagner saufen!«, ruft Tom, Mitte 30, gut verdienender IT-ler (Name – wie alle in diesem Buch – natürlich geändert und Ähnlichkeiten mit deinem Nachbarn oder Kollegen vollkommen zufällig). Im Geld-Mentoring senkt sich bleiernes Schweigen über die Gruppe. Wirklich ekelhaft, diese Neureichen, signalisieren mir betretene Gesichter. So wird das nichts mit dem Reichwerden. »Wieso denn?«, hake ich deshalb nach. »Ja, weil das einfach unanständig ist! Weil man mit dem Geld doch was Sinnvolleres machen könnte. Spenden zum Beispiel.« Ich verkneife mir die Frage, wie viel Tom im letzten Jahr gespendet hat, und sage stattdessen: »Also, du willst nicht, dass die Winzerfamilie, die den Champagner keltert, davon gut lebt, die eigene Familie ernähren und Arbeitsplätze schaffen kann?« – »Doch, schon, aber …« Tom schweigt. »Und du willst nicht, dass der Hotelier, der den Schampus ausschenkt, sein Hotel abbezahlen und Menschen, denen es nicht so gut geht, einen Job geben kann?« – »Das hat damit doch gar nichts zu tun!«, behauptet Tom. Ich finde schon. Weshalb soll es honoriger sein, mit dem Sixpack von der Tanke die örtliche Brauerei zu unterstützen, als mit ein paar Kisten hochpreisigem Schampus nicht nur dem Winzer in der Champagne, sondern auch dem Hotelbetreiber und seinen Angestellten ein Auskommen zu sichern?

Reiche haben in unserer Gesellschaft einen schweren Stand. »Jedes große Vermögen wurde auf einem Verbrechen aufgebaut!«, las ich kürzlich als Kommentar auf Facebook. Das ist ungefähr so intelligent wie die Behauptung, jeder, der in Armut lebe, sei in Wahrheit Mutter Teresa und müsse dringend heiliggesprochen werden. Kein Wunder, dass viele reiche Menschen lieber unter ihresgleichen bleiben. Sorry, Leute, aber Neid ist im Allgemeinen der Wunsch, das zu besitzen, was ein anderer besitzt, ohne das dafür zu tun, was ein anderer dafür getan hat. Unternehmerischen Mut zu beweisen beispielsweise, ein Risiko einzugehen oder auch über Jahre erheblich mehr zu arbeiten als die tariflich fixierte Arbeitszeit und das verdiente Geld nicht für schnelles Vergnügen zu verprassen, sondern auch noch klug anzulegen. Und selbst wenn das Vermögen ererbt ist, kann der Erbe erst mal nichts für seine Eltern und hat zweitens nicht zwangsläufig jemand anderem etwas weggenommen. Freitagnachmittags gemütlich am Baggersee darüber zu schwadronieren, dass die Welt ungerecht ist, ist ziemlich billig. Wie wäre es denn damit: Statt auf die Reichen einzudreschen, lieber selbst reich werden und mit dem Geld dann selbst die beschworenen »sinnvollen« Dinge zu tun? Spenden zum Beispiel.

Gängige Behauptungen werden auch dadurch nicht wahrer, dass man sie gebetsmühlenartig wiederholt. »Wir leben in einer Gesellschaft, in der die Armen immer ärmer und die Reichen immer reicher werden. Die einen müssen schuften und kommen auf keinen grünen Zweig. Die anderen schwimmen im Geld und bekommen immer noch mehr dazu. Schlimmer noch: Die Reichen sind reich, weil sie die Armen ausbeuten! Doch da kann man nichts machen. Die stecken alle unter einer Decke. Und die Politik tut nichts dagegen. Ein Skandal!« – So oder so ähnlich denken viele Menschen, auch wenn das in dieser Pauschalität Unsinn ist. Aber es gibt ja auch Menschen, die glauben, dass die Erde eine Scheibe ist. Heraus kommt das Phantom der Opfer: Man redet sich ein, man könne ja nichts ausrichten, und schiebt so die Schuld an der eigenen Misere bequem anderen zu.

Natürlich gibt es Armut in Deutschland, und natürlich soll man Menschen, denen es schlecht geht, unter die Arme greifen. Vorzugsweise so, dass sie sich möglichst schnell selbst helfen können. Aber »arm« ist ein relativer Begriff. Vor einigen Jahren wurde die Armutsdefinition geändert: »Arm« ist seitdem, wer weniger als 60 Prozent des Durchschnittseinkommens verdient. Bis 1989 galt noch: Arm war, wer weniger als 50 Prozent des Durchschnitts nach Hause trug. Von einer Sekunde auf die andere gab es auf diese Weise plötzlich viel mehr Arme.[3] Natürlich gibt es auch extrem reiche Menschen in Deutschland. Beispielsweise stören sich manche am hohen Einkommen der sogenannten »Fußballmillionäre«. Wer jedoch wäre bereit, das zu tun, was sie tun? Die Kindheit, die Jugend und große Teile ihrer goldenen Twenties zu opfern, stundenlang auf dem Trainingsplatz zu ackern, statt mit Freunden »Party zu machen«. Noch mal fünf Runden um den Platz laufen im Regen und nicht die fünfte Runde bestellen in der Kneipe mit Freunden. Und all das ohne den Hauch einer Garantie, irgendwann beim FC Bayern zu spielen oder wenigstens in der dritten Liga. Auch erfolgreiche Unternehmer haben einen schlechten Stand, obwohl sie Risiken eingehen, Arbeitsplätze schaffen und nicht selten mit ihrem Privatvermögen für mögliche Verluste geradestehen. Warum eigentlich? Zur Wahrheit gehört außerdem: »Reiche« zahlen in Deutschland deutlich mehr in die Staatskasse ein als andere. »Starke Schultern können mehr tragen«, heißt das im Politikerjargon. Die 10 Prozent der Menschen mit den höchsten Einkommen zahlen zusammen knapp die Hälfte der gesamten Einkommensteuer. Und wiederum knapp die Hälfte des Geldes, das der Staat jährlich ausgibt, werden für »Arbeit und Soziales« verwendet, also zum Beispiel für Renten, Arbeitslosengeld II, Wohngeld und so weiter.[4] Jedes Jahr finden Milliardentransfers von »Besserverdienern« zu Geringverdienern statt. Wenn du als Single mehr als 3440 Euro netto verdienst, giltst du übrigens auch schon als Besserverdiener, wer hätte das gedacht?[5] Zusätzlich sind Schulen und selbst viele Universitäten bei uns – anders als beispielsweise in den USA – kostenlos. Bildung heißt guter Job, und guter Job heißt raus aus der Armut. Ist der Millionär am anderen Stadtende zwangsläufig schuld daran, wenn Kevin und Chantal keinen Bock auf Schule haben?

Lass dir nicht einreden, du hättest keine Chance und mit ehrlicher Arbeit könntest du nicht reich werden. Wem du die Schuld gibst, gibst du die Macht. Statt auf die Reichen zu schimpfen und dich zum Opfer zu machen, werde selber reich. Dazu musst du anderen nichts wegnehmen. Du musst allerdings etwas ehrgeiziger, fleißiger, zielstrebiger und klüger handeln als die, die es sich in der Opferrolle gemütlich gemacht haben.

Das ist nicht immer angenehm. Ich habe als Comedy-Autor und umtriebiger »Studiotechniker Josef Nullinger« mit Auftritten in der Morning-Show von Antenne Bayern wirklich gutes Geld verdient. Mein Tagessatz lag am Ende bei über tausend Euro. Dafür bin ich aber auch vorher 13 Jahre lang Tag für Tag um 3.30 Uhr aufgestanden und lag seit Stunden brav im Bett, wenn andere langsam für die Party vorglühten. Und ich habe einige Jahre Sch... gefressen und für fast kein Geld und auch für *gar* kein Geld geschuftet, zum Beispiel beim Studentenradio und in mehreren schlecht oder nicht bezahlten Praktika, bis ich endlich erst ein wenig, dann ein wenig mehr, dann besser und irgendwann richtig gut verdiente. Deshalb war es ein kleines bisschen unfair, wenn ich mir früher anhören musste: »Jaaaa, du mit deinem Radio-Job. Du hast ja auch gut reden!« Ich bin überzeugt: Wer – wo auch immer – maximalen Einsatz bringt und den Wert seiner Arbeit gezielt steigert, wird auch mehr Geld verdienen (vgl. Kapitel 17 »Erhöhe den individuellen Nutzen deiner Arbeit«). Klug angelegt statt leichtfüßig verkonsumiert wird sich dieses Geld schneller vermehren, als du gucken kannst. Wenn du dann immer noch glaubst, dass die Reichen an allem schuld sind, kannst du es ja besser machen und großzügig Geld spenden. Spenden ist ohnehin eine gute Methode, mehr Geld in sein Leben zu ziehen (vgl. Kapitel 5 »Mangel oder Fülle? Deine Entscheidung!«).

Geld ist für mich kein Selbstzweck – es ist gedruckte Freiheit. Geld erlaubt dir, das Leben zu führen, das du führen möchtest, dort zu wohnen, wo es dir gefällt, deinem nervigen Chef feierlich die Kündigung zu überreichen und dir in Ruhe einen neuen Job zu suchen – oder gar nicht mehr für andere zu arbeiten. Geld macht es möglich, dich von deinem nörgelnden Vermieter zu verabschieden und in die eigenen vier Wände zu ziehen. Reichtum ist dabei relativ. Für den Fußballmultimillionär bin ich ein finanzielles Leichtgewicht, für die meisten meiner ehemaligen Klassenkameraden bin ich heute ziemlich reich. Doch egal, ob du von 100.000 Euro oder von Millionen träumst: Solche Träume werden nur wahr, wenn deine Einstellung zum Thema Geld stimmt. Denn etwas, was du im Grunde deines Herzens ablehnst, wirst du nie erreichen. Was die Frage aufwirft: Magst du eigentlich Geld?

3 • GELD KOMMT NUR ZU MENSCHEN, DIE GELD MÖGEN

> *»Geld ist schön, weil es eine Befreiung bedeutet.«*
>
> Fernando Pessoa, Dichter und Handelskorrespondent (1888–1935)

Geld ist die Lösung für fast alles. Was geht dir durch den Kopf, wenn du diesen Satz liest? Stopp – nicht gleich weiterlesen! Was also denkst du gerade?

Man kann eine neutrale Haltung zu Maite Kelly, Minigolf oder zum Mambotanzen haben. Aber kaum einer hat eine neutrale Haltung zum Thema Geld. Geld hat viel mit Psychologie zu tun, und damit meine ich jetzt nicht die psychologischen Faktoren, die den Börsenkurs beeinflussen oder zum Run auf Banken führen können. Ich meine deine ganz persönlichen Emotionen beim Stichwort »Geld«. Einige typische Reaktionen, die ich bei meinem Geld-Mentoring höre:

- *»Viel Geld heißt viel Arbeit und wenig Zeit für die Familie.«*
- *»Geld bringt Unglück. Mein Vater hat die Familie mit Geldgeschäften ins Unglück gestürzt.«*
- *»Meine Oma hat immer gesagt: Bub, du sollst immer genug Geld haben!«*
- *»Bei uns zu Hause hieß es: Reiche sind böse. Das sind schlechte Menschen, die haben alle Dreck am Stecken.«*

Es gibt unendlich viele negative Glaubenssätze zum Thema Geld. Glaubenssätze sind bewusste oder auch nur halb bewusste Überzeugungen, die wir als Lebensregeln verinnerlicht haben: Maximen, die zu Hause am Küchentisch aufgestellt wurden, eigene Erfahrungen, die wir verallgemeinert haben, Merksätze von Eltern und Vorbildern. Eine Klientin, die im Unternehmerhaushalt aufwuchs, sah ihre hart arbeitenden Unternehmer-Eltern als Kind kaum und ist seitdem überzeugt, mehr Geld sei zwangsläufig schlecht für die Familie. Man kann sich vorstellen, wie sie in Gehaltsverhandlungen auftritt. Eine andere Klientin hatte einen Vater, der als Betrüger enttarnt wurde und ein finanzielles Desaster für die Familie anrichtete. Sie glaubt seither, dass es Unglück bringt, viel Geld zu besitzen, und denkt gar nicht erst darüber nach, wie sie klug mit ihrem Geld umgehen kann. Selbst die Oma mit ihrem scheinbar wohlwollenden Wunsch »Bub, du sollst immer genug Geld haben« erweist dem Enkel einen Bärendienst. Sie pflanzt ihm den Glauben ein, es wäre wünschenswert, »genug« Geld zu haben. Obwohl sein Einkommen in den letzten Jahren stetig gestiegen ist, bleibt kaum etwas davon übrig. Egal, wie viel reinkommt: Es ist gerade einmal »genug«. Richtig viel Geld, das haben andere. Am verheerendsten ist jedoch die letzte Erfahrung. Alle Kinder lieben ihre Eltern und sehnen sich nach deren Anerkennung. Ein Kind, das in dem Glauben aufwächst, »Reiche sind böse«, wird normalerweise alles tun, um in den Augen seiner Eltern kein »böser Mensch« zu werden. Und so haben sich Lehrer an Brennpunktschulen daran gewöhnt, dass manche Fünftklässler bei der Frage nach dem Berufswunsch antworten: »Ich werd das Gleiche wie meine Eltern: Hartzer.«

Wie denkst du über Geld? Wie wurde in deiner Familie über Geld gesprochen? Bei welchen der folgenden Sätze nickst du innerlich?
- »Mit ehrlicher Arbeit ist noch keiner reich geworden.«
- »Geld verdirbt den Charakter.«
- »More money, more problems.«
- »Eher geht ein Kamel durch ein Nadelöhr, als dass ein Reicher in das Reich Gottes gelangt.«
- »Das letzte Hemd hat keine Taschen.«
- »Reich an Geld heißt arm an Freunden.«
- »Reiche Menschen denken nur an sich und sind arrogant.«
- »Ich will immer so viel verdienen, dass es für mich und meine Familie reicht.«
- »Geld ist nicht alles.«

- »Ich will mit meinem Business nicht reich werden. Ich will nur gut davon leben können.«
- »Geld ist mir nicht wichtig. Mir kommt es auf andere Dinge an.«
- »Ich lebe lieber und kümmere mich später um meine Finanzen.«
- »Was ich an Geld habe, reicht mir völlig.«
- »Immer schön bescheiden bleiben.«
- »Ein Vermögen kann man auch schnell wieder verlieren.«
- »Ich kann mit Geld sowieso nicht umgehen.«
- »Mir fehlt die Zeit, mich um meine Finanzen zu kümmern.«
- »Bevor ich Fehler mache, lasse ich lieber alles so, wie es ist.«
- »Mit Sparen allein kommt man auf keinen grünen Zweig.«
- »Investoren sind Heuschrecken, die von der Arbeit anderer profitieren.«
- »Über Geld spricht man nicht.«
- »Geld stinkt.«
- »Geld ist dreckig.«
- »Unsereiner wird sowieso nicht reich.«
- »Die besten Dinge im Leben gibt's sowieso nicht für Geld.«
- »Geld ist böse, Geld ist schlecht.«

Ich könnte endlos so weitermachen. Zu Geld gibt es zahllose Merksätze und Redewendungen, die sich in unser Gehirn eingraben wie blinde Maulwürfe und dort ihr Unwesen treiben, denn fast alle dieser Sätze sind negativ. Sie limitieren unser Denken und Handeln. Und die Maulwurfhügel manifestieren sich dann in Form von roten Zahlen auf dem Konto. Dabei handelt es sich bei solchen Überzeugungen in der Regel um unbewiesene Behauptungen, um die Generalisierung von Einzelfällen oder um bequeme Ausreden wie »Ich kann sowieso nicht mit Geld umgehen«. Wie erfolgreich wäre wohl ein Profisportler und Weitspringer, der überzeugt ist: »Mehr als sieben Meter schaffe ich ohnehin nicht«? Oder ein Formel-1-Fahrer, der denkt: »Kurven liegen mir einfach nicht«? Unser Denken materialisiert sich, es bestimmt unsere Wirklichkeit, denn es steuert unsere Wahrnehmung und unser Handeln. Betrachte Sätze mit »immer« und »nie« deshalb lieber mit Misstrauen. Was als absolute Wahrheit daherkommt, ist oft nicht mehr als eine alte Denkgewohnheit, die dir nicht guttut und dein Handeln einschränkt.

Byron Katie, Lehrerin, Unternehmerin und eine bekannte Lebensberaterin, hat eine ebenso simple wie wirkungsvolle Methode entwickelt, solchen Selbstblockaden auf den Grund zu gehen – die »4-Fragen-Methode«:

1. Ist das wahr?
2. Kann ich mit absoluter Sicherheit wissen, dass das wahr ist?
3. Wie reagiere ich, was passiert, wenn ich diesen Gedanken glaube?
4. Wer wäre ich ohne diesen Gedanken?[6]

Und dann kommt der wichtigste Schritt: die Umkehrung. Du formulierst deinen Glaubenssatz ins Gegenteil um. Du solltest immer mindestens drei konkrete Umkehrungen deines »alten« Glaubenssatzes finden.

Ein Beispiel dazu. Nehmen wir an, du hast den Glaubenssatz »Ich habe immer Pech im Umgang mit Geld«.

1. Ist das wahr? »Aus meiner Sicht schon. Ich habe das Gefühl, dass alles, was ich in Bezug auf Geld anfange, nicht funktioniert.«
2. Kann ich mit absoluter Sicherheit wissen, dass das wahr ist? »Nein. Um ehrlich zu sein, nicht. Jetzt, wo ich darüber nachdenke, hab ich eine von Oma geerbte Goldmünze damals zu einem sehr guten Preis verkauft.«
3. Wie reagiere ich, was passiert, wenn ich diesen Gedanken glaube? »Ich fühle mich frustriert und hilflos. Ich will, dass ich endlich aus dieser Gedankenschleife herauskomme, der Gedanke macht mich wütend.«
4. Wer wäre ich ohne diesen Gedanken? »Ich wäre jemand, der vielleicht sogar Geld mühelos in sein Leben ziehen würde. Ich hätte vielleicht sogar manchmal Glück in Bezug auf Geld.«

Eine mögliche Umkehrung könnte lauten:
»Ich habe immer Glück im Umgang mit Geld. Geld findet immer seinen Weg zu mir, ich ziehe Geld magisch in mein Leben.«

Übrigens: Es sind nicht nur die eigenen Glaubenssätze, die dich an den Status quo fesseln und positive Veränderungen blockieren können. Es können auch die deines Partners oder solche von engen Freunden sein. Vielleicht hat jemand, der dir nahesteht, Angst, dass du dich von ihm entfernst, wenn du finanziell »abhebst« und wohlhabender wirst als er. Wer überzeugt ist, dass Geld den Charakter verdirbt, schreit nicht Hurra, wenn du beginnst, dich mit Geldfragen zu beschäftigen. Er wird dir eher das Gefühl geben, du seist tief gesunken oder plötzlich erschreckend materialistisch. Auch manche Arbeitgeber spielen auf dieser Klaviatur, wenn sie dir in Gehaltsverhandlungen vorhalten, es könne ja wohl nicht sein, dass es dir nur um den schnöden Mammon geht. Gern wird dann argumentiert, bei der Arbeit drehe es sich schließlich auch um Sinn, Arbeitsfreude und um das große Ganze. »Und überhaupt«, wie einmal zu mir gesagt wurde, »wir sind doch alle eine große Familie! Da kann's doch nicht nur ums Geld gehen!« Nicht selten ist das im sozialen Bereich oder bei Tendenzbetrieben (Kirche, Parteien, Gewerkschaften). Verkneif dir die Frage, warum dein Chef dann trotzdem so einen schicken Dienstwagen fährt. Frag ihn lieber, wo geschrieben steht, dass besonders engagierte und mit Freude getane Arbeit schlechter bezahlt werden muss als lustlos erledigte. Sollte es nicht eher umgekehrt sein?

Der erste Schritt auf dem Weg zu finanzieller Freiheit ist also, ein freundschaftliches Verhältnis zum Thema Geld zu entwickeln. Das beginnt mit positiven Glaubenssätzen: Du bist es wert, Geld zu haben. Geld ist wichtig. Geld ist gut. Geld gibt dir mehr Möglichkeiten. Geld ist gedruckte Freiheit. Auch du kannst dir ein Vermögen aufbauen. Ich kenne niemanden, der vermögend ist und sagt, Geld sei »unwichtig«. Das ist eine Schutzbehauptung jener, die kein Geld haben und sich diese Situation schönreden. Wer kein Geld hat, denkt gezwungenermaßen ständig an Geld, bei jeder Rechnung, jeder Mieterhöhung, jeder notwendigen Neuanschaffung. Wer Geld hat, erledigt das nebenbei und kann sich anderen Dingen zuwenden. Geld löst zahlreiche Probleme. Es ist nicht Selbstzweck, sondern Tauschmittel. Und auch wenn man Gesundheit, Glück oder Liebe nicht für Geld kaufen kann, so doch zumindest gute Ernährung, bessere Ärzte, Bildung, persönliche Weiterentwicklung, ein gepflegtes Äußeres, alle Sportmöglichkeiten der Welt, mehr Muße, finanzielle Sorgenfreiheit und, und, und. Der romantische Sonnenuntergang mag kostenlos sein. Die Fahrt dorthin ist es nicht.

Überschreibe also deine negativen Glaubenssätze durch positive, gleich jetzt. Meine Erfahrung zeigt, dass sich 80 Prozent der limitierenden Glaubenssätze auflösen, sobald man sie erkennt. Um die restlichen aufzulösen, kannst du die Übung von Byron Katie verwenden. Schreibe deine neuen positiven Sätze auf eine Karte, die du immer bei dir trägst, vielleicht auch als Hintergrundbildschirm auf dem Smartphone oder einfach in der Geldbörse. Du wirst damit nicht verhindern, dass sich die alten Sätze der Selbstsabotage gelegentlich noch in dein Denken einschleichen. Aber es wird dir auffallen, und du kannst sie wieder in die Verbannung schicken. Formuliere einfache und klare neue Sätze, die ein Kind sofort verstehen würde, wie zum Beispiel »Geld ist Freiheit«, »Ich ziehe Geld im Überfluss in mein Leben«, »Ich liebe Geld«, »Ich habe immer ein gutes Händchen in Geldsachen«, »Geld kommt auf magische Weise immer zu mir«. Langsam, aber sicher wirst du auf diese Weise finanzielle Möglichkeiten wahrnehmen und anders handeln. Geld kommt zu Menschen, die Geld mögen. Geld zieht Geld an. Das hat nichts mit Esoterik zu tun. Es gibt beispielsweise handfeste Gründe, warum der Teufel sprichwörtlich auf den größten Haufen scheißt (nebenbei bemerkt, auch wieder so ein Negativbild zum Thema Geld.):

- Wenn du beim Immobilienkauf Eigenkapital (oder bereits Wohneigentum) hast, bietet die Bank dir niedrigere Kreditzinsen.
- Wenn du keine Miete bezahlst, weil du in der eigenen Immobilie wohnst, hast du den finanziellen Spielraum, dein Geld klug zu vermehren.
- Wenn Du Geld erbst, kannst du es investieren. Und wenn du dieses Buch gelesen hast klug vermehren.
- Wenn du selbst reicher bist, lernst du eher andere reiche Menschen kennen und bekommst mehr geldwerte Tipps.
- Wenn du Geld hast, kannst du dir Bücher, Seminare, kompetente Berater leisten und bist nicht auf Bankmitarbeiter und andere Produktverkäufer angewiesen.

- Je mehr Geld du besitzt, desto mehr Zinsen beziehungsweise Rendite kannst du erwirtschaften. Und ja, es gibt noch Zinsen, sogar gute (vgl. Kapitel 25 »Der Millionärsmacher: Immobilien«).
- Je mehr Zinsen beziehungsweise Rendite du erwirtschaftest, desto stärker greift der Zinseszins-Effekt und macht dich noch reicher (vgl. Kapitel 21 »Geld-Know-how«).
- Wenn du finanziell flüssig bist, kannst du dir hochwertigere und langlebigere Produkte leisten. Das spart auf Dauer Geld.
- Wenn du Großpackungen kaufen, Frühbucherrabatte nutzen oder große Anschaffungen direkt bar bezahlen kannst, sparst du ebenfalls bares Geld.
- Wenn du finanziell unabhängig und innerlich frei bist, fällt es dir leichter, auf teure Statussymbole und Protz zu verzichten. Du könntest ja, wenn du wolltest … (Porsche fahren, Businessclass fliegen, Rolex tragen …), musst dein Selbstwertgefühl aber nicht an solche Dinge hängen und kannst es auch sein lassen.

Mit der Geldvermehrung ist es also wie beim Start einer Rakete: Die meiste Energie musst du am Anfang aufbringen. Nach dem Abheben wird es dann stetig leichter, bis du sozusagen deine finanzielle Umlaufbahn erreicht hast.

PS: Der Klient, dessen Großmutter ihm »immer genug Geld« wünschte und der trotz gut laufendem Business am Monatsende kaum noch etwas übrig hatte, rief mich vor Kurzem an: Auf seinem Rücklagenkonto hätten sich 100.000 Euro angesammelt. Jetzt sei es wohl Zeit, weitere Ersparnisse aus Sicherheitsgründen bei einer anderen Bank zu parken, oder? Was geschehen war: Wir hatten gemeinsam ein Kontensystem entwickelt, das einen Teil seiner Einnahmen Monat für Monat automatisch vom Girokonto auf ein Extrakonto buchte (vgl. Kapitel 22 »Kontenmodelle: Mit System zu vollen Konten«). Und er hatte für sich den Glaubenssatz entwickelt: »Ich möchte Geld im Überfluss.« Mit anderen Worten: Der Klient hatte sein Denken und in der Folge auch sein Handeln verändert und so binnen knapp zwei Jahren ein kleines Vermögen aufgebaut. Wenn wir uns ändern, ändert sich alles.

4 • ZIELE: LIEBER GRÖSSEN-WAHNSINNIG ALS KLEINMÜTIG!

> »Hab keine Angst, das Gute aufzugeben,
> um das Großartige zu erreichen.«
>
> *John D. Rockefeller, erster Milliardär der Weltgeschichte (1839–1937)*

Mit Mitte 20 hatte ich also nichts als Schulden. Mein Vater verspekulierte sich zeitgleich ebenfalls an der Börse. Er hätte mir sowieso nicht geholfen, denn für ihn gilt »Hilf dir selbst, dann hilft dir Gott« (womit er wohl recht hat, was ich aber während meiner Teenagerjahre gehasst habe). Das Lehrerinnengehalt meiner Mutter reichte gerade, um den Lebensunterhalt im provinztypischen Rieseneigenheim auf der grünen Wiese zu bestreiten. Ich lebte nach dem Zivildienst in einer Münchener Studenten-WG und fragte mich, wie ich aus diesem Sumpf je wieder herauskomme. Im Kitschroman taucht dann ein reicher Erbonkel auf, der das goldene Herz des Verarmten entdeckt und ihm unter die Arme greift. Im echten Leben war mir vollkommen klar: Wenn ich mich nicht aus dem Dreck ziehe, tut es keiner! Ich war wütend, auf mich selbst und auf das Leben, und schwor mir: »Das passiert mir nie, nie wieder!«, und: »Mit spätestens 40 bin ich Millionär!«

Manche Leser werden das bescheuert finden: im billigen WG-Zimmer wohnen, sich nicht einmal mehr das Feierabendbier in der Kneipe leisten können, monatelang von Tütensaucen und Aldi-Nudeln leben – und dabei von der Million träumen? Buchstäblich jeden Cent sparen, um einen fünfstelligen Kredit für herbeigezockte Steuerschulden abzubezahlen, dabei arbeiten wie ein Bekloppter (morgens ab 4.30 Uhr Radio, nachmittags Studium, am Wochenende Auftritte für den Sender auf Bühnen in

Bayern), aber hochfliegende Pläne schmieden? Das ist genau das, wovor unsere Eltern immer warnen. Hochmut kommt schließlich vor dem Fall und Bescheidenheit ist eine Zier, so lernen wir das. Leider ist das Bullshit. Resultat solcher Warnungen sind Kinder, die wie ihre Eltern »was Anständiges« lernen sollen – oder am besten einfach das Gleiche wie ihre Eltern. Und dabei ist noch nicht einmal die Frage beantwortet, was denn eigentlich »was Unanständiges« sein könnte. Auf diese Weise kommt es auch zu dem Berufsbild, das gefühlt drei Viertel aller Frauen angeben, die ich in meinem Soloprogramm auf die Bühne hole. Auf die Frage »Was machst du beruflich?« bekomme ich mit schöner Regelmäßigkeit die Antwort: »Ich bin im Büro.« – Ganz so, als sei die bloße Anwesenheit in einer gesichtslosen Büromöbelumgebung ein Berufsbild. Ich sehe die Eltern förmlich vor mir, die gegen Ende der neunten Klasse sagen: »Tierärztin wuist' wern? Nix da. Du gehst ins Büro, Madl. Du heirat'st ja eh moi.« Und wenn es nicht das direkte Umfeld ist, das Lebenspläne zurechtstutzt, sind es die Oberschlaumeier der Ratgeberliteratur, die voneinander abschreiben, Ziele hätten »SMART« zu sein: *s*pezifisch, *m*essbar, *a*ttraktiv, *r*ealistisch und *t*erminiert. Ich sag immer: Realistische Ziele sind keine Ziele. Interessant wird es mit den unrealistischen, die machen das Leben lebenswert. Warum soll ich denn beim Hürdenlauf für eine Fünf-Zentimeter-Hürde überhaupt loslaufen? Ich weiß, dass ich da drüberkomme. Aber ansonsten: Ja, Ziele sollten absolut konkret, präzise und mit einem festen Termin versehen sein. Erst durch Zahlen wird aus einem vagen Gedanken ein echtes Ziel. Dass Ziele »attraktiv« sein sollten, versteht sich für mich von selbst, denn wer würde sich schon auf eine unattraktive Zielmarke verpflichten?

Ohne mein trotzig-ehrgeiziges Ziel »Mit spätestens 40 Millionär« hätte ich die schlimmste Durststrecke meines Lebens vermutlich nicht durchgehalten. Du kannst nicht jahrelang eisern sparen und statt Sekt nicht einmal Selters, sondern ausschließlich Leitungswasser trinken, wenn du kein Ziel hast, für das es sich wirklich lohnt. »Wer ein Warum hat, dem ist kein Wie zu schwer«, hat Friedrich Nietzsche sinngemäß einmal gesagt.[7] Und da lag er mal richtig. Ein brennendes Ziel gibt die Kraft, Widerstände zu überwinden. Nur die schwarze Null auf dem Konto entfacht kein Feuer der Begeisterung. Unser Finanzminister führte deswegen ja auch keine öffentlichen Freudentänze auf, als das Ende des Schuldenmachens noch in Sicht schien. Hinzu kommt: Du wirst nur das erreichen, was du dir auch vorstellen kannst. Dein Leben verläuft in den Leitplanken deiner eigenen Ziele und Wünsche. Wenn du größer denkst, wirst du automatisch mehr erreichen. Und egal, ob du glaubst, du schaffst es, oder ob du glaubst, du schaffst es nicht, du wirst immer recht behalten; das wusste schon der alte Henry Ford (1863–1947, Gründer der Ford Motor Company). Das hat nicht nur etwas mit der auch von mir oft beschworenen »Macht des Universums« zu tun, das angeblich Wünsche erfüllt wie die gute Fee im Märchen. Das liegt vielmehr daran, dass sich mit ernst gemeinten Zielen automatisch auch dein Handeln verändert, und ja, das »Universum« hilft dann auch mit. Du beginnst, dich regelmäßig zu fragen: »Bringt mich das, was ich gerade tue, meinem Ziel näher? Oder entfernt es mich davon?« Du handelst anders, weil du mit einem präziseren Kompass unterwegs bist.

Ich beobachte das regelmäßig, wenn ich beispielsweise mit meinen Klienten finanzielle Ziele definiere. Wir beginnen mit der Sparquote. Anfangs bezweifeln viele, dass sie überhaupt etwas sparen können. (»Das ist bei meinem Gehalt einfach nicht drin!«) Auf sanften Druck legen sie dann zögernd eine bescheidene monatliche Sparsumme fest. Die erhöhe ich zu ihrem Schrecken meist noch um 30 bis 50 Prozent, mit dem Hintertürchen, »es mal drei Monate zu probieren und notfalls runterzuschrauben«. Wir haben noch nie eine Sparquote wieder gesenkt, im Gegenteil: Die meisten Klienten sind verblüfft, wie viel Geld sich in wie kurzer Zeit scheinbar von selbst ansammelt, wenn sie einen Sparautomatismus einrichten und das Geld gleich am Anfang des Monats außer Sichtweite und vor sich selbst in Sicherheit bringen. Sie konnten sich das vorher einfach nicht vorstellen. Mit Zauberei hat das nichts zu tun. Sobald sie tatsächlich in der Vorstellung leben, monatlich 100, 500 oder gar 1000 Euro zu sparen, handeln sie anders. Sie fragen sich, ob das siebte Paar Sneaker sie wirklich glücklich macht, oder ob es das zweite Glas Wein im angesagten Weinbistro tatsächlich sein muss. Das Geheimrezept lautet also: sich ein großes Ziel setzen und dann Tag für Tag etwas dafür zu tun, und sei es auch nur etwas Kleines. Mit Willenskraft und Disziplin kannst du (fast) alles erreichen.

Wenn du sagst: »Ich kann doch niemals Millionär werden!«, spielt dir deine Vorstellungskraft einen Streich und du sabotierst dich selbst. Vielleicht denkst du beim Stichwort »Millionär« an Menschen, die mit dem eigenen Jet auf ihre Jacht in Monte Carlo fliegen, um es dort mit Champagner und Austern krachen zu lassen. Oder an Ferrari-Fahrer, die an der Ampel den Motor aufheulen lassen und grundsätzlich nur in der teuersten Suite eines 5-Sterne-Hotels absteigen. Doch längst nicht jeder Ferrari-Fahrer ist Millionär, und längst nicht alle Millionäre fahren Ferrari. Millionärin ist möglicherweise deine Vermieterin, die meistens Jeans und Sweatshirt trägt und im Sommer eine Ferienwohnung an der Ostsee bucht. Oder der Kollege, der zur Arbeit geradelt kommt und nicht durch finanzielle Eskapaden auffällt. Die meisten Menschen denken beim Stichwort »Millionär« an Einkommensmillionäre – Menschen, die Monat für Monat mindestens sechsstellige Summen verdienen. Ich rede von Vermögensmillionären. Vielleicht bist du sogar schon einer? Vermögensmillionär wärst du beispielsweise ...

... wenn du eine Zweizimmerwohnung in guter Lage in einer boomenden Großstadt besitzt (Schätzwert 500.000 Euro),

... wenn du zusätzlich ein Tagesgeld-Konto mit 50.000 Euro hast,

... wenn dein Aktiendepot sich obendrauf in den letzten Jahr(zehnt)en erfreulich entwickelt hat und heute circa 200.000 Euro schwer ist, und

... wenn du einen Teil deiner Ersparnisse zum Kauf eines Mikro-Apartments, ebenfalls in guter Lage, investiert hast, das demnächst abbezahlt und 250.000 Euro wert ist.

Sicher, das schafft man nicht in ein, zwei Jahren. Aber auf etwas längere Frist ist das sehr wohl zu schaffen, wenn du es konsequent angehst.

Ich selbst war übrigens mit 35 Jahren Vermögensmillionär, also gut sieben Jahre nach meinem finanziellen Supergau und fünf Jahre vor meiner selbst gesetzten Zielmarke. Ich verspreche dir also keine Wunder, ich garantiere dir den Erfolg hartnäckigen und zielorientierten Handelns. Sieben Jahre mag sich lang anhören für dich, aber immerhin habe ich nach Zielerreichung noch geschätzt 50 sorgenfreie Jahre vor mir, hoffentlich eher 95, ich will ja 130 werden. Und vielleicht bist du schneller als ich, weil deine Startbedingungen besser sind als Studenten-WG und erste überschaubare Freiberufler-Honorare. Selbst wenn du weniger asketisch lebst als ich und weniger radikal sparst, kannst du später ein Millionenvermögen besitzen. Dafür reicht es schon, aufs Lottospielen und auf den täglichen Pappbecher Kaffee zu verzichten, wie ich im sechsten Kapitel beweisen werde (»Ohne Lotto und Coffee to go ganz einfach Millionär«).

Trau dir also was zu und werde aktiv! Das gilt nicht nur fürs Reichwerden. Niemand hätte einen Cent darauf verwettet, dass ich als dicker, Dialekt sprechender Bub aus Niederbayern tatsächlich Karriere beim Radio mache. In einem Medienseminar im zweiten Semester fragte ich den Dozenten, einen bekannten Moderator bei einem bayerischen Sender, in meinem allerschönsten Gerhard-Polt-Deutsch, was ich tun müsse, um ins Radio zu kommen. Er holte tief Luft, setzte eine neutrale Miene auf und sagte dann: »Mmh, ja also … hinter dem Mikro sehe ich dich ja eher nicht.« Vernichtet trottete ich nach Hause. Kurze Zeit später wurde mein derbstes Bayerisch sprechender Studiotechniker Josef Nullinger zur Kultfigur im Studentenradio. Und ein paar Jahre später fragte mich der damalige Programmdirektor von Antenne Bayern, ob ich die Figur nicht auch in der Morning-Show machen könne. Der Rest ist Geschichte. Wie sagt meine kluge Mutter immer: »Michael, kein Nachteil ohne Vorteil!«

5 • MANGEL ODER FÜLLE? DEINE ENTSCHEIDUNG!

> *»Wenn du dankbar bist, verschwindet die Angst und es taucht Fülle auf.«*
>
> Tony Robbins (Life Coach und Erfolgsguru, *1960)

Wer ist wohl glücklicher – der Großzügige oder der Geizhals? Die Weltliteratur beantwortet die Frage eindeutig. Charles Dickens' Ebenezer Scrooge ist ein hartherziger, knauseriger und entsprechend einsamer alter Mann, dem all sein Geld wenig nützt. Freude am Leben findet er erst, als er seinem kinderreichen Angestellten zu Weihnachten einen Truthahn spendiert und dessen Gehalt erhöht, statt eifersüchtig über seinen Besitz zu wachen.[8] Man kann das als Sozialkitsch abtun. Dennoch beschreibt dieses Märchen eine einfache psychologische Wahrheit: Wenn wir etwas geben, anderen etwas Gutes tun, beschenken wir uns in Wahrheit auch selbst. Wir haben ein gutes Gefühl. Unter der Überschrift »Schenken macht glücklich« fasst das Institut der deutschen Wirtschaft Köln verschiedene Studien zu diesem Thema zusammen: Ob Kleinkinder, ob Studenten, ob Durchschnittsbürger: Wer anderen etwas abgibt, fühlt sich selbst besser als derjenige, der alles für sich selbst behält. In einer weltweiten Befragung von je 1000 Einwohnern in 136 Ländern der Erde (»Gallup World Poll«) stellte sich heraus, dass Menschen, die Geld gespendet hatten, im Schnitt zufriedener mit ihrem Leben sind als solche, die nicht spenden. Das gilt gleichermaßen in armen wie in reichen Ländern.[9]

Wie kommt das? Eine Erklärung ist das Gefühl sozialer Verbundenheit, das sich beim – absichtslosen und freiwilligen – Geben einstellt (der Geschenketerror zu Weihnachten bildet also die Ausnahme von der Regel). Menschen sind soziale Wesen, und was eine positive Bindung zu anderen knüpft, tut uns einfach gut. Mindestens ebenso wichtig ist, dass wir selbst ein schöneres Leben haben, wenn wir aus der Fülle heraus handeln, als wenn wir geizig, missgünstig oder egozentrisch handeln – eben aus dem Mangel heraus. Das ist so, weil wir anziehen, was wir ausstrahlen. Mangel zieht Mangel an, Fülle zieht Fülle an. Du hast das vielleicht schon erlebt: An einem Tag, an dem du richtig gute Laune hast, lächeln dir viele Menschen zu, die Arbeit geht dir flott von der Hand und selbst der Himmel scheint heller. Bist du dagegen mit dem linken Fuß aufgestanden, nimmt das Unglück seinen Lauf, die Kollegen nerven, der Chef reagiert barsch und nach Feierabend hast du auch noch Zoff zu Hause. Wer aus der Fülle heraus handelt – freundlich, großzügig, zuversichtlich ist –, dem schenkt das Leben auch mehr Fülle. Er lebt buchstäblich ein »erfülltes« und »erfüllendes« Leben. Wer aus dem Mangel heraus lebt – unfreundlich, geizig, misstrauisch, neidisch, missgünstig, ängstlich oder ichbezogen handelt –, für den wird das Leben zum unerfreulichen Abstrampeln in einer gleichgültigen oder sogar feindseligen Umwelt. Noch mal, weil es so wichtig ist: Fülle zieht Fülle an, Mangel zieht Mangel an. Das hat sich inzwischen sogar bis in die Hörsäle herumgesprochen. Vor einigen Jahren veröffentlichte der Sozialpsychologe Adam Grant, Professor an der renommierten Wharton Business School in Pennsylvania, ein viel beachtetes Buch namens *Geben und Nehmen*. Es trägt den bezeichnenden Untertitel *Warum Egoisten nicht immer gewinnen und hilfsbereite Menschen weiterkommen*.[10] Grant unterscheidet »Nehmer«, die nur auf ihren eigenen Vorteil bedacht sind, und »Geber«, die anderen helfen, mit ihren Kontakten, ihrem Wissen oder auch mit ihren Ressourcen. Viele Geber sind erstaunlich erfolgreich, auch in der Wirtschaft, vor allem dann, wenn sie es verstehen, allzu rücksichtslosen Nehmern Grenzen zu setzen und sich dennoch eine positive, hilfsbereite und großzügige Grundhaltung zu bewahren. Sie werden dafür belohnt. Fülle erzeugt Fülle.

Für deinen Umgang mit Geld bedeutet das: Handle aus der Fülle heraus. Sei großzügig. Knausere nicht beim Trinkgeld. Zieh andere nicht über den Tisch, sondern tu ihnen etwas Gutes. Handle nach der Devise »Ich bin ein reicher Mensch«. Spende regelmäßig, auch wenn es erst einmal nur kleine Summen sind. Eine meiner ehernen Lebensregeln lautet: »Immer sparen, immer spenden, immer investieren« – das Grundrezept für ein finanziell erfolgreiches Leben in nur sechs Worten. Ein positiver, zuversichtlicher Umgang mit Geld wird dein Leben bereichern, im übertragenen wie im wörtlichen Sinne. Du ziehst positivere Menschen in dein Leben. Dir eröffnen sich Möglichkeiten. Du musst nicht um jeden Cent kämpfen wie der Geizhals, der anderen nichts gönnt und im Gegenzug gemieden oder sogar ohne schlechtes Gewissen abgezockt wird, weil er es in den Augen seines Gegenübers nicht besser verdient hat. Handle also nicht nach der Devise »Später, wenn ich mehr Geld habe, bin ich großzügig«. Es funktioniert genau umgekehrt: Handle großzügig – und du wirst bald mehr Geld in deinem Leben haben.

Ich habe vor einiger Zeit der Mitarbeiterin, die in meinem Fitnessstudio den Empfangstresen betreut, 20 Euro Trinkgeld gegeben. Sie wollte das erst gar nicht annehmen: »Echt jetzt??!« Dann strahlte sie über das ganze Gesicht. Am nächsten Tag fand ich auf dem Weg zu meiner Garage 20 Euro auf dem Bürgersteig. Ich hatte noch nie Geld gefunden! Manchmal spielt das Universum scheinbar doch gute Fee. Ich gebe immer wieder gute Trinkgelder, gerade dort, wo die Menschen es nicht erwarten: Bei der Mietwagenfirma, wo mich jemand mit Sorgfalt in das Auto einweist. Beim Einchecken im Hotel, weil die Angestellten am Empfang normalerweise leer ausgehen. Beim Check-in am Flughafen. Manchmal revanchieren sich die Beschenkten umgehend dafür. Menschen vergelten Gleiches gern mit Gleichem, im positiven wie im negativen Sinne. So habe ich zum Mietwagen schon einen teuren Ski-Sack geschenkt bekommen, mir wurde im Hotel die Minibar kostenlos freigeschaltet (Hicks!) und im Flugzeug die ganze Reihe blockiert, damit meine Partnerin und ich es bequemer haben. Darauf kommt es mir aber nicht an und ich erwarte das ausdrücklich auch nicht. Es kommt mir vor allem darauf an, durch Großzügigkeit eine positive Haltung zum Geld zu pflegen – Fülle zu zeigen –, und zwar mir selbst und dem Universum. Auf diese Weise ziehe ich mehr Geld in mein Leben. Sei also gern sparsam beim eigenen Konsum, aber niemals knickerig, geizig oder gar geldgierig gegenüber anderen. Das rächt sich früher oder später. Meistens früher. Ein guter Bekannter von mir ist ein besessener Schnäppchenjäger. Bei jedem Treffen erzählt er, was er gerade wieder »günstig bei Ebay geschossen hat«, oft mit beeindruckenden Zahlen. Irgendwann hatte er sogar »ein unfassbar günstiges Baugrundstück an der portugiesischen Küste« erstanden, natürlich mit Meerblick. Inzwischen wurde das Grundstück überschwemmt, es ist in Wahrheit gar kein Bauland und war daher viel zu teuer. Und das bei Ebay »geschossene« Navigationsgerät liegt mittlerweile als Hehlerware bei der Polizei. Der Schnäppchenschütze musste unangenehme Fragen zum Kauf beantworten. Mangel zieht Mangel an.

Fülle ist nicht nur in Gelddingen das beste Lebenskonzept. Das Gesetz der Fülle gilt überall, ob in der Liebe, im Beruf oder in der Familie. »Wenn ich nur endlich eine Frau/einen Mann finden würde, dann wäre ich glücklich«, ist ein Ansatz, der das Singledasein geradezu zementiert. Wer verzweifelt auf der Pirsch ist, verscheucht alle Kandidat(inn)en. Sei glücklich, und du wirst leichter einen Partner finden. »Wenn der Chef mir mehr Geld gibt, strenge ich mich an«, ist eine ebenso vergebliche Hoffnung. Umgekehrt hast du gute Chancen, durch mehr (Vor-)Leistung und Anstrengung ein höheres Gehalt auszuhandeln. Ich könnte das endlos durchdeklinieren. Beim Thema Finanzen ist zum Beispiel die Devise »Wenn ich erst mehr Geld verdiene, fang ich an zu sparen« die allerbequemste Ausrede für den Sankt-Nimmerleins-Tag. Zum Erfolg führt eine andere Haltung: »Ich habe so viel Geld, ich kann sparen!« Und ja, auch wenn es sich in dem Moment für dich vielleicht noch nicht so anfühlt, genau das ist das Geheimnis. Fülle zieht Fülle an.

Es lohnt sich deshalb, wenn du dich regelmäßig fragst: »Bin ich gerade in der Fülle – oder bin ich im Mangel?« Auch wenn du ängstlich oder kleinmütig reagierst, bist du im Mangel. Wer einen Auftrag unbedingt haben will, bekommt ihn meistens nicht. Das Rennen macht derjenige, der selbstbewusst auftritt und aus der Fülle heraus unterschwellig signalisiert: »Schön, wenn es klappt. Aber die Welt geht auch nicht unter, wenn nicht.« Bei der Bewerbung um einen Job ist es ähnlich. Das Jobangebot bekommt in der Regel der, der sich nicht an diese eine Chance klammert wie an einen rettenden Strohhalm. Natürlich ist es nicht immer einfach, mit Selbstvertrauen und aus der Fülle heraus zu agieren. Auf Dauer wird es aber immer leichter, weil du positive Erfahrungen damit machen wirst. Und noch ein ganz einfacher Tipp, wenn du dein Leben zukünftig aus einer Haltung der Fülle führen willst: Schränke deinen Kontakt zu »Manglern« ein, also zu Menschen, die angeblich immer zu kurz kommen, denen ständig Unrecht geschieht und die immer die Schuld bei anderen suchen, weil sie ja – wieder mal – Opfer sind. Dieses Denken färbt ab wie die rote Socke in der Kochwäsche. Suche lieber die Gesellschaft von Menschen, die positiv, optimistisch und lösungsorientiert sind. Menschen, die Dinge anpacken, statt zu jammern. Mangel oder Fülle? – es ist deine Entscheidung.

GELD-BASICS

> »Mit meinem Gehalt komme ich sowieso auf keinen grünen Zweig. Wenn ich nicht im Lotto gewinne, werde ich niemals Millionär.«

So denken viele. Dabei ist Lottospielen kaum sinnvoller, als einmal in der Woche das Küchenfenster zu öffnen, einen 10-Euro-Schein rauszuwerfen und gleich noch eine Handvoll Münzen hinterher. Wenn man das oft genug macht, klingeln irgendwann die Männer in den weißen Kitteln. Trägt man gut 12 Euro stattdessen wöchentlich zur Lottoannahmestelle, gilt das als völlig normal und geistig gesund. Es gibt kluge Arten, sein Geld auszugeben, weniger kluge und vollständig bescheuerte. In den folgenden Kapiteln geht es um Grundsätzliches. Dabei möchte ich mit einem Ammenmärchen aufräumen: der Annahme, reich wird nur, wer erbt, eine erfolgreiche kriminelle Karriere startet oder eben im Lotto gewinnt. Wie wohlhabend jemand ist, hängt nur zum Teil davon ab, wie viel Geld er einnimmt. Mindestens ebenso wichtig ist, wofür er sein Geld wieder hergibt. Gibt er es aus oder investiert er es?

Auch Superreiche können verarmt sterben, wie der Fall der Woolworth-Erbin Barbara Hutton zeigt. Ihr gelang es, zu Lebzeiten ein Erbe von (nach heutiger Kaufkraft) einer Milliarde Dollar durchzubringen. Ich denke mir, sie wird wohl viel für Champagner, Schmuck, Autos und teure Kleider ausgegeben haben. Den Rest hat sie wahrscheinlich einfach sinnlos verprasst. Sie starb 1979 – gerade noch rechtzeitig, bevor sie völlig pleite war, mit kümmerlichen 3500 Dollar auf dem Konto. Eine glatte Punktlandung – ein Leben mit Konsequenz in Opulenz und Vermeidung der Insolvenz mithilfe des Dahinscheidenz.

Wie sagte schon Otto von Bismarck so schön: »Die erste Generation verdient das Geld, die zweite verwaltet das Vermögen, die dritte studiert Kunstgeschichte und die vierte verkommt vollends.« Man kann also spektakulär verarmen, und das schaffen übrigens auch die allermeisten Lottomillionäre in Rekordzeit. Umgekehrt gilt: Jeder kann selbst ein Vermögen aufbauen – etwas weniger spektakulär, dafür nachhaltig und ganz ohne die verzweifelte Hoffnung auf das Lottoglück.

6 • OHNE LOTTO UND COFFEE TO GO GANZ EINFACH MILLIONÄR

> *»Lotterie: eine freiwillige Zusatzsteuer für Menschen, die schlecht in Mathe sind.«*
>
> *(Hätte von mir sein können.)*[11]

Du spielst selbst Lotto und hast dich gerade über die Einleitung geärgert? Nimm es bitte nicht persönlich. Du bist in großer Gesellschaft. »Lotto«, das ist schließlich eine Institution wie der Wetterbericht oder die Bundesliga. Der Staat verdient dabei kräftig mit – 2019 über 1,5 Milliarden Euro an Steuern[12] – und hat gar kein Interesse daran, dass weniger Menschen Lotto spielen. Nur der Hinweis auf »Risiken und Nebenwirkungen« rezeptfreier Medikamente wird noch schneller heruntergerasselt als der letzte Satz in jeder Lottowerbung: »Chance 1 zu 140 Millionen.« Was heißt das eigentlich konkret? Selbst eine Plattform für passionierte Glücksspieler warnt, dass du eher durch einen Getränkeautomaten zu Tode kommst, als den Jackpot im Lotto zu knacken. Auch das Date mit einem Topmodel ist wahrscheinlicher als das Lottoglück und erst recht der Tod durch Blitzschlag (eins zu drei Millionen).[13] Wie man durch einen Dosen spuckenden Automaten zu Tode kommt, verraten die Wettexperten leider nicht. Indem er auf einen drauffällt, während man verzweifelt an der stecken gebliebenen Cola-Dose zerrt? Oder indem die Dose mit solcher Wucht herausschießt, dass man schwer verletzt versucht, ins Hotelzimmer zurückzurobben, um den Notruf zu betätigen, auf dem Weg dahin allerdings im Treppenhaus verdurstet und erst Jahrzehnte später mumifiziert gefunden wird, weil heutzutage niemand mehr die Treppe benutzt?

Falls dir das Ganze langsam zu irre wird: Dasselbe denke ich mir, wenn ich lese, wie viele Menschen Lotto spielen. Was treibt sie dazu, Woche für Woche etwas über 12 Euro auszugeben, obwohl es 46-mal wahrscheinlicher ist, in seinem Leben vom Blitz getroffen zu werden, als im Lotto Millionen zu gewinnen? Selbst wer im Mathe-Unterricht nicht gepennt hat (wie ich meistens), kann sich eine Zahl wie 140.000.000 schwer vorstellen. Außerdem gibt es ein viel schwerwiegenderes Problem mit Lotto: Es bedient den Traum vom mühelosen Erfolg. Wir hätten gern auf Knopfdruck ein Sixpack, wären am liebsten »schlank im Schlaf«, über Nacht Nichtraucher und Millionär durch ein paar magische Kreuzchen auf einem kleinen Zettel. Und natürlich ist es einfacher und geht viel schneller, den Lottoschein auszufüllen, als sich ernsthaft mit Geldfragen zu beschäftigen, Anlagemöglichkeiten zu vergleichen oder Bücher wie dieses zu lesen. Lotto spielen kann jeder, insofern ist es urdemokratisch. Nur eben leider sinnlos. Ich kenne keinen wirklich wohlhabenden Menschen, der Lottoscheine ausfüllt. Reichtum entsteht durch kluges, eigenverantwortliches Handeln. Wer mit Hartnäckigkeit, Lernbereitschaft und wachsendem Durchblick ein Vermögen aufgebaut hat, besitzt genau dadurch gute Chancen, wohlhabend zu bleiben. Sein über Jahre angesammeltes Geld-Know-how bewahrt ihn vor den allergrößten Dummheiten. Wer dagegen der Glücksgöttin Fortuna vor die Flinte läuft und von heute auf morgen steinreich ist, geht ein paar Jahre später meistens zurück auf Los und ist genauso arm wie vorher.

Ein Beispiel, das es bis ins Fernsehen schaffte, ist das Schicksal der Familie Bubert. Hoch verschuldet knackte das Paar 1994 den Lotto-Jackpot und gewann stattliche acht Millionen Mark. Daraufhin gerieten die Buberts in einen wahren Konsumrausch: eine Luxusvilla, gleich vier Autos, zwei Ferienhäuser, zwei Boote, eine Kartbahn für den Nachwuchs, ein Angelteich, zwei Ponys, ein Esel … Schecks für Freunde und Verwandte wurden so schnell verteilt und überraschenderweise von denen auch eingelöst, dass die Bank Überziehungszinsen in vierstelliger Höhe kassierte, weil der Lottosegen noch gar nicht auf dem Konto der »Glückspilze« angekommen war. Heute ist das Geld weg, der Handwerksbetrieb der Buberts ist pleite und das Paar lebt in Scheidung.[14] Wobei wir ja inzwischen wissen: Geld ist nie weg, es ist immer nur bei jemand anderem.

In einem Film über eine solche Familie wären sicher viele komische Szenen zu sehen, etwa wenn ich mir einen Familienkrach ausmale, mit welcher der vier Limousinen man heute welches Feriendomizil ansteuern soll. Oder ob man lieber mit dem Hubschrauber in den Feinkostladen um die Ecke oder mit dem Privatjet ins Fitnessstudio fliegt, um dort dem Personal Trainer bei einem Glas »Schampanninger« zuzusehen, wie er stellvertretend für einen selbst auf dem Laufband schwitzt. Aber wer geht dann mit den Ponys zum Pferdefriseur? Im echten Leben ist die Lottoüberforderung eine Tragödie, die vor allem eines belegt: Reichtum basiert nicht allein auf dem, was reinkommt, sondern vor allem auf dem, was im Anschluss wieder rausgeht. Wer den Unterschied zwischen einer Ausgabe und einer Investition nicht kennt, wandelt auf dünnem Eis und kann jederzeit einbrechen. Im nächsten Kapitel erfährst du deshalb mehr über das wichtigste Geldgesetz. Danach wirst du nie wieder eine Ausgabe mit einer Investition verwechseln. So viel schon vorweg: eine Luxusvilla mit Pool am Arsch der Welt oder zumindest an einem Ort, von dem aus du den Arsch der Welt gut sehen kannst, ist keine »Investition«, sondern ein Millionengrab.

Dabei könnten auch Normalbürger wie die meisten Lottospieler Millionäre werden, paradoxerweise dadurch, dass sie eben NICHT Lotto spielen, sondern stattdessen mit ihrem Geld etwas Sinnvolleres anstellen. Die Rechnung ist einfach und geht so: Ein komplett ausgefüllter Lottoschein mit Spiel 77 und Super 6 kostet 12,25 Euro pro Normalschein. Nein, das weiß ich nicht aus eigener Erfahrung! Ich habe extra für dich im Internet recherchiert.[15] Wer jede Woche mit einem Schein Lotto spielt, gibt also pro Monat 49 Euro dafür aus. Eine Sparrate von 50 Euro pro Monat ergäbe in 50 Jahren bei 9 Prozent Verzinsung ein Kapital von über 500.000 Euro. Damit wärst du schon mal D-Mark-Millionär. Okay, das ist jetzt ein bisschen getrickst – bei der D-Mark-Umrechnung, nicht bei den Zinsen. 9 Prozent bekommst du zwar nicht auf deinem Sparbuch, bei langfristigen Aktienanlagen (etwa Indexfonds) ist das aber durchaus machbar. Wenn du außer auf das wöchentliche Lottospiel auch auf den Coffee to go auf dem Weg zur Arbeit verzichtest und weitere 50 Euro monatlich investierst, gehst du als Millionär in den Ruhestand, ohne dich ernsthaft einschränken zu müssen. Und zwar 140 Millionen Mal wahrscheinlicher als beim Lottospiel. Klingt nicht schlecht, oder? Wenn du keine Lust hast, 50 Jahre zu warten, musst du eben entsprechend mehr monatlich investieren. Wie viel genau, kannst du zum Beispiel unter https://www.zinsen-berechnen.de/sparrechner.php selbst ausrechnen.

100 Euro im Monat zu sparen, wäre für die allermeisten Menschen keine Kunst, behaupte ich. Ich möchte gar nicht wissen, wie viele Menschen nie zum Millionär werden, weil regelmäßig viel Geld für nicht genutzte Fitnessstudiobeitragszahlungen, Nachbarschaftsbeeindruckungsprojekte (zum Beispiel überdimensionierte, auf Pump gekaufte Autos), teure Städtetrips, ungünstige Handyverträge, überquellende Kleider- und Schuhschränke und so weiter draufgeht. Bei all den Angeboten, die von morgens bis abends auf uns einprasseln, ist es leicht, Geld auszugeben. Unsere Urahnen mussten noch eine Tagesreise per pedes oder per Kutsche zum Markt in der nächsten Stadt unternehmen. Wir dagegen tippen nur kurz mit dem Finger auf dem Smartphone, und schon sind wieder etliche Euros futsch. Den Rest erledigen Amazon, Zalando und Co. Unsere Möglichkeiten haben sich vervielfacht, doch unser Finanz-IQ ist noch derselbe wie im Mittelalter, wenn wir unser Geldwissen nicht aktiv vermehren. So rinnt uns das Geld durch die Finger. »Null-Prozent-Finanzierungen« werden uns an jeder Ecke aufgedrängt. Fast könnte der Eindruck entstehen, die neue Küche, das Sofa oder das Auto sei praktisch kostenlos. Ziemlich sicher ist das sogar so gewollt. Doch auch ein Kredit mit null Prozent Zinsen muss zurückgezahlt werden. Und wenn du heute schon das Geld ausgibst, das du morgen erst verdienst, hast du dauerhaft nichts mehr zum Sparen und Anlegen. Da macht bekanntermaßen auch Kleinvieh, wie der wöchentliche Lottoschein, jede Menge Mist.

Fazit: Lotto ist eine freiwillige Zusatzsteuer für Dumme. Von jedem Euro, den du für Lotto ausgibst, gehen 50 Cent an den Gewinner, der sich davon dann Luxusautos, Boote oder Esel kaufen kann. Rund 40 Cent gehen an das Bundesland, das diese Einnahmen immerhin zum Teil für Honoriges wie Denkmal- und Umweltschutz, Sport oder soziale Projekte ausgibt oder in sie investiert. Wobei leider auch der Staat besser im Ausgeben als im Investieren ist. Der Rest ist Provision für den Kiosk, bei dem du den Schein abgibst.[16] Überleg dir also, ob du gerne noch mehr Extrasteuern zahlen oder lieber ernsthaft reich werden willst!

7 • AUSGABE ODER INVESTITION? DAS WICHTIGSTE GELDGESETZ

> *»Geld ist wie eine schöne Frau. Wenn man es nicht richtig behandelt, läuft es einem weg.«*
>
> Jean Paul Getty, zeitweise reichster Mensch der Welt und fünfmal verheiratet (1892–1976)

Erstaunlicherweise wohnen viele sehr wohlhabende Menschen, die ich kenne, zur Miete. Und zwar nicht im turnhallengroßen Penthouse über den Dächern der Stadt wie der übliche Schurke im Fernsehkrimi, sondern eher bescheiden in einer ganz normalen Mietwohnung. Als neugieriger Mensch frage ich sie regelmäßig, warum sie das tun. Die Antwort ist immer ähnlich: Eine Immobilie zur Eigennutzung sei »totes Kapital«. Man lässt sein Geld lieber arbeiten, durchaus auch mit vermieteten Immobilien, die Mieteinnahmen bescheren und außerdem Steuervorteile verschaffen (mehr in Kapitel 25 »Der Millionärsmacher: Immobilien«). Auf der anderen Seite kenne ich viele Menschen mit Durchschnittseinkommen, die ihr gesamtes Geld zusammenkratzen, um sich »was Eigenes« zu kaufen. Dazu raten schließlich Eltern, Banken, Freunde. Wenn alles gut geht, keiner arbeitslos oder krank wird und auch keine Scheidung dazwischenfunkt, ist das Häuschen bis zur Rente abbezahlt. Geld zum Anlegen und Investieren hatte man in der Zwischenzeit nicht, schließlich musste man brav den Riesenkredit abtragen, und in Urlaub wollte man auch mal. Weiteres Risiko: Wenn man Pech hat, entpuppt sich das typische Häuschen im Grünen am Ende als schwer verkäuflich und damit als Geldgrab. So viel zum eigenen Häuschen als »sichere Anlage«. Sicher ist nur, dass nichts sicher ist, natürlich auch andere Anlageformen nicht. Das Problem ist allerdings, dass mit dem Eigenheim häufig alles auf eine

Karte gesetzt und sehr viel Geld dort versenkt wird, das – sinnvoll investiert – eine gute Rendite erwirtschaften könnte. Und damit ist vor allem eines ziemlich sicher, dass das keine gute Geldanlage ist.

Wenn du gerade schwer schlucken musst, weil du genau in dieser Situation bist, bietet sich folgender Ausweg an: Schau, wo du deine Ausgaben sinnvoll reduzieren kannst. Oft geht das beim Auto. Verkauf den teuren Wagen, wenn du einen fährst, spar dir hohe Leasingraten, leg dir einen günstigen Gebrauchten zu, wenn du unbedingt ein Auto brauchst. In einem Jahr, längstens in zwei Jahren, kannst du so ein kleines Vermögen ansparen, das du wiederum sinnvoll investieren kannst – zum Beispiel als Eigenanteil beim Kauf einer vermieteten Immobilie in attraktiver Lage. Wenn es absolut notwendig ist, beleihe dazu unter Umständen dein Haus, aber nur, wenn du bei der Tilgung der Finanzierung deiner eigenen Immobilie schon weiter fortgeschritten bist. Schöpfe außerdem den Rahmen dafür nicht komplett aus, beleihe dein Eigenheim nicht bis auf den letzten Cent. Wäre das notwendig, spare lieber erst weiter und vertage dein Investment auf nächstes Jahr. Weitere Spartipps, mit denen du deine Ausgaben wirksam reduzieren kannst, bekommst du in den folgenden Kapiteln.

Das eigene Haus ist also erst einmal eine *Ausgabe*, keine Investition.[17] Eine Ausgabe ist alles, was dir Geld aus der Tasche zieht, ohne dir Geld einzubringen. Eine eigene Immobilie kostet permanent und dauerhaft, nicht nur anfänglich Maklergebühren und später Kreditzinsen, sondern Unterhaltskosten, nicht ersparte Steuern, Reparaturkosten und so weiter. Ein Neubau verliert zudem in der Regel in dem Moment, in dem du einziehst, an Wert. Das ist wie bei einem Neuwagen, der in der Sekunde erheblich wertloser wird, in der du damit vom Hof des Händlers rollst. Das Auto ist dann nicht mehr »neu« und die Immobilie kein »Erstbezug« mehr. Zu dieser Regel gibt es wie zu allen Regeln Ausnahmen, etwa wenn du bei boomendem Immobilienmarkt eine attraktive Wohnung oder ein ansprechendes Haus in einer begehrten Lage in einer beliebten Stadt zu einem noch vernünftigen Preis erstehst und erlebst, dass du wenig später schon 10, 20 oder mehr Prozent mehr dafür bekommen könntest. Aber Ausnahme bleibt Ausnahme. Niemand weiß, wie lange der Immobilienboom anhält, und beim Häuschen in Vorderkleinhinterdorf ohne

S-Bahn-Anschluss oder bei der Minivilla im Garten der Schwiegereltern funktioniert das mit der Wertsteigerung meistens weniger gut.

Insofern wirst du dich wundern, dass ich selbst trotzdem in einer Eigentumswohnung lebe. Ich wohne seit vielen Jahren auf 60 Quadratmetern in der Münchener Maxvorstadt. Das war damals nicht ganz so angesagt wie Schwabing, hat sich in den letzten Jahren aber gut entwickelt. Glück gehabt! Aber (großes ABER!): Ich wohne nach wie vor sehr bescheiden und bin nie auf die Idee gekommen, ich müsste dem Josef Nullinger jetzt eine schicke Villa spendieren, nur weil ich das vielleicht könnte. Für mich war etwas anderes wesentlich: Ich wollte einfach ein Dach über dem Kopf haben, wenn mal alles andere schiefgeht. Den Unterhalt für eine kleine abbezahlte Wohnung könnte ich sogar noch stemmen, wenn ich Klos putzen müsste. So gesehen kann man das erste und wichtigste Geldgesetz *»Eine Ausgabe kostet Geld, eine Investition bringt Geld«* mit einem wesentlichen Zusatzparagrafen versehen: *»Eine Ausgabe entfernt dich von einem wichtigen Ziel, eine Investition bringt dich einem wichtigen Ziel näher«*.

Das Kernziel in diesem Buch lautet finanzielle Freiheit. Denkbar sind auch andere, gut durchdachte (nachhaltige) Ziele. Dem Nachbar eins auswischen oder Kollegen beeindrucken mit Auto, Haus, Boot zählt eindeutig nicht dazu. Ein plausibles Lebensziel ist die Sicherheit, immer ein Dach über dem Kopf haben. Dazu braucht man aber weder goldene Wasserhähne noch einen Pool im weitläufigen Garten. Frag dich in Zukunft am besten immer, wenn du deine Geldbörse aus der Tasche ziehst oder die Unterschrift unter einen Kaufvertrag setzen willst:

- Ist das, was ich gerade mache oder machen will, eine Ausgabe oder eine Investition?
- Bringt mich das, was ich gerade mache oder machen will, meinem Ziel näher, ja oder nein?

Du musst nicht leben wie ein Mönch (oder wie eine Nonne). Du musst dir nicht jedes Vergnügen und jeden kleinen Luxus versagen, obwohl es zweifellos beim Reichwerden hilft, wenn du einen gewissen Sparehrgeiz entwickelst. Aber es lohnt sich, wenn du deine Konsumgewohnheiten hinterfragst. Zwei Hammerfragen, die mir dabei geholfen haben, lauten:

- »Wie lange muss ich für eine Ausgabe arbeiten? Ist das Ding tatsächlich einen Monat, eine Woche oder auch nur einen Tag Schufterei wert?«
- »Wie lange macht mich diese Ausgabe glücklich? Steht diese Zeitspanne in einem vernünftigen Verhältnis zur Lebenszeit, die ich für Arbeit aufwenden muss, um das Ding zu erwerben?«

So oder so komme ich immer mehr zu dem Ergebnis, dass ich mein Geld nicht so gern für Dinge ausgebe. Dann schon lieber für Momente, die mir ein Leben lang in Erinnerung bleiben, wie der Besuch in einem tollen Hotel mit dem Partner, eine Unternehmung mit Freunden oder ein Abendessen in einem außergewöhnlichen Restaurant. Mein Spruch hierzu lautet: Am Ende bleiben die Momente. Und tatsächlich haben mich einige der schönsten Momente meines Lebens, in denen ich durch und durch glücklich war, oft nur sehr wenig bis gar kein Geld gekostet. Wie zum Beispiel mit meinem bald 20 Jahre alten Rennrad mit einem meiner besten Freunde von München an den Gardasee zu radeln.

Es gibt in puncto Verwendung des eigenen Geldes auch gute Nachrichten: Manches, das auf den ersten Blick wie eine Ausgabe aussieht, kann sich durchaus als Investition entpuppen. Was haben Filme wie *Iron Man 2*, *Casino Royale* (James Bond) und die Kultserie *Gossip Girl* gemeinsam? In allen spielt ein Klassiker der Möbelgeschichte mit, der Eames Lounge Chair, 1956 von dem Designer-Ehepaar Ray und Charles Eames entworfen.[18] Das ist ein richtig schönes, aber hochpreisiges Möbelstück, um das ich Jahre herumgeschlichen bin wie der Kater um den Sahnetopf. Bis mir irgendwann eines klar wurde: Die Zeitspanne, die mich ein solches Möbelstück glücklich machen würde, wäre um einiges länger als die Zeitspanne, die ich dafür arbeiten müsste. Und mehr noch: So ein Stuhl hält nicht nur praktisch ewig, weil Schäden problemlos repariert werden; er verliert auch nicht an Wert, im Gegenteil. Einigermaßen gepflegt, könnten meine ungeborenen Enkel ihn noch mit Gewinn verkaufen. Ein Eames Chair ist somit eine Investition, genau wie eine Rolex Daytona, eine Birkin Bag oder andere teure Konsumgüter, die im Wert steigen. Voraussetzung in allen Fällen: Man kennt sich aus und kann eine zuverlässige Einschätzung treffen. Denn auch hier ist natürlich – du ahnst es schon – nichts hundertprozentig sicher.

Vorschlag: Auf deinem Weg zum Reichtum kannst du jetzt den ersten Schritt tun. Nimm deine Kontoauszüge und Kreditkartenabrechnungen zur Hand und notiere zusätzlich auch deine Barausgaben. Dafür gibt es inzwischen auch praktische Apps wie »Money Control«. Du musst also nicht Omas Haushaltsbuch wieder aufleben lassen. Schreibe hinter jede Position entweder ein A (Ausgabe) oder ein I (Investition). Alternativ kannst du auch gleich eine zweispaltige Tabelle anlegen, in die du deine Ausgaben und Investitionen einträgst. Als Zeitraum bieten sich die vergangenen drei Monate an. Wenn du jetzt auf die A-Spalte schaust: Würdest du diese Ausgaben heute noch mal genauso machen? War der Restaurantbesuch wirklich 100 Euro wert? Macht dich die Designerjeans tatsächlich so glücklich, dass du dich gerne dafür fünf Tage länger mit deinem nervigen Chef herumärgerst? Denn zumindest eins ist doch sicher: Je mehr Geld du auf der hohen Kante hast, desto eher wirst du ihm Paroli bieten, dich trauen, den Job zu wechseln, oder sogar auf einen vorgezogenen Ruhestand schielen. Ich bin einmal einer sehr entspannten Empfangsdame mit einem sehr cholerischen Chef begegnet. Auf die Frage, wie sie den täglichen Wahnsinn so gelassen erträgt, antwortete sie cool: »Ach, wissen's, Herr Hager, mein Vater hat schon in den Sechzigerjahren für unsere Familie in den Templeton-Fonds investiert, ich hab's weitergeführt. Ich kann morgen hier aufhören, wenn ich das will.« (Der Templeton-Fonds genießt aufgrund seiner jahrzehntelang starken Rendite einen legendären Ruf bei Anlegern.) Vermutlich hatte die Dame weit mehr auf der hohen Kante als ihr aufbrausender (und hoch dotierter) Chef.

Jetzt, wo deine Ausgabenbrille geputzt ist, wirst du manches sicher anders sehen. Was ist ein hochwertiges Bett? Was sind Blumen für deine Frau? Was ist ein Abendessen mit negativen Jammer-Freunden? Was ein Essen mit einem reichen Menschen, von dem du etwas lernen kannst? Ausgabe oder Investition? Wie gesagt: Es kommt immer darauf an, welches Ziel du verfolgst und ob etwas dich einem wichtigen Ziel näherbringt. Würde ein reicher Mensch diese Ausgabe auch tätigen? Oder fiele ihm womöglich etwas Sinnvolleres ein? Übrigens, ein gutes Bett ist aus meiner Sicht eine der besten Investitionen überhaupt, ich liebe mein Bett aus Zirbenholz. Schlaf doch mal eine Nacht über diesen Gedanken.

8 • ANDERS ALS DER STANDARD: LEBE LIEBER »UNGEMÜTLICH«

> *»Lebensstandard ist der Versuch, sich heute das zu leisten, wofür man auch in zehn Jahren noch kein Geld haben wird.«*
>
> Danny Kaye, US-Komiker (1911–1987)

Karl Lagerfeld soll mal gesagt haben, wer eine Jogginghose trägt, hätte die Kontrolle über sein Leben verloren. Ich bin da nicht so streng. Kontrollverlust beginnt für mich, wenn deine monatlichen Einnahmen gerade noch mit deinen Ausgaben Schritt halten, erst recht, wenn sie ihnen hinterherhinken. Welche Hose du dabei trägst, ist mir ziemlich egal, außer wenn es etwas zu oft die Spendierhosen sind. Ein Leben am Rande des Dispokredits ist fremdbestimmt. Das gilt erst recht für ein Leben mit Konsumkrediten oder Schulden, die dir über den Kopf zu wachsen drohen. Dann sitzt du buchstäblich in der Falle. Du kannst nur noch tun, was deine prekäre finanzielle Lage zulässt. Ich weiß, wovon ich rede, schließlich hatte ich selbst mal 35.000 Euro Schulden. Ich habe in dieser Zeit nicht nur geackert wie ein Pferd, sondern jeden Cent dreimal umgedreht, um den Kredit möglichst schnell zu tilgen. Am Ende dieser beiden harten Jahre hätte ich mich bei *Wetten, dass..?* bewerben können: »Mike Hager behauptet, er kann mit verbundenen Augen 50 verschiedene Tütensuppen nur am Geruch des Tüteninhalts erkennen.«

Jeder zehnte Deutsche ist »überschuldet«.[19] Das bedeutet: Der Betreffende kann über längere Zeit weder seine Rechnungen bezahlen noch Miete oder andere Forderungen begleichen. Er hat kein Vermögen und auch keine materiellen Sicherheiten. Keine Bank der Welt würde ihm einen Kredit geben. Eine andere Statistik besagt, dass jeder Dritte am Monatsende kein Geld mehr hat, also völlig blank ist.[20] Es gibt also eine ganze Menge

Menschen da draußen, die mit ihrem Geld einfach nicht klarkommen. Woran liegt das? Wenn ich sehr miese Startbedingungen ins Leben, Unfälle, Krankheiten und anderes unverschuldetes Unglück einmal ausklammere, gibt es meiner Ansicht nach einen Hauptschuldigen mit fünf Buchstaben: K-O-N-S-U-M. Konsum ist der kleine Bruder eines Wichtigtuers namens »Lebensstandard« (und hat natürlich sechs Buchstaben – wenn du gerade schon stirnrunzelnd nachgezählt hast, steht deiner finanziellen Karriere nichts mehr im Weg!). Den eigenen Lebensstandard zu erhalten, zu sichern und möglichst noch zu erhöhen, ist für viele Menschen unglaublich wichtig. Was den frühen Christen das Goldene Kalb war, ist der Nachkriegsgeneration, aber auch ihren Kindern, Enkeln und Urenkeln der Lebensstandard. Ich sauge mir das nicht aus den Fingern, auch Experten sehen gerade bei jüngeren Verbrauchern zwei Gründe für Überschuldung: »unwirtschaftliche Haushaltsführung und unangemessenes Konsumverhalten«[21].

»Lebensstandard« definiert ein Wirtschaftslexikon so: »Vorstellungen des Verbrauchers darüber, was sein Dasein und seine Umwelt ausmachen soll, ausgedrückt in der Summe der ihm nach Herkommen, Kinderstube, Werdegang etc. angemessen erscheinenden Wünsche.« Der Lebensstandard sei somit ein »ideeller Bedarfsfaktor beziehungsweise Bedürfnisformer«.[22] Das klingt zugegebenermaßen etwas gestelzt, aber wenn ich das mal so umformulieren darf, dass man es auch ohne Soziologiestudium versteht, will uns dieses ehrwürdige Lexikon wohl Folgendes sagen: Lebensstandard ist eine Art Anspruchsdenken. Anders gesagt: Es ist das, was rauskommt, wenn ich meine: »Das steht mir doch wohl zu!« oder (der Lieblingsspruch dauerhaft überschuldeter Menschen) »Ein wenig *leben* will man ja auch noch«. Ich frag mich dabei immer, warum »leben« hemmungslosen Konsum bedeutet – und vor allem: Wer ist »man«? Dabei sind nach oben keine Grenzen gesetzt: The sky is the limit. Johnny Depp, prominenter *Fluch der Karibik*-Darsteller, gibt angeblich im Monat allein 30.000 Dollar für Wein aus. Kein Wunder, dass seine häuslichen Ausraster die Klatschblätter beschäftigen und Mitbewohnerinnen schon mal ein blaues Auge riskieren. Am Ende wirkt ein Domaines Barons de Rothschild Chateau Lafite für 600 bis 1500 Euro pro Flasche (je nach Jahrgang)[23] eben auch nicht anders als der gute Tropfen vom Aldi nebenan, bei dem man sich manchmal das

Oberteil versaut, wenn man ihn aufmacht und dabei mit der Schere am Tetra Pak abrutscht. Bemerkenswert ist auch die Rechnung, die Thomas Middelhoff, Supermanager mit Knasterfahrung, vor Gericht aufmachte: Zur Finanzierung seiner Lebenshaltung seien 70.000 Euro »unverzichtbar und nicht in zumutbarer Weise reduzierbar«. Monatlich natürlich. Was hast du denn gedacht?[24] Klar sind das Auswüchse, über die man sich je nach Naturell amüsieren oder aufregen kann. Zugleich ist so etwas aber auch Ausdruck eines weitverbreiteten »Das steht mir doch wohl zu!«-Denkens, bei dem man sich durchaus auch selbst ertappen kann. Noch stärker fällt es einem natürlich bei anderen Menschen auf.

So stolperte ich beispielsweise vor einiger Zeit in der *Süddeutschen Zeitung* über den Artikel einer Redakteurin, die sich bitter darüber beklagte, dass es inzwischen unmöglich sei, in der Münchner Innenstadt eine für Normalverdiener bezahlbare Wohnung für sich, ihren Mann und ihren Hund (!) zu finden. Sie werde der Stadt deshalb den Rücken kehren, verkündete sie trotzig. Ich denke, München wird's verkraften. Statt Mitleid zu haben oder auf ihren Empörungszug aufzuspringen, spürte ich, wie leiser Ärger in mir hochkroch. Wohnen mag Menschenrecht sein. Doch es gibt kein Menschenrecht auf Wohnen in der beliebtesten Stadt im angesagtesten Stadtviertel – genauso wenig wie es ein Menschenrecht aufs SUV- oder Porschefahren, auf einen Privatjet oder den teuersten Chronometer vom Nobeljuwelier gibt. Falls du meinst, das ließe sich doch nicht vergleichen, stellt sich unmittelbar die Frage, wo du die Grenze ziehen willst: schon beim Kia-SUV oder erst beim Porsche Cayenne? Erst beim Businessclass-Flug oder schon bei der Pauschalreise in der Holzklasse? Es ist eigentlich ganz einfach: Du kannst dir leisten, was du dir leisten kannst. Punkt. Und wenn du dir bestimmte Dinge leisten willst, gibt es ein gutes Rezept dafür: Sorg dafür, dass dein Lebensstandard deinen Einnahmen eine ganze Weile hinterherhinkt, spare und lege dein Geld an. Anschließend kannst du dir gönnen, was immer dir wichtig ist, ob eine Wohnung im schönsten Stadtteil oder eine Traumreise.

Wenn ich heute finanziell unabhängig bin, hat das sehr viel damit zu tun, dass ich meinen studentischen Lebensstil auch dann noch beibehalten habe, als meine Einkünfte langsam, aber stetig stiegen. Irgendwann verdiente ich sechsstellig, lebte aber weiterhin wie jemand, der nur ein Zehntel dieser Einkünfte hat: kleine Wohnung, altes Auto, keine teuren Klamotten. Wenn du mich im Internet gegoogelt hast, wirst du feststellen, dass ich meistens mein Lieblings-Kikkoman-T-Shirt trage. Karl Lagerfeld wird sich im Grabe drehen, sollte er das mitbekommen. Ich vermiete inzwischen an die 1000 Quadratmeter und arbeite stetig daran, diese Quadratmeterzahl zu erhöhen. Ich selbst bewohne nur 60 Quadratmeter. Vermisse ich etwas? Nein. Ich genieße meine Unabhängigkeit. Ein größeres und repräsentativeres Auto habe ich mir aus einem einzigen Grund zugelegt – weil mich irgendwann ein Agent aus der Unterhaltungsbranche beiseitenahm: »Mike, wenn du weiter mit deinem alten Golf bei den Kunden vorfährst, fragt sich mancher, ob er der Einzige ist, der dir eine so gute Gage zahlt.« So gesehen war das größere Auto für mich keine Ausgabe, sondern ... ? Genau: eine Investition! Glücklicherweise ist das Umweltbewusstsein inzwischen gewachsen, sodass heute selbst Manager gesichtswahrend mit dem Zug oder sogar mit dem Fahrrad anreisen können.

Es gibt ebenso wenig ein Geheimrezept der mühelosen Geldvermehrung, wie es ein Rezept dafür gibt, aus Blei Gold zu machen. Doch wenn deine Ansprüche langsamer wachsen als deine Einnahmen, ist das ein echter Reichtumsbeschleuniger. Auf diese Weise sammelst du Kapital an, das du dann klug vermehren kannst. Zum Thema sparen kommen wir später noch, hier daher nur ein paar grundsätzliche Hinweise zur Lebensstandardkontrolle:

- Geld ist erst zum Ausgeben bereit, wenn es da ist und alle Abzüge wie Steuern, Rücklagen und so weiter bezahlt sind.
- Gib nur Geld aus, das du hast und das dir auch gehört. (Ausnahme: Immobilien). Bloß keine Aktien auf Pump kaufen!
- Denk nie: »Darauf kommt es jetzt auch nicht mehr an!« Es kommt auf jeden Cent an. Wenn dir dein Handy runterfällt und einen kleinen Sprung hat, nimmst du ja auch keinen Hammer zur Hand und demolierst das Display komplett, weil es darauf jetzt auch nicht mehr ankommt.
- Verzichte im Idealfall aufs Auto, und wenn du doch eines hast, dann ein altes, abbezahltes.

- Sch… auf Statussymbole. Statussymbole sind Bullshit, der dich später leicht in finanzielle Schwierigkeiten bringen kann. Mehr zu diesem wichtigen Punkt im folgenden Kapitel.

Ein weiteres Geldgesetz lautet also: Wenn du dein Geld beherrschen willst, musst du zuallererst dich selbst beherrschen. Schaffst du das nicht, wirst du umgekehrt vom Geld beherrscht – präziser gesagt, vom permanenten Mangel daran. Diese Form der Selbstbeherrschung (Zurückhaltung heute, Belohnung später) wird in der Psychologie auch als »Impulskontrolle« oder »Belohnungsaufschub« bezeichnet. Berühmt geworden ist ein Experiment des Stanford-Professors Walter Mischel aus den Sechzigerjahren: der sogenannte Marshmallow-Test. Mischel setzte Vierjährige allein in einen kahlen Raum vor einen Marshmallow und versprach ihnen einen zweiten, wenn sie den ersten nicht sofort verspeisten, sondern abwarteten, bis der Erwachsene nach einigen Minuten zurückkam. Ganz schön fies eigentlich, aber was tut man nicht alles für die Wissenschaft? Kinder, die es schafften zu warten, erwiesen sich dieser Studie zufolge 13 Jahre später als erfolgreicher, machten bessere Schulabschlüsse und wurden als sozial kompetenter eingestuft. Belohnungsaufschub scheint eine wichtige Zutat beim Lebenserfolg zu sein. Inzwischen gibt es zwar methodische Kritik an der Mischel-Studie, die dahin zielt, dass der soziale Hintergrund der Kinder nicht einbezogen wurde und dass nicht alle Marshmallow-Freunde nach 13 Jahren ausfindig gemacht werden konnten.[25] Doch die Kernaussage – dass Belohnungsaufschub die wesentliche Erfolgszutat ist – wird von niemandem infrage gestellt. Die Vorteile des Belohnungsaufschubs kannst du in den unterschiedlichsten Lebensbereichen selbst beobachten: Heute Party machen und morgen die Prüfung versemmeln oder lieber brav lernen? Heute futtern und morgen viel zu viele Kilos mit sich herumschleppen oder sich von vornherein maßvoll und gesund ernähren? Oder eben auch: Heute die Kohle raushauen und morgen am Hungertuch nagen oder sich heute manche Ausgabe verkneifen und dafür morgen finanziell besser dastehen? Wenn dir ein solcher Belohnungsaufschub erfahrungsgemäß schwerfällt, brauchst du ein paar Tricks, dein Geld vor dir in Sicherheit zu bringen. Die erfährst du im Kapitel 22 »Kontenmodelle: Mit System zu vollen Konten«.

9 • GIB KEIN GELD AUS, DAS DU NICHT HAST, FÜR DINGE, DIE DU NICHT BRAUCHST, UM MENSCHEN ZU BEEINDRUCKEN, DIE DU NICHT MAGST[26]

> *»Hast du keine hundert Riesen, musst du dir den Porsche leasen.«*
>
> Josef Nullinger, Studiotechniker, deutscher Wirtshausphilosoph (*1974)

Tja, das sagt sich so leicht. Man muss nur vor die Tür treten, um über die vielen teuren Autos zu staunen, die von Menschen gesteuert werden, die im Supermarkt die Butterpreise vergleichen. Oder sich über die Bionade-Trinker zu wundern, die einem resigniert erklären, nichts, aber auch rein gar nichts für die Rente zurücklegen zu können, um dann das Apple MacBook aufzuklappen und zu recherchieren, ob die nächste iPhone-Generation schon lieferbar ist. Statussymbole gab es schon immer. Zu Zeiten von Meistermaler Peter Paul Rubens um 1600 zeigte stattliches Übergewicht den gesellschaftlichen Status des Bauchträgers. Ein wenig wehmütig bin ich ja schon, dass das mittlerweile aus der Mode gekommen ist. Für sehr viele Menschen ist heute nach wie vor das Auto ein zentrales Statussymbol. Schließlich bewegt man sich damit im öffentlichen Raum, jeder sieht's und selbst Passanten ohne Führerschein können eine verbeulte Blechkiste problemlos von einem dicken SUV unterscheiden. In bestimmten Milieus und Bildungsschichten wiederum ist es inzwischen ein Statussymbol, *kein* Auto zu haben und stattdessen den Nachwuchs mit einem angesagten teuren Bakfiets Cargo Bike in die Montessori-Kita zu kutschieren.

Nach dem Motto »Haste was, dann biste was« haben viele von uns offenbar ein großes Bedürfnis, ihren gesellschaftlichen Status nach außen zu demonstrieren. Was zum Statussymbol taugt, bestimmen Geschmack und Normen der gesellschaftlichen Gruppe, in der man sich bewegt oder deren Anerkennung man sich wünscht. Statussymbole sind per definitionem überflüssig. Ein Leben ohne Porsche oder Bakfiets ist möglich, für manche aber kaum lebenswert. Und auch ohne Apple-Spielzeuge kann man natürlich an der digitalen Welt teilnehmen. Ein Statussymbol ist wie ein Schild, das man sich umhängt und auf dem steht: »Seht her, was ich mir leisten kann!« Es ist ein offenes Geheimnis, dass dabei fröhlich geflunkert, geblendet und getäuscht wird. 2017 belief sich die Summe der Konsumschulden in Deutschland auf insgesamt 237,9 Milliarden Euro. Das bedeutet: Statistisch gesehen hat jeder der 83 Millionen Einwohner vom Neugeborenen bis zum Greis knapp 2900 Euro Schulden für Konsum- und Verbrauchsgüter wie Autos, Flachbildfernseher oder Urlaubsreisen angehäuft.[27] Und da Säuglinge im Allgemeinen keine Fernseher kaufen und 90-Jährige nur selten Fernreisen machen, gibt es eine Menge Menschen, die das Doppelte, Drei- oder Zehnfache dieser Summe an Schulden haben – für Dinge, die sie wahrscheinlich nicht zwingend brauchen. Am besten beugt man diesem Dilemma vor, indem man den Anfängen wehrt: Wenn du 1000 Euro im Monat verdienst, aber im Schnitt 1005 Euro ausgibst, sitzt du auf der Titanic. Wenn du 1000 Euro verdienst und 995 Euro ausgibst, legst du den Grundstein für dein Vermögen. Die Leasingrate für den Porsche, die Herr Nullinger einleitend so fahrlässig empfiehlt, ist selbst für Gutverdiener oft der Anfang vom Ende. Aber Herr Nullinger ist eben Studiotechniker und kein Finanzprofi.

Um den Anfängen tatsächlich zu wehren, wäre es jetzt ein bisschen zu einfach, würde ich nur auf »innere Werte« pochen und zum Konsumverzicht aufrufen. Es würde wahrscheinlich auch wenig nützen, schließlich leben wir in einer Gesellschaft des schönen Scheins. Dank Instagram und Co. hat sich dieser Effekt noch massiv verstärkt. Wir sind scheinbar umgeben von Menschen, die ihr Leben entweder in Designerkleidung vor stylischen Hochhauskulissen verbringen oder ständig mit dem Cocktailglas in der Hand am Karibikstrand herumstehen. Aber eben nur scheinbar. Hier wäre der Begriff »Fake News« in vielen Fällen wirklich mal angebracht. Wusstest du, dass Onlinehändler inzwischen über hohe Kosten durch »Instagraming« klagen? Heißt: Ziemlich viele Menschen bestellen teure Klamotten nur, um sich für ein Insta-Foto überzustreifen und sie dann kostenlos wieder zurückzuschicken. Bitte nicht nachmachen, das ist schon ökologisch gesehen eine echte Sauerei! Gleiches Muster: Manche Bürokulisse hat wenig mit dem verranzten Hinterhof zu tun, in dem der Abgebildete wirklich arbeitet und von dem er sich nur fürs Foto kurz weggeschlichen hat, um vor einem imposanten Firmengebäude zu posieren.

Vielleicht hilft es dir beim Sparen, dir klarzumachen, dass du von einer in weiten Teilen gefakten Statuswelt umgeben bist. Wer dann mal den Blick hinter eine dieser glänzenden Fassaden wagt, entdeckt oft finanzielle Abgründe. Steuerberater können ein Lied davon singen, wie viele ihrer Kunden permanent über ihre Verhältnisse leben. Vielleicht hilft es dir außerdem, daran zu denken, dass Statussymbole nur mit einem gewissen Abstand wirken. Das Auto kann noch so imposant sein, wenn der Typ am Steuer sich als Kotzbrocken erweist, nützen ihm auch die 600 PS unter der Haube wenig. Menschen, die dich gut kennen, mögen dich hoffentlich nicht wegen der Marke deiner Uhr oder der Motorleistung deines fahrbaren Untersatzes. Und Menschen, die dich nur nach solchen Konsumgütern beurteilen, können dir hoffentlich gestohlen bleiben. Will sagen: Gib kein Geld aus, das du nicht hast, für Dinge, die du nicht brauchst, um Menschen zu beeindrucken, die du nicht magst! (Und die oft auch *dich* nicht mögen, wie praktisch!) Das ist die beste Haltung, um in nächster Zukunft genügend Geld auf der hohen Kante zu haben, um dir Konsumwünsche auch ohne Kredit erfüllen zu können. Möglicherweise wirst du dann feststellen, dass dir solche Dinge gar nicht mehr so wichtig sind, weil dir deine finanzielle Freiheit inzwischen mehr bedeutet als kurzlebiger Besitz. Ich weiß aus eigener Erfahrung: Ein Leben im »Ich könnte, wenn ich wollte«-Modus kann ziemlich befriedigend sein. Wenn mich jemand fragt, warum ich eigentlich keinen Porsche fahre, antworte ich immer: »Meine Porsches stehen im Grundbuch.« 😃

Nachtrag: Hinter der Anhäufung von Statussymbolen steckt häufig ein starkes Bedürfnis nach Anerkennung. Ich bin kein Psychologe, aber der folgende Gedanke drängt sich auch dem Laien auf: Wer Anerkennung als Kind und Jugendlicher nur in homöopathischen Dosen bekommen hat, ist besonders anfällig für den Versuch, sie sich durch Statusmerkmale zu kaufen. Zieh die Notbremse, wenn du dich in diesem Verhaltensmuster wiedererkennst: Durch Dinge wirst du dieses Loch nie stopfen. Such dir lieber Menschen, die dir guttun!

10 • HIRN HILFT: INVESTIERE NUR IN ETWAS, DAS DU VERSTEHST

> »Wer nichts weiß, muss alles glauben.«
> Marie von Ebner-Eschenbach, Schriftstellerin (1830–1916)

Der Mensch kann überall lehrreiche Bekanntschaften schließen, auch im Fitnessstudio. Dort erzählte mir ein anderer ewiger Sixpackaspirant, lässig an eine der Foltermaschinen gelehnt: »Ich habe jetzt in einen Privatjet auf Ibiza investiert!« Neugierig hakte ich nach und erfuhr, ein Freund von ihm sei Pilot und fliege Promis zu ihren Anwesen oder Jachten auf der Insel. Statt ehrfürchtig zu nicken, stellte ich ein paar Fragen: »Wie lange bist du mit dem Piloten schon befreundet? Wie viel Rendite ist da zu erwarten? Bist du sicher, dass der dich nicht bescheißt?« Kurz: Ich wurde lästig wie die Wespe beim Zwetschgendatschi-Essen im Garten. Der Sportsfreund winkte ab ob dieser Kleingeistigkeit und ließ mich einfach stehen. Kurze Zeit später legte er nach: Er habe einen Teil seines Geldes in Schiffscontainern angelegt. Wieder war ich Spielverderber: »Wie funktioniert denn das Geschäftsmodell?« Seine Antwort: »Keine Ahnung, aber es gibt 6 Prozent Rendite!« Das Geld aus dem Privatjet-Deal war da schon futsch, und kurze Zeit später platzte auch dieses zweite Investment mit den Schiffscontainern, wie man sogar sehr öffentlichkeitswirksam in den Nachrichten sehen konnte. Da hatte es in Deutschland einige Investoren erwischt. Und auch in diesem Fall war das Geld natürlich nicht weg. Es war halt nur bei jemand anderem.

Die Moral von der Geschicht': Blind investieren lohnt sich nicht. Investiere nur in etwas, das du wirklich verstehst und das nicht zu gut klingt, um wahr zu sein. Diesen Rat wirst du in jedem seriösen Buch zum Thema Geld lesen, und das ist auch gut so. Man kann ihn gar nicht oft genug wiederholen, denn in allen von uns schlummert der Kinderglaube an die einmalige Gelegenheit, von der wir exklusiv erfahren und die wider alle Erfahrung und Vernunft goldene Taler auf uns herabregnen lässt. Ich nehme mich da selbst nicht aus: Vor einigen Jahren hätte ich um ein Haar in einen angeblichen Solaranlagenbau in Norditalien investiert. Vermittelt durch einen Freund, der sich nach meinem Dafürhalten und allem, was ich über ihn wusste, gut mit Geld auskannte, bekam ich von einem äußerst freundlichen und sehr jovialen Herrn das Angebot, mit 200.000 Euro Eigenkapital und einem Darlehen von einer Bank eine Solaranlage zum Preis von einer Million zu erwerben. Eine echte Zukunftsinvestition! Jedes Jahr werde die Anlage mir Einnahmen von 300.000 Euro bescheren, das Business würde sich also in weniger als vier Jahren amortisieren, rechnete der Anbieter mir vor. Ein reicher Freund, dem ich davon erzählte, runzelte die Stirn: »30 Prozent Rendite? Lass lieber die Finger davon, da stimmt was nicht!« Doch ich reagierte ähnlich störrisch wie mein Sportkumpel und verliebte mich in das Investment. Der Verkäufer machte es mir leicht und zog alle Register: Besichtigung des Grundstücks in Italien auf seine Kosten, Übernachtung auf einem idyllischen Weingut, tolles Essen, gute Weine. Heiratsschwindler arbeiten so ähnlich, bevor sie ihr Opfer finanziell ausweiden. Dank eines Restes an gesundem Menschenverstand ließ ich den Kaufvertrag vor der Unterzeichnung von einem Anwalt prüfen. Der kassierte zwar ein stattliches Honorar, bewahrte mich aber vor einer Riesendummheit: »Wenn Sie das machen, Herr Hager, dann auf eigenes Risiko. Ich rate Ihnen dringend ab.« Ich machte in letzter Minute schweren Herzens einen Rückzieher. Ein Jahr später hörte ich von dem Freund, der mir den Anbieter vermittelt hatte, dieser sei wohl als Betrüger enttarnt worden. Goldene Regel: Was zu gut klingt, um wahr zu sein, ist weder gut noch wahr. Todsichere Geschäfte mit Traumrendite gibt es so wenig wie das Ungeheuer von Loch Ness oder den Wolpertinger.

Das klassische Betrugsmodell sind sogenannte Schneeballsysteme, bei denen hohe Renditen anfänglich aus dem Kapital weiterer Anleger bedient werden. Es findet also keine wundersame Geldvermehrung statt,

sondern der Betrüger steckt das Geld in die eigene Tasche und zweigt angebliche Zinsen aus den Einlagen nachfolgender Opfer ab. Brenzlig wird es, wenn Anleger das eingesetzte Kapital zurückfordern oder nicht mehr genügend neue Opfer einsteigen. Dann bricht das ganze System zusammen und der Gründer landet hoffentlich im Gefängnis, was für die Geprellten allerdings ein schwacher Trost sein dürfte. Musterbeispiel ist Bernie Madoff, ein ehemaliger Börsenmakler und nun ebenso ehemaliges Mitglied der feinen New Yorker Gesellschaft, der einen Schaden von 65 Milliarden Dollar anrichtete und 2009 zu 150 Jahren Gefängnis verurteilt wurde. Noch hinter Gittern ist er angeblich eine große Nummer. Er wird von seinen Knastbrüdern bewundert, »weil er mehr Geld gestohlen hat als irgendjemand zuvor«. Und er macht weiterhin Geschäfte: So soll er im Gefängnis zeitweise ein Kakaomonopol errichtet haben, indem er ein begehrtes Schoki-Pulver komplett aufkaufte und dann teuer verkaufte.[28] Dagegen sind die Chefs der deutschen S&K-Gruppe mit einer Betrugssumme von 240 Millionen Euro kleine Fische. Immerhin reichte das veruntreute Kapital für protzige Villen, Partys, für die schon mal ein lebender Elefant herangeschafft wurde, oder Bäder in Geldmünzen à la Dagobert Duck.[29] Gier frisst Hirn, offenbar auf beiden Seiten des Betrugsgeschäfts.

Sei also misstrauisch, wenn dir jemand Renditen verspricht, die weit besser als das sind, was seriöse Experten für die jeweilige Anlageform versprechen. Lass dich nicht blenden von Maßanzügen und goldenen Manschettenknöpfen, Hochglanzprospekten und prominenten Kronzeugen, die ebenfalls auf das Geschäftsmodell setzen. Du bist nicht die Ausnahme von der Regel. Du bist nur das nächste Opfer. Eine der wenigen Anlageformen, mit der man sehr schnell reich (und genauso schnell wieder arm) werden kann, sind Aktien – Anteile von Einzelunternehmen, die durch die Decke gehen. Wer zum Beispiel 2004 beim Börsengang Google-Aktien kaufte, hatte seinen Einsatz zehn Jahre später verdreizehnfacht. Mit einem Einsatz von rund 77.000 Dollar wäre er also 2014 Millionär gewesen. Bis heute hat sich der Kurs des 2015 in Alphabet umbenannten Unternehmens noch einmal mehr als verdoppelt. Wer die Aktie weiter hielt, wäre also heute ziemlich wohlhabend. Zur Wahrheit gehört aber auch, dass auch der Google-Kurs im Zuge der Finanzkrise zwischen 2007 und 2012 um fast zwei Drittel einbrach.[30] Große Renditen setzen also große Risiken voraus und damit starke Nerven. Eindämmen lassen sich solche Risiken nur durch Erfahrung und eigenes Finanz-Know-how, nicht durch blindes Vertrauen in selbst ernannte Experten oder Verkäufer von Finanzprodukten. Und selbst dann ist niemand vor Verlusten gefeit, siehe den grandiosen Absturz des Börsenlieblings Wirecard 2020: Am 23. April 2020 war eine Wirecard-Aktie 138,50 Euro wert. Nur vier Monate später waren es 1,37 Euro. Du kannst ja mal nachschauen, wie viel es sind, wenn du dies liest, und ob es das Unternehmen noch gibt. Im Teil »Geld klug investieren« stelle ich wesentliche Anlageformen kurz vor. Wenn du tiefer einsteigen willst, nutze alle seriösen Quellen, die du findest – Seminare, Fernsehsendungen, Bücher, Videos, Podcasts, Onlinekurse – und bilde dir langsam, aber sicher dein eigenes Urteil. Schärfe deinen Finanz-IQ!

GELD IM ALLTAG

> »Der Mann ist weg, das Geld ist da,
> a Flascherl Weißwein – wunderbar!«
> (Spruch, den man wohlhabenden
> Münchner Witwen nachsagt)

Wir glauben gern, in privaten Beziehungen spielten die Finanzen eine Nebenrolle. Schön wär's. Beim Geld hört die Freundschaft oft auf und der Zwist fängt an. Selbst in der Liebe funken die Finanzen dazwischen, als Anreiz, sich zu verpartnern, oder als potenzieller Konfliktstoff, sobald die Hormone sich wieder beruhigt haben. Wäre der im wahrsten Sinne des Wortes steinreiche Bauunternehmer Richard »Mörtel« Lugner bloß ein armer Maurergeselle, würde die Liste seiner immer jünger werdenden Gefährtinnen vielleicht etwas kürzer ausfallen. So aber folgte »Hasi« auf »Mausi«, »Käfer« auf »Hasi«, »Bambi« auf »Käfer« und »Katzi« auf »Bambi«. Vorläufig endet der Kleintier-Zoo mit »Spatzi«, doch vorher gab auch noch »Kolibri« ein kurzes Gastspiel.[31] – Ja, so san's, die Großkopferten.

Doch kehren wir lieber vor der eigenen Haustüre. Welche Rolle spielt Geld in deiner Familie? In deinem Freundeskreis? Es gibt die These, das eigene Einkommen entspreche oft dem Durchschnittsverdienst der fünf engsten Freunde. Na? Treffer, versenkt? Wie du selbst mit Geld umgehst, wird außerdem von deinem Elternhaus beeinflusst, ob du dich nun abgrenzt oder unterordnest. Werden es dir deine Eltern verzeihen, wenn du reich wirst? Oder werfen sie dir im Gegenteil vor, dass du es nicht weit genug gebracht hast? Das Leben ist crazy. Wenn du finanziell unabhängig sein willst, empfiehlt sich daher ein kurzer Blick auf Geldfragen im Alltag.

11 • KOPIERE NICHT DAS LEBEN DEINER ELTERN

> »*Das Wichtigste, was es über das Leben zu lernen gibt, ist, erstens nicht zu tun, was man nicht tun möchte, und zweitens zu tun, was man tun möchte.*«
>
> Margaret Anderson, US-Autorin und Verlegerin (1886–1973)

Im Kultfilm *Matrix* von 1999 gibt es eine Schlüsselszene, in der der junge Hacker Neo (gespielt von Keanu Reeves) von einem mysteriösen Fremden namens Morpheus vor die Wahl gestellt wird, weiter ein fremdbestimmtes Scheinleben zu führen – oder aber die Welt mit eigenen Augen so zu sehen, wie sie tatsächlich ist. Im ersten Fall soll Neo eine blaue Pille schlucken. Mit ihr kehrt er in seine gewohnte Welt zurück. Nimmt er stattdessen die rote Pille, werden ihm die Augen geöffnet für die tatsächliche Wirklichkeit. Neo entscheidet sich nach kurzem Zögern für die rote Pille und entdeckt zu seinem Schrecken, dass er bisher ein zombiehaftes Dasein führte, in dem ihm die »Matrix« eine Welt vorgaukelte, die gar nicht existiert. Bis heute gilt der Film als Meisterwerk, das philosophische Fragen zu Popcorn-Kino verarbeitete.

Warum erzähle ich dir das? Weil das Leben vieler Menschen so aussieht, als ob sie täglich zum Frühstück eine blaue Pille einwerfen. Sie leben ein Leben, das andere für sie entworfen haben. Das muss kein schlechtes Leben sein, doch es ist eben nicht das, wofür sie sich selbst entscheiden würden. Was in Neos Science-Fiction-Umgebung die computergenerierte Scheinwelt der Matrix ist, sind im echten Leben die Glaubenssätze, Erfahrungen und Lebensweise der unmittelbaren Umgebung, insbesondere die der eigenen Eltern. Sie prägen uns tief, denn als Kinder können wir das Vorbild, das sie uns geben, nicht kritisch reflektieren. Kein Dreijähriger ist in der Lage, sich innerlich von den Erziehungsinhalten seiner Eltern zu distanzieren. Das schaffen wir auch mit 30 oft nur mit Mühe. Und selbst dann, wenn wir rational auf Distanz gehen, sind wir emotional häufig noch Gefangene elterlicher Grundsätze und Lebensweisheiten. Wer »nie so werden will« wie sie, ist nicht wirklich frei. Für unser Thema heißt das: Wenn Vater und Mutter beispielsweise reiche Menschen für »schlecht« hielten, lehnen wir es sehr wahrscheinlich unbewusst ab, selbst reich zu werden. Oder wenn sie meinten, »unsereiner kommt auf keinen grünen Zweig«, zweifeln wir tief im Inneren immer noch daran, dass es anders sein könnte, und befürchten, dass unsere Anfangserfolge jederzeit als unverdient enttarnt werden könnten.

Ein viel gelesenes Geldbuch – *Rich Dad – Poor Dad* von Robert T. Kiyosaki – trägt den Untertitel *Was die Reichen ihren Kindern über Geld beibringen*. Auf über 200 Seiten erzählt Kiyosaki hauptsächlich davon, wie in seiner Herkunftsfamilie über Geld gesprochen und damit umgegangen wurde, und wie anders das in der Familie seines besten Freundes aussah. Danach kam die Familie Kiyosaki auf Hawaii gerade so über die Runden, obwohl der Vater als Hochschullehrer nicht schlecht verdiente. Das Geld ging für Haus, Auto, anderen Konsum und Steuerzahlungen drauf. Der Vater seines Freundes hingegen (ein Unternehmer und der »Rich Dad«) beschäftigte sich sein Leben lang mit der Frage, wie er sein Geld klug investieren und vermehren und seine Steuerlast drücken könnte. Arme arbeiten für Geld, Reiche lassen Geld für sich arbeiten, so die Kernbotschaft des Buches. Arme raten ihren Kindern: »Such dir nach der Ausbildung einen guten Job und arbeite fleißig.« Das führe geradewegs ins übliche Hamsterrad, so Kiyosaki. Reiche raten ihren Kindern: »Lerne in Geldfragen ständig dazu und vermehre dein Geld gezielt.« Das führe in die finanzielle Freiheit. Natürlich ist das stark vereinfachend.[32] Wir alle wissen, dass es auch reiche Prasser und arme Aufsteiger gibt. Doch es ist nicht von der Hand zu weisen, dass wir wie in anderer Hinsicht auch in Geldfragen von unseren Eltern stark beeinflusst werden. Eltern können im Allgemeinen nur das raten, was sie selbst kennen und erlebt haben. Kinder wiederum lernen vieles durch Imitation. So setzen sich Familientraditionen fort, gute wie schlechte. Armut wird vererbt, nicht nur in

Form des Kontostandes, sondern auch in Form von Lebensstilen und Glaubenssätzen. Für Reichtum gilt das Gleiche. Wer nicht aufpasst, ist gefangen in der Matrix familiärer Vorbilder und hat, ehe er sich's versieht, die heimische Metzgerei übernommen und das Eigenheim im Garten der Eltern gebaut, das er anschließend lebenslang abstottern muss. »Homemade-lebenslänglich«, sozusagen. Wenn du dich anders entscheidest und das Familiengleis verlässt, solltest du mit verschärftem Gegenwind rechnen. Das gilt paradoxerweise auch dann, wenn du erfolgreicher bist als der Rest deiner Familie. Nur, wenn du sehr liberale Eltern hast, wirst du nicht auf Skepsis und Ablehnung stoßen. Schließlich hältst du deinen Erziehungsberechtigten einen Spiegel vor, der zeigt, dass es auch anders geht, als sie es vorgelebt haben.

Dennoch sollten wir verhindern, dass allein die Herkunftsfamilie unseren Horizont bestimmt. Ich habe nach dem Abi ein Lehramtsstudium begonnen. Warum? Meine Mutter ist Hauptschullehrerin, eine von denen, die sich mit Herzblut für Kinder engagieren, deren Familien man heute diplomatisch als »bildungsfern« bezeichnet, mein Vater ebenso. In den 1980ern verbrachte er seine freie Zeit damit, den Kindern türkischer Einwanderer aus unserem Dorf kostenlos Nachhilfeunterricht zu erteilen. Nachdem dem Berufsberater die Kinnlade herunterklappte, als ich ihm im breitesten Niederbayerisch eröffnete: »I mecht zum Radio!«, hätte ich beinahe das Leben meiner Eltern kopiert. Doch der Berater erklärte überzeugend: »Radio? Ohne Kontakte geht da gar nichts! Da müssten Sie höchstens in der Kneipe mal zufällig einen Radiomitarbeiter treffen.« Also dachte ich: »Werd' i halt auch Lehrer!« Dabei stand schon in der achten Klasse in meinem Schulzeugnis: »Es wäre ratsam, Michael würde sich mehr für Mathematik interessieren, als ständig über den nächsten Gag nachzudenken.« Ich hätte auf dem Dorf ein Häuschen gebaut, wäre im Trachtenverein und würde samstags reihum mit den Nachbarn Wurst und Steaks grillen, statt dem prophetischen Urteil meines Mathelehrers zu folgen und mich auf meine Kernkompetenz im Fach Humor zu konzentrieren. Glücklicherweise haben mich meine Eltern gleichzeitig zum Hinterfragen, Diskutieren und Rebellieren erzogen, und so bin ich rechtzeitig in eine andere Richtung abgebogen. Das gilt auch in Sachen Finanzen. Deshalb steckt mein Geld heute nicht in einem Riesengrundstück am Ar…m der Welt, sondern in lohnenderen Anlagen (sorry, Mama und Papa).

Der Vollständigkeit halber: Ich habe überhaupt nichts gegen Grillfleisch, Eigenheime im Grünen oder Trachtenvereine, ganz im Gegenteil, ich bin Bayer durch und durch und wundere mich keine Sekunde, wenn bei uns zu Hause im Fußballverein dem Platzwart aufgetragen wird, er solle auch für die Vegetarier was zum Grillen besorgen, und er dann pflichtbewusst für die Gemüsegourmets Putenfleisch kauft. Ich habe allerdings etwas gegen Fremdbestimmung. Wenn du beginnst, dich aktiv mit Geldfragen zu beschäftigen, solltest du daher bereit sein, zu Hause vorgelebte und als unumstößlich präsentierte Haltungen zu hinterfragen. Denn wer das macht, was alle machen, kriegt das, was alle kriegen. Wenn du hemmenden Glaubenssätzen und hinderlichen Haltungen auf die Spur kommen willst, lohnen sich folgende Fragen:

- Wie wurde mit dem Thema Geld in deiner Herkunftsfamilie umgegangen? Wurde dort über Geld gesprochen? Wurde Wohlstand offen gelebt? Hatten deine Eltern gemeinsame Konten? War Geld immer vorhanden oder eher knapp?
- Welche Beziehung haben/hatten deine Eltern zu Geld? Wie gehen/gingen deine Eltern mit Geld um? Können/konnten sie gut mit Geld umgehen? Wie wichtig ist/war ihnen Geld?
- Was denken/dachten deine Eltern über Geld? Urteil(t)en sie positiv oder negativ darüber? War Reichtum in ihren Augen möglich und erstrebenswert – oder Schicksal und unverdientes Glück?
- Wie wichtig ist dir die Anerkennung deiner Eltern auch heute noch? Wie stark mischen sie sich in dein Leben ein?
- Hast du den Satz »Denk ja nicht, du bist was Besseres!« schon mal gehört? Oder andere Vorwürfe, die dich treffen? Wie wirkt sich das auf deine Einstellung zu Geld aus?

Natürlich bleibst du dein Leben lang Kind deiner Eltern. Wenn du aber nicht dein Leben lang Kind bleiben willst, gehört es dazu, dich in finanzieller Hinsicht zu emanzipieren. Das gilt meines Erachtens auch, wenn du wohlhabende Eltern hast, die dir gerne finanziell unter die Arme greifen. Es gibt keine Leistung ohne Gegenleistung. Geld ist für mich zwar in erster Linie gedruckte Freiheit, für viele Menschen ist es aber eben auch Macht, und dabei ist es zweitrangig, ob diese Macht mit dem autoritären Hinweis »Solange du die Füße unter meinem Tisch hast …« ausgespielt wird oder durch subtileren moralischen Druck. Wirklich frei bist du nur, wenn du dir diese Freiheit selbst erarbeitest. Frei nach Altmeister Goethe, der nie um einen schlauen Vers verlegen war: »Was du ererbt von deinen Vätern, erwirb es, um es zu besitzen!«[33] Meine Göte, wie recht der Mann doch hat!

12 • LIEBE VERGEHT, HEKTAR BESTEHT

> »Ich verdiene mein Geld mit dem Elend anderer Leute.« –
> »Ah, du bist Hochzeitsplaner!«
>
> (Misanthropen unter sich)

Fast jeder Neuwagen wird hierzulande vollkaskoversichert. Doch beim Thema Ehe und Partnerschaft verwandeln sich Sicherheitsfanatiker mit Vollkaskomentalität plötzlich in Kamikazefahrer. Man kann das romantisch finden oder kurzsichtig, denn 2019 kam auf drei Hochzeiten – nein, kein Todesfall, aber eine Scheidung. 1960 lag dieses Verhältnis noch bei zehn zu eins. Trotzdem schließt kaum jemand einen Ehevertrag ab. Würdest du mit einer Fluglinie fliegen, bei der jeder dritte Flug abstürzt? So ähnlich soll das der nie um einen lustigen Spruch verlegene Erfolgsautor Ephraim Kishon kommentiert haben. Diese Fakten zu missachten, das ist ungefähr so, als würde man ohne Seil und Kletterhaken die Eiger-Nordwand besteigen, in der felsenfesten Überzeugung, dass nur andere abstürzen können. Vor allem Frauen, die sich mit dem Ehemann auf eine traditionelle Rollenverteilung verständigt haben, sich um Kinder und Haushalt kümmern und maximal Teilzeit arbeiten, während der Mann der Hauptverdiener ist, gehen bei einer Scheidung ein hohes Armutsrisiko ein. Ein Ehevertrag könnte Ansprüche sichern, denn das Scheidungsrecht tut es seit der Novellierung von 2008 nicht mehr: Unterhaltsberechtigt ist ein(e) Alleinerziehende(r) selbst seitdem in der Regel nur noch, wenn Kinder unter drei Jahren zu versorgen sind. In den Fünfzigerjahren mag ein solventer Ehemann ein kluger Schachzug und eine bombensichere Altersvorsorge gewesen sein, heute ist das anders.[34] Das entspricht ja auch dem aktuellen Stand der Emanzipationsdebatte, wenn ich die als Mann richtig verstehe – schwer genug für mich, denn in meinem Heimatland Bayern halten sich auch im 21. Jahrhundert hartnäckig patriarchalische Hochburgen. Wenn Sie da sagen: »Liebe Teilnehmer*innen«, wird das Ganze höchstens quittiert mit einem freundlichen »und außen!«. Liebe Frauen, kümmert euch also selbst um eure Finanzen! Die Männer tun das seit jeher und ich riskiere für euch gerade einen Shitstorm, indem ich hier einen auf Rentenversorgung-durch-Ehe-Leaks mache.

Es gibt viele Gründe, warum eine Partnerschaft oder Ehe scheitert. Streit übers Geld ist nicht der seltenste. Geldkonflikte sind am ehesten vermeidbar, wenn beide Partner ähnliche Grundhaltungen in finanziellen Fragen haben. Klingt unromantisch, ist aber ungeheuer hilfreich, um den gemeinsamen Alltag zu stemmen. Schließlich gibt es noch genug andere Punkte, über die man sich streiten kann: Kindererziehung, Ansprüche der Schwiegereltern, Urlaubsziele, Wohnungsrenovierungen und Ähnliches. Um aus dem Nähkästchen zu plaudern: Ich liebe meine Partnerin sehr. In vielerlei Hinsicht passen wir perfekt zusammen, auch beim Thema Finanzen. Mit kleinen Nuancen allerdings. Ich kontrolliere beispielsweise selten bis nie Kassenbelege oder Restaurantquittungen. Meine Angebetete hält das für grob fahrlässig und hat durch akribisches Nachprüfen über die Jahre schon einige Irrtümer aufgedeckt. (Ja, ja, ich gebe es zu!) Und so kann es knirschen, wenn sie meinen Kassenbeleg vom Metzger vordergründig beiläufig überfliegt und dann empört ausruft: »7,50 Euro für 200 Gramm Grünländer Käse!?« Da stehst du als Mann ganz schnell mit dem Rücken zur Küchenwand.

Eine Umfrage der Gesellschaft für Konsumforschung (GfK) ergab 2016, dass sich jedes zweite Paar mitunter wegen des Geldes in die Haare kriegt. Bei jedem zehnten Paar ist dies nach einer Forsa-Befragung von 2019 sogar regelmäßig der Fall. Und für 45 Prozent wäre es ein Trennungsgrund, wenn der Partner überhaupt nicht mit Geld umgehen könnte.[35] Ich hoffe, Partnerbörsen berücksichtigen das in ihren Fragebögen. Andererseits könnte das ein Geschäftsmodell sein: statt »Elite-Partner« besser zu »Kredite-Partner«! Alternativ bietet sich das erste Date im Restaurant als kleiner Test an. Verschwindet sie auf der Toilette, sobald der Kellner mit der Rechnung naht? (Nach Aussage eines altgedienten Kellners mir gegenüber mindestens bei der Hälfte aller Frauen der Fall.) Macht er penibel halbe-halbe bis zur zweiten Kommastelle? Wird Schampus geordert oder das preiswerteste Gericht auf der Speisekarte »und dazu bitte ein Glas Leitungswasser«? Ein echter Härtetest sind später gemeinsame Anschaffungen: Ist das teure Designermöbel gerade gut genug oder könnte man problemlos mit Billy-Regalen und dem Sperrmüll-Sofa in Rente gehen? Regiert die schwäbische Hausfrau – erst sparen, sich dann was leisten – oder ist das Leben auf Pump selbstverständlich? Auch bei der Hochzeitsplanung treffen mitunter Welten aufeinander, wenn das geplante Gesamtbudget der sparsamen Partei gerade für die Kleiderwünsche der weniger sparsamen Partei ausreicht und die Feier folgerichtig in einer Imbissbude stattfinden müsste. (Auf diese geschlechtsneutrale Formulierung bin ich jetzt echt stolz.)

Wer zu Beginn einer Beziehung nicht über Geld redet, wird später umso mehr darüber reden. Oft werden die kleinen Dinge, die einen am Anfang nur ein bisschen stören, im Laufe der Jahre im gleichen Maße größer wie die Kosenamen, wenn das Spatzi zum Rindvieh mutiert. Der Beziehungsalltag gleicht dann in vielen Fällen einem finanziellen Minenfeld. Die traurige Realität ist: Gut 40 Prozent aller Verbandelten wissen nicht einmal, wie viel der eigene Partner verdient (vgl. Kapitel 1 »Von der Hand in den Mund? Lieber als Riese aus der Krise!«). Andere meinen, sie hätten das Sagen, stehen aber in Wahrheit unter dem Pantoffel: Auf die Forsa-Frage, wer für das Geldmanagement in der Beziehung zuständig sei, beanspruchen 28 Prozent der Männer das Amt des familiären Finanzministers für sich. Aber nur 7 Prozent der Frauen bestätigen, dass das so ist. Umgekehrt ist es nicht anders: 27 Prozent der Frauen sagen, Geldfragen regelten sie allein, und nur ein Bruchteil der Männer sieht das auch so, dass die Frauen das machen (ebenfalls 7 Prozent).[36] Da tun sich Abgründe auf, verehrte Leserinnen und Leser! Die Übrigen regeln nach dieser Umfrage Geldfragen gemeinsam. Glauben die Männer. Und kluge Frauen lassen sie in diesem Glauben.

Vielleicht sollten wir doch zur Vernunftehe als bewährtem Geschäftsmodell zurückkehren? Jahrhundertelang wurden Königstöchter gegen militärische Bündnisse verhökert und bäuerlicher Landbesitz brachte auch noch die hässlichste Braut und den bräsigsten Bräutigam unter die Haube, frei nach dem Motto »Liebe vergeht, Hektar besteht«. Und alle waren's zufrieden. Zumindest der blaublütige Bevölkerungsanteil, denn der konnte sich mit jungen Mätressen oder attraktiven Liebhabern trösten. Natürlich ist das kein ernst gemeinter Vorschlag. Doch auch in Zeiten der Liebesheirat sind Frauen wie Männer gut beraten, rechtzeitig zu prüfen, ob bei Finanzfragen eine genügend große Partnerschaftsschnittmenge besteht. Man kann auch glücklich miteinander sein, wenn der eine Kassenzettel kontrolliert und der andere nicht. Schwierig wird es jedoch bei kontroversen Haltungen in Grundsatzfragen wie:

- Geld zusammenhalten oder lieber alles raushauen? Also eher das Modell »Nummer sicher« oder das Modell »Man lebt nur einmal«?
- Konsumwünsche sofort erfüllen oder erst Geld ansparen? Das ist die heikle Frage des Belohnungsaufschubs. Was Fünfjährigen der Marshmallow, der nicht gleich gegessen werden darf (vgl. Kapitel 8), ist einige Jahrzehnte später die Rolex, die x-te Handtasche, das neue Auto oder die schicke Wohnungseinrichtung.
- Lustgewinn durch Kaufen um des Kaufens willen – ja oder nein? Kleiner Tipp: Wenn der eine als Hobby »shoppen« angibt und der andere »wandern«, »angeln« oder »Schach spielen«, rechtzeitig einen Termin beim Paartherapeuten machen. Oder eine »Alpenscheidung« in Erwägung ziehen, also mit Partner auf den Berg und ohne Partner zurück. (Natürlich nur Spaß, so was ist in Bayern längst verboten ...) »Shoppen« ist übrigens die zweitliebste Freizeitbeschäftigung der Deutschen, amtlich bestätigt durch das ehrwürdige Institut für Demoskopie in Allensbach. Falls du wissen willst, was das liebste Hobby ist: nicht das, was du denkst, sondern schlicht und einfach »Gartenarbeit«.[37]
- Relevanz von Statussymbolen (vgl. Kapitel 8 »Anders als der Standard: Lebe lieber ›ungemütlich‹«)? Wie wichtig ist es für den eigenen Seelenfrieden, mit den anderen – vom grantigen Nachbarn bis zum großkotzigen Schwager – »mitzuhalten«?
- Hoher oder eher bescheidener Lebensstandard? Also alter Golf oder neues Cabrio, Eau de Leitung oder Veuve Clicquot, Camping oder 5-Sterne-Wellnesstempel?

Je mehr solche Aspekte miteinander harmonieren, desto besser für eine Beziehung. Ich gebe es offen zu: Mit einer Partnerin, deren liebstes Hobby das Shoppen wäre und die ein großes Anwesen bewohnen möchte, hätte ich Schwierigkeiten. Bei uns daheim herrscht Einigkeit, dass Geld vor allem sinnvoll investiert und nicht lustvoll verkonsumiert werden soll. Finanzielle Freiheit bedeutet uns mehr als trendige Statussymbole. Das alles kannst du selbst anders handhaben, es gibt unglaublich viele Nuancen beim Umgang mit Geld. Wichtig in einer Lebenspartnerschaft ist jedoch Übereinstimmung in Grundsatzfragen. Man muss nicht alle Hobbys teilen, denselben Musikgeschmack haben oder das gleiche Schlafbedürfnis. In solchen Fragen kann man sich arrangieren. Doch Geld und wofür man es ausgibt oder investiert – das ist ständig (nämlich täglich) ein Thema und damit auch ein permanent schwelender potenzieller Konfliktstoff.

Die Team-Forschung geht davon aus, dass geteilte Werte und ergänzende Skills in Verbindung mit einem gemeinsamen Ziel die beste Basis für ein funktionierendes Miteinander bilden.[38] Und nach der ersten Phase der Verliebtheit, die von manchen Wissenschaftlern mit einem Rauschzustand verglichen wird, ist eine gute Beziehung eben auch das: ein funktionierendes Team. »Wissenschaftlich betrachtet liegt die Liebe nah am Wahnsinn«, räumt beispielsweise Peter Walschburger, Professor für Biopsychologie an der FU Berlin, drastisch mit romantischen Illusionen auf. Die messbare Gehirnaktivität, das Durcheinander von Botenstoffen und Hormonen akuter Verliebtheit sei durchaus mit einem Zustand geistiger Umnachtung vergleichbar.[39] Das war sinnvoll für Fortpflanzung und Arterhaltung im Neandertal, um das Begehren zu schüren, auch wenn das Mammutfleisch gerade knapp oder die Höhle im Winter eiskalt war. Es erklärt auch Mörtels Mausi-Bambi-Hasi-Spatzi-Kolibri-Kette. Für den Aufbau einer gemeinsamen Existenz wiederum ist der hormonelle Ausnahmezustand eine wackelige Basis, die nach einigen Monaten zwangsläufig in sich zusammenkracht. Dann steht man eines Morgens auf, und es fällt einem wie Schuppen von den Augen, dass der Partner die Zahnpastatube nie zudreht, dauernd über Gefühle reden will oder in Geldfragen einer tickenden Zeitbombe gleicht.

Möglichst früh in einer Beziehung auch über Geld zu sprechen, ist also ziemlich schlau. Wer bringt was ein? Welche finanziellen Ziele bestehen? Deckt sich das? Macht man gemeinsame Kasse oder wirtschaftet jeder für sich und nur die Haushaltskasse wird gemeinsam bestritten? Klartext ist allemal besser als unausgesprochene Erwartungen. Das gilt auch für Beziehungen mit einem starken finanziellen Gefälle, in denen der eine deutlich wohlhabender ist als der andere. Bei Rosamunde Pilcher und Inga Lindström ist das kein Problem, im echten Leben schon. Es liegt nahe, sich als reicher Mensch zu fragen, ob man selbst mit den Liebesschwüren gemeint ist oder doch eher das gut gefüllte Konto. Eine Freundin erfuhr erst, nachdem sie den Heiratsantrag angenommen hatte, wie wohlhabend ihr Liebhaber in Wirklichkeit war. Immer, wenn sie ihn beim Departure Gate am Flughafen abgesetzt hatte, ließ er sich heimlich mit dem Taxi zu seinem Privatjet fahren, sobald sie mit ihrem Kleinwagen um die nächste Ecke gebogen war. Klingt wie in einer romantischen Komödie, endete inzwischen aber leider nicht mit einem Happy End, sondern mit einer Scheidung. Gegensätze mögen sich anziehen, aber ähnliche Voraussetzungen, Werte, Ziele und Erfahrungen stabilisieren eine Beziehung. Klingt fast nach Paartherapie, ist aber nur Lebenserfahrung. Ein anderes Beispiel: ein Paar, bei dem er sein Geld vorsichtig und mit hohem Sicherheitsbedürfnis anlegt, während sie gerne an der Börse zockt. Als sie eine beträchtliche Summe gemeinsamen Geldes für zehn Monate in Aktien anlegen will, bevor es als Eigenkapital für die Zahlung des Eigenheims benötigt wird, gibt es heftige Diskussionen. Am Ende gehen die beiden eine fixe Abmachung ein, dass sie eventuelle Verluste in die gemeinsame Kasse zurückzahlen wird. Als die Börsenkurse anschließend zeitweilig einbrechen, wird erneut hitzig diskutiert: »Das zahlst du zurück!« Die Börse erholte sich rasch und das Eigenheim konnte wie geplant gekauft werden. Ein wahres und keineswegs selbstverständliches Happy End nach einem großen Drama.

Vielleicht hilft es, sich klarzumachen, dass in der Liebe wie auf dem Marktplatz nichts umsonst ist. Beziehungen funktionieren, solange beide Seiten der Meinung sind, dass sie in etwa gleich viel investieren, wie sie herausbekommen. Psychologen sprechen in diesem Zusammenhang von »Beziehungsverträgen«, die in weiten Teilen unbewusst sind, zumindest aber selten offen ausgesprochen werden.[40] Kein Wunder, denn das Quid pro quo (»Dies für das«), wie der alte Lateiner solche Tauschgeschäfte nennt, passt nicht zum romantischen Liebesideal. Beispiele für Beziehungsverträge: »Ich bin immer für dich da, dafür garantierst du mir ein sorgenfreies Leben.« Oder: »Ich halte dir den Rücken frei und kümmere mich um die Kinder, und du wirst mir immer treu sein.« Oder: »Ich sorge für dich, dafür machst du aber, was ich möchte.« Oder auch: »Ich habe das Geld, und du bist schön und mehrst mein Ansehen.« Wieso fällt mir jetzt schon wieder der Lugner ein? Wenn eine Seite sehr viel Kapital in die Beziehung einbringt, Jugend, Schönheit oder auch Geld, und die andere nichts von alledem, ist Unzufriedenheit beim »Gebenden« auf Dauer vorprogrammiert. Alles hat seinen Preis. Auch ein finanzielles Ungleichgewicht in der Beziehung.

13 • SCHAU, WEM DU TRAUST

> »Man wird in der Regel keinen Freund dadurch verlieren,
> dass man ihm ein Darlehen abschlägt,
> aber sehr leicht dadurch, dass man es ihm gibt.«
>
> Arthur Schopenhauer, Pudelfreund und Philosoph (1788–1860)

Wenn du deine Freunde richtig kennenlernen willst, fahr mit ihnen in Urlaub. Besonders bietet sich Camping in einer regenreichen Klimazone an. Oder eine mehrtägige Wandertour mit Hüttenübernachtung. Es geht aber auch weniger strapaziös: Leih Freunden Geld. Und zwar nicht für Zigaretten oder die drei Bier in der Kneipe, sondern ein paar Hundert oder gar Tausend Euro. Vor einigen Jahren fragte mich einer meiner ältesten Freunde, ob ich ihm übergangsweise mit einigen Tausend Euro aushelfen könne. Er hatte mir selbst ein paar Jahre zuvor mit Geld ausgeholfen. Dabei hatte ich schon eine erste wichtige Lektion über den Umgang mit Geld und auch über mich gelernt. Als nämlich der Zeitpunkt der Rückzahlung gekommen war, fragte ich ihn nach einer Verlängerung. Das wäre für mich sehr bequem gewesen. Er sagte (zu Recht), ich solle das Geld erst mal zurückzahlen, dann können wir über eine weitere Leihgabe sprechen. Ich habe das Geld zurückgezahlt und brauchte danach tatsächlich auch keines mehr. Nun bat er mich um Geld, und da wollte ich natürlich auch zur Stelle sein. Ich fragte: »Bis wann bekomme ich es denn zurück?«, und er nannte ein Datum, das für mich in Ordnung war. »Dann brauche ich das Geld aber wirklich zurück, weil meine Steuerzahlung fällig wird.« – »Kein Problem!«, so seine Antwort. Wir schlossen einen formlosen Vertrag, er unterzeichnete, ich überwies. (Tipp am Rande: Rede dir nicht ein, so ein Vertrag sei überflüssig. Oder sei gleich bereit, dein Geld nie wiederzusehen.) An diesem Punkt nimmt die Geschichte einen Lauf, an den mein Freund und ich uns unterschiedlich erinnern. Ich glaube, dass es damals etwas länger dauerte, bis ich das Geld zurückbekam, er erinnert sich an eine rechtzeitige Rückzahlung. Und weil es ja grundsätzlich im Leben immer zwei Wahrheiten gibt, und zwar deine Wahrheit und meine Wahrheit, wollte ich die Geschichte noch mal mit ihm besprechen, bevor ich sie niederschreibe. Nun, das Ende vom Lied ist, dass das nicht die beste Idee war. Ich habe eine alte Wunde aufgerissen, die er nie als eine solche wahrgenommen hat und die wir – aus gutem Grund – in den Mantel des Schweigens gehüllt hatten. Schnell befanden wir uns in einer Grundsatzdiskussion. Ich hatte für mich die Lebenserkenntnis abgeleitet, dass man grundsätzlich kein Geld verleihen soll, auch nicht an Freunde. Er führte das durchaus triftige Argument an, dass man als jemand, der derart egoistisch durchs Leben geht, nur noch sehr wenige Freunde haben würde. Obendrauf könne jemand mit so einer Haltung nicht damit rechnen, dass ihm im Gegenzug in einer Notsituation vielleicht auch mal aus der Patsche geholfen wird. Beide Sichtweisen haben durchaus ihre Berechtigung.

Was mir durch die Geschichte mit meinem Freund wieder einmal deutlich geworden ist: Beim Geld geht es niemals nur um Geld. Geld schafft Abhängigkeiten und ist schon deshalb hochgradig emotional besetzt. Mit Geld geht jeder anders um, und über Geld werden manchmal auch ganz andere Rechnungen beglichen. Wäre es anders, würden Geschwister sich nicht wegen ein paar vererbter hässlicher Möbel und eines abgewohnten Hauses, in das keiner einziehen will, bis aufs Messer bekriegen. Dabei geht es in der Regel weder um die Möbel noch ums Haus, sondern darum, wen die Eltern tatsächlich oder vermeintlich mehr geliebt und deshalb »schon immer« bevorzugt haben. Wäre Geld nicht so symbolträchtig, würden auch Freunde sich nicht entzweien, weil der eine einen Vertrauensbruch sieht und der andere meint, es sei doch alles gut gelaufen. Offen ausgesprochen werden solche Gedanken selten, und wenn, dann höchstens in einem heftigen Streit, in dem die letzten Hemmungen fallen und mit dem die Freundschaft dann meist krachend endet.

Auch Marktforscher haben sich schon mit dem Thema Geld und Freundschaft beschäftigt. Eine TNS-Emnid-Umfrage ergab, dass rund jeder siebte Mann und jede vierzehnte Frau schon einmal eine Freundschaft wegen Geldstreitigkeiten verloren haben.[41] Offenbar spielt finanzielle Krisenhilfe in Männerfreundschaften häufiger eine Rolle, denn dass Frauen weniger streitbar wären, wird ja wohl keiner ernsthaft behaupten. Mein alter Kumpel und ich haben das Thema, denke ich, für uns noch mal ganz gut ausdiskutieren können. Und es gibt einen sehr positiven Nebeneffekt. Wenn mich heute jemand fragt, ob ich ihm Geld leihen kann, habe ich die Antwort schon parat, und ich muss dabei nicht lügen. Ich sage immer dasselbe: Ich habe durch so etwas mal fast einen guten Freund verloren, deswegen mache ich das grundsätzlich nicht mehr. Trotzdem würde ich meinen allerbesten Freunden auch heute noch Geld leihen. Denn mein Freund hat recht und auch diese Haltung ist durchaus legitim: Sei großzügig, vor allem gegenüber deinen Freunden, und hilf ihnen in der Not. Sei dir nur der Risiken bewusst.

Dasselbe gilt für Kollegen und andere Bekannte, die du eigentlich gut zu kennen meinst. Vor Jahren engagierte ich gemeinsam mit einem Comedy-Partner einen langjährigen Bekannten als Tourmanager. Für 2000 Euro monatlich versprach er, uns »jede Menge Auftritte« zu verschaffen. Unser Geld floss Monat für Monat, der Erfolg ließ auf sich warten. Doch schließlich zog unser Manager für uns eine Comedy-Tour durch die Vertragsgaststätten einer bayerischen Brauerei an Land. Ende gut, alles gut? Nach einiger Zeit kamen uns Zweifel an den Abrechnungen. Unsere Abendgage bemaß sich an der jeweiligen Zahl der Zuschauer. Waren es in Hintertupfing tatsächlich nur so wenige gewesen? Und in Vordertupfing war der Saal doch gut gefüllt. Das sollten nicht mehr als 150 Menschen gewesen sein? Sie haben ausgesehen und in einer Lautstärke gelacht wie über 200. Vor dem nächsten Auftritt baten wir unseren Techniker, nach dem Aufbau unserer Anlage beim Einlass mit einem Handzähler (Klicker) die Zuschauerzahl zu ermitteln. Eine halbe Stunde vor dem Auftritt rief uns der Roadie aufgeregt an: »Da ist einer von der Brauerei, der sagt, ich darf nicht zählen!« Nach einigem Hin und Her stellte sich heraus, dass es sich in Wahrheit um unseren »Manager« handelte, der den Techniker einzuschüchtern versuchte, indem er sich als Veranstalter ausgab. Vielleicht aus der Wut heraus absolvierten wir einen der besten Auftritte auf der Tour. Der Saal tobte. Anschließend feuerten wir unseren »Manager«. Doch vorher hatten wir ihm schon jede Menge Lehrgeld gezahlt.

Es gibt Menschen, mit denen kannst du verlässlich Geschäfte machen, obwohl du sie vielleicht nicht magst. Und es gibt Menschen, die du magst, mit denen du aber lieber keine Geschäfte machen solltest. Häufig weiß man das leider erst hinterher. Und da Vorsicht die Mutter der Geldkiste ist, solltest du immer, wenn es um Finanzielles geht, möglichst eindeutige Absprachen treffen und wasserdichte Verträge schließen, damit du im Falle eines Falles gewappnet bist. Vertraue erst mal niemandem außer dir selbst. Werde hellhörig, wenn jemand versucht, aus deiner Freundschaft im Wortsinne Kapital zu schlagen: »Wir kennen uns jetzt schon so lange, du kannst mir da wirklich vertrauen!« Das ist ein Satz, bei dem deine Alarmglocken Sturm läuten sollten, denn ein wirklicher Freund würde diese moralische Keule niemals einsetzen. Viele Enttäuschungen im Rahmen von Freundschaften basieren auf einem simplen Irrtum: der Annahme, der andere ticke genauso wie man selbst. Schließlich sind es meistens Gemeinsamkeiten, die Sympathie wecken und eine Freundschaft begründen. Doch wer einen ähnlichen Humor oder ein Hobby mit dir teilt, kann in Geldfragen ganz anders drauf sein als du. Und da über Geld in den seltensten Fällen offen gesprochen wird, ist die Gefahr umso größer, dass einer anfänglichen Selbst-Täuschung die Ent-Täuschung auf dem Fuße folgt.

Und um noch einmal auf das oben schon gestreifte Thema der Erbschaft zurückzukommen: Eltern, die ihre Kinder lieben, regeln Erbschaftsangelegenheiten möglichst fair und wasserdicht. Idealerweise sorgen sie dafür, dass ihr Testament keinen Streit stiftet, sondern sprechen das Thema Erbe mit den Betroffenen schon vorher an, und lassen sich von einem Experten im Hinblick auf wasserdichte Regelungen beraten. Dann besteht immerhin noch die Chance, Konflikte gemeinsam auszuräumen. Unklarheiten säen zwangsläufig Zwietracht, denn beim Geld hört häufig nicht nur die Freundschaft auf, sondern dort endet meistens auch der Familiensinn. Allein 2100 Fachanwälte für Erbrecht gab es hierzulande am 01.01.2020. Im Jahr 2006 waren es laut Fachanwaltsstatistik erst 173, also nicht einmal ein Zehntel.[42] Die Nachkriegsgeneration vererbt gigantische Vermögen und bietet damit reichlich Stoff für Streitigkeiten, die offenbar ein ganzes Heer an Anwälten ernähren. Auf dein Geld und das deiner Familie können diese also gut verzichten!

14 • DER WERT DEINER KONTAKTE

> *»Wenn du der Schlaueste im Raum bist,*
> *bist du im falschen Raum.«*
>
> Amerikanisches Sprichwort[43]

Wärst du Vegetarier, wenn deine fünf besten Freunde gern Fleisch essen? Könntest du deine Abende überwiegend auf der Couch verbringen, wenn deine Mitbewohner, Partner, Freunde mit Begeisterung Sport treiben? Eher unwahrscheinlich. Der 2009 verstorbene Motivationsguru Jim Rohn hat den griffigen Spruch geprägt: »You are the average of the five people you spend the most time with.« – Du wirst zum Durchschnitt der fünf Menschen, mit denen du die meiste Zeit verbringst.

Eine steile These, die manche Dipferlscheißer (Erbsenzähler) zu widerlegen versuchen, indem sie die Zahl fünf anzweifeln oder darauf hinweisen, dass Kindergärtnerinnen sich dann auf Dauer ja in Vierjährige zurückverwandeln müssten.[44] Das ist natürlich ausgewiesener Schmarrn und war von Rohn so sicher nicht gemeint. Vielleicht hätte er für die Gscheidhaferl (für Nicht-Bayern: Klugscheißer) unter uns wasserdicht formulieren sollen: »Es besteht eine hohe Wahrscheinlichkeit, dass du Haltungen, Einstellungen und Verhaltensmuster der für den inhaltlichen Austausch auf Augenhöhe wichtigsten Kontaktpersonen in deinem Umfeld übernimmst, mit denen du freiwillig oder unfreiwillig die meiste Zeit verbringst und in deren Nähe du dich in kürzeren Zeitabständen und regelmäßig wiederholt befindest.« Das sind dann wohl eher Ehepartner, Freunde und möglicherweise auch Verwandte, Kollegen, Vorbilder oder Mentoren, nicht aber die Vierjährigen, denen man die Nase putzt und denen man geduldig beibringt, wie man ein Schleifchen bindet. Doch die Dipferlscheißer-taugliche Formulierung wäre kaum um die Welt gegangen, und Rohn kannte sich eben aus mit Marketing. So wird man Guru.

Wenn wir uns weiterentwickeln wollen, knüpfen wir am besten Kontakte zu Menschen, die unsere Ziele teilen, oder noch besser: die uns auf dem Weg dorthin schon ein ganzes Stück voraus sind. Andere können uns Energie rauben oder Energie spenden. Mit großer Wahrscheinlichkeit kennst auch du Menschen, bei denen du schon vorher weißt, dass der Kneipenabend oder das Kaffeekränzchen zu einer Veranstaltung unter der Überschrift »Jammern und klagen« wird. Man kann sich stundenlang über lieblose Ehemänner, knickerige Chefinnen, schwierige Kunden, ungerechte Schwiegereltern oder unfähige Lehrer ereifern, notfalls auch über die Ungerechtigkeit der Welt im Allgemeinen oder eigene Zipperlein. Meistens kennst du das Klagelied schon auswendig. Erwünscht ist geduldiges Zuhören und verständnisvolles Nicken deinerseits. Gute Ratschläge sind nur lästig und werden wahlweise mit »Aber bei mir funktioniert das nicht«, »Das habe ich schon alles versucht« oder »Du hast leicht reden« abgeschmettert. Du kennst diese Menschen, die für jede deiner Lösungen ein neues Problem finden. Am Ende gehst du erschöpft nach Hause, und der andere ist beschwingt und befreit, weil er ja seinen ganzen Müll bei dir abladen konnte. Es geht dem Gegenüber ja nicht darum, Lösungen zu entwickeln. Das könnte unangenehm anstrengend werden. Es geht ausschließlich ums Jammern als bequemes Frustventil.

Irgendjemand hat mal den bösen Begriff »Psychovampire« für solche Menschen geprägt. Dagegen helfen weder Knoblauch noch Kruzifix, dagegen helfen nur Abstand und Kontaktbeschränkung. Versteh mich bitte richtig: Es spricht überhaupt nichts gegen Erste Hilfe bei akutem Liebeskummer oder anderen Beistand in aktuellen Krisen. Es spricht aber sehr viel dagegen, sich regelmäßig als Seelenmülleimer für Gewohnheitsjammerer missbrauchen zu lassen – schon weil es ziemlich anstrengend ist, eigene Zuversicht und Tatkraft immer wieder vor einem Tsunami des Negativen in Sicherheit zu bringen. Das gilt übrigens auch in Geldfragen: Die resignierte »Unsereiner kommt sowieso auf keinen grünen Zweig«-Fraktion bringt dich ebenso wenig weiter wie die »Reiche gehören erschossen«-Radikalinskis.

Suche die Nähe von Menschen, an denen du wachsen kannst. Geh auf Distanz zu denen, die dich runterziehen. Du allein entscheidest, wem du Einfluss auf dein Leben einräumst. Nur so wirst du der Chef in deinem Leben! Dass ich heute finanziell unabhängig bin, verdanke ich unter anderem einem reichen Freund, der mir immer wieder mit seinem Erfahrungswissen in Geldangelegenheiten zur Seite stand, und einer älteren Freundin, die schon in Immobilien investierte, als ich noch in der Studenten-WG billig zur Untermiete wohnte. Der Freund und Mentor warnte mich zum Beispiel vor der betrügerischen Solaranlagen-Investition, von der ich im Kapitel 10 berichtet habe. Von meiner Freundin habe ich sehr viel über den Immobilienmarkt gelernt, von der Einschätzung einer vielversprechenden Lage über den Umgang mit Maklern bis zur Verhandlung über den Kaufpreis. Vielleicht fragst du dich gerade, wie du solche Menschen kennenlernst. Im Grunde genommen wie andere Menschen auch: per Zufall, weil du auf einer Feier mit an ihrem Tisch sitzt oder in der Schlange am Büfett hinter ihnen stehst (wobei sich die Schlange am Büfett meistens *hinter* mir bildet). Beim Small Talk in einer Veranstaltungspause, bei Vorträgen oder Seminaren zu Themen, die wohlhabende Menschen interessieren. Im Kollegenkreis, weil man sich in der Kantine manchmal begegnet, oder in beruflichen Netzwerken und Verbänden, in denen sich Selbstständige und Unternehmer zusammenfinden. Ich habe allerdings den Glaubenssatz, dass es keinen Zufall gibt. Solche Begegnungen »fallen dir zu«, du kannst sie sogar mit deinem Verhalten forcieren. Sobald du darauf achtest, wirst du einen sechsten Sinn dafür entwickeln, wer wirklich erfolgreich ist und wer nur so tut. Kleiner Tipp: Die (Erfolg-)Reichsten haben es in der Regel nicht nötig, auf die Angeber-Pauke zu hauen. Sie treten oft eher zurückhaltend auf – schon, um Neider nicht auf sich aufmerksam zu machen. Einer meiner Freunde sagt immer: »Ein voller Geldbeutel klimpert nicht.« Und ja, ich weiß, diese Menschen schreiben in der Regel auch keine Bücher, aber einer muss dir doch mal die Wahrheit sagen.

Der Schlüssel dazu, wie du mit reichen und erfolgreichen Menschen ins Gespräch kommst: Begegne ihnen wertschätzend, offen und vor allem mit Interesse und Neugier. Zolle ihnen Bewunderung für das, was sie erreicht haben, und frage sie: »Wie haben Sie das geschafft?« Das klingt fast zu simpel, um wahr zu sein. Doch reiche Menschen sind alles Mögliche gewöhnt: dass man ihnen Habgier unterstellt. Dass man ihnen mit Neid und Missgunst begegnet. Dass man sie beschimpft, dass man sie anpumpen will oder dass man sie um einen Job bittet. Nur eines passiert ihnen eher selten: dass jemand anerkennt, was sie geleistet haben, und sie nach ihren Erfahrungen fragt. Reiche Menschen empfinden ja nicht grundsätzlich anders als Normalbürger, was Aristoteles Onassis wohl mit seinem Hinweis sagen wollte, ein reicher Mann sei »oft auch nur ein armer Mann mit sehr viel Geld«. Jeder Mensch braucht Anerkennung und positive soziale Kontakte, ganz unabhängig davon, wie hoch sein Kontostand ist.

Meinen Mentees und den Besuchern meiner Abendprogramme empfehle ich für das Knüpfen von Kontakten jedweder Art deshalb die von mir entwickelte WIN-Formel, mit der du Menschen für dich gewinnst. »WIN« steht für »Wertschätzung« – »Interesse« – »Nutzen«.

»Wertschätzung« bedeutet, dass ich anderen Menschen freundlich, respektvoll und zugewandt begegne, unabhängig davon, welches Auto sie fahren oder wie sie angezogen sind, und dass ich sie für etwas ganz Spezifisches wertschätze. Ich suche tatsächlich aktiv danach. Ich würde zu einer Frau mit tollem Schmuck demnach nicht sagen: »Mensch, Sie sehen aber toll aus.« Sondern spezifisch: »Das sind ja interessante Ohrringe aus Holz, die Sie da tragen, sind die selbst geschnitzt? Wo haben Sie die denn her?«

Das »I« in der WIN-Formel steht für »Interesse«. Interesse drückt sich darin aus, sich auf das Gegenüber einzulassen, statt sich vorschnell ein Urteil zu bilden – die Ohren auf Empfang zu stellen, statt ununterbrochen selbst auf Sendung zu sein. Offene Fragen sind das beste Werkzeug dafür. Das sind Fragen, die das Gegenüber im Gegensatz zu geschlossenen Fragen nicht mit einem knappen »Ja« oder »Nein« beantworten kann. Beispiele: »Was interessiert Sie auf dieser Veranstaltung besonders?« – »Wie schaffst du es, neben deinem Job noch all diese Dinge zu tun?« – »Weshalb denkst du darüber nach, in Studentenapartments zu investieren?« Oder der sehr allgemeingültige, aber immens hilfreiche Satz »Wie bist du denn dazu gekommen?«. (Makler zu werden, in Immobilien zu investieren, dich mit Softwareprogrammierung zu beschäftigen und so weiter.) Viele Menschen benutzen das Gegenüber im Gespräch vorwiegend als Stichwortgeber für eigene Ausführungen. Statt wirklich zuzuhören, warten sie in Habachtstellung auf den Moment, wo der andere unvorsichtigerweise kurz Luft holt, um mit eigenen Erlebnissen in diese Sprechpause zu grätschen: »Du warst auf Ibiza? Ja, da war ich auch mal, und du glaubst nicht, was mir da passiert ist …« Umso wohltuender ist es, wenn jemand tatsächlich zuhören kann und aufrichtig interessiert nachfragt. Und für dich ist es natürlich auch von Vorteil, denn diese Regel ist wirklich universell gültig: Immer, wenn du selbst sprichst, hörst du ausschließlich Dinge, die du schon weißt. Immer, wenn du zuhörst hingegen, hast du zumindest die *Chance*, etwas zu erfahren, was du noch nicht weißt.

Der Dritte im Bunde ist der »Nutzen« – das N in »WIN« und die wichtigste Erfolgszutat für den Aufbau hilfreicher Kontakte. Bevor du auch nur im Ansatz darüber nachdenkst, was der andere für dich tun könnte, zerbrich dir lieber darüber den Kopf, was du für den anderen tun kannst. Ja, ich weiß, dass John F. Kennedy mal was ganz Ähnliches über »your country« gesagt hat. So falsch kann der Tipp also nicht sein. Ein Nutzen kann alles Mögliche sein, vom Hinweis auf einen interessanten Artikel oder Blogbeitrag über deine Unterstützung auf einer Charity-Veranstaltung bis zur Hilfestellung bei banalen Alltagsproblemen. Meine Lebenserfahrung ist: Wer ein Auge für die Bedürfnisse seiner Mitmenschen hat und grundsätzlich hilfsbereit ist, kann kaum verhindern, dass er dabei potenziell nützliche Kontakte knüpft. Ich bin vor einigen Jahren mit meiner Partnerin im strömenden Regen quer durch Mallorca zum Flughafen gefahren, viel zu früh, weil es wirklich auf der ganzen Insel schüttete und wir nicht im Hotelzimmer hocken und in den Dauerregen starren wollten. Wir kamen mit dem Mietwagen an einer Bushaltestelle in einem Dorf vorbei, 40 Minuten von Palma entfernt. Dort stand ein Paar mit seinen Rollkoffern, bei diesem Mistwetter wahrlich kein Vergnügen. Da die beiden sympathisch aussahen, hielt ich an und fragte, ob sie auch zum Flughafen müssten – wir könnten sie mitnehmen. Am Ende machten wir sogar einen gemeinsamen Abstecher nach Palma in ein gemütliches Restaurant. Als sich unsere Wege trennten, drückte mir der neue Bekannte seine Visitenkarte in die Hand: »Wenn ich irgendwann mal was für dich tun kann ...« Wie es der Zufall wollte, war unsere Urlaubsbekanntschaft im Immobiliengeschäft und hat mir später in diesem Bereich nicht nur einmal tatsächlich sehr weitergeholfen. Bis heute verbindet uns diese freundliche Bekanntschaft.

Natürlich laufen Kontakte nicht immer so simpel und direkt nach dem Prinzip »Eine Hand wäscht die andere«. Manchmal steht man selbst im Regen und jemand anderer hält an. Häufig kommt Gutes auch gar nicht aus der Ecke zurück, in der man selbst geholfen hat, sondern ganz woandersher. Ich bin überzeugt: Wenn du es gut mit den Menschen um dich herum meinst, meint es das Universum im Gegenzug gut mit dir. Erfolgreiches Netzwerken besteht einfach darin, seine Netze mit einer gewissen Großzügigkeit auszuwerfen und darauf zu vertrauen, dass schon ein paar interessante Fische darin hängen bleiben. Anders gesagt: Es geht um einen klugen Mix aus grundsätzlicher Offenheit für andere Menschen und gezielter Vertiefung lohnender Kontakte. Im Übrigen sind die besten Netzwerker mitunter die, die dir erlauben, *andere* miteinander zu vernetzen – auch hier wieder mit dem Nutzen für das Gegenüber im Hinterkopf. Wie Networking für Fortgeschrittene geht, zeigte mir meine wohlhabende Immobilienmentorin. Sie hat vor einiger Zeit einen Ferrari bestellt. Falls du dich zufällig mit dem Bestellverfahren in Maranello nicht so gut auskennst: Schon bei der Bestellung eines Ferrari ist eine Anzahlung von 25.000 Euro zu leisten. Dann wartest du selbst als Stammkundin noch einmal etwa anderthalb Jahre auf den Wagen. Ich war schlichtweg empört, als sie mir am Telefon von dieser Vorgehensweise der Pferdeemblem-Karosseriebauer in Bella Italia berichtete: »Das ist doch Wahnsinn! Du gibst denen für eineinhalb Jahre einen zinslosen Kredit in fünfstelliger Höhe!« Doch das Unternehmen zahlt »Zinsen«, auf seine ganz eigene Art und Weise: mit einer Reihe von interessanten Events, die exklusiv Ferrari-Fahrern und -Bestellern vorbehalten sind. Die Businesskontakte, die meine Freundin dort knüpfen konnte, machen die Anzahlung für sie mehr als wett. Sie investiert also in ihr Networking, und ob sie den Ferrari dann behält oder an Ungeduldige mit Aufschlag weiterverkauft, kann sie ja immer noch entscheiden.

Auch in puncto Kontakte gibt es also »Ausgaben« und »Investitionen«. Ein Abend mit Menschen, die du nicht magst und die dich runterziehen, ist eine (Zeit- und Energie-)Ausgabe, die wohlüberlegt sein will. Ein Abend mit Menschen, unter denen du dich wohlfühlst, an dem du auftankst oder etwas lernen kannst, ist eine Investition. Auch wenn du im wörtlichen Sinne »investierst« in Seminare, Berater oder Coaches, achte darauf, dass dein Geld gut angelegt ist. Das gilt auch in Finanzfragen. Vertrau nur auf den Rat von Menschen, die nachweislich selbst finanziell erfolgreich sind, verlass dich nicht auf schicke Anzüge und Maßhemden. Ein guter Richtwert ist, dass derjenige in dem Bereich zehnmal weiter sein sollte als du. Wenn du selbst also ein Immobilienvermögen von 200.000 Euro hast, solltest du dich coachen lassen von jemandem, der mindestens ein Vermögen von zwei Millionen hat. Er oder sie kann dir wertvolle Abkürzungen zeigen. Jemand, der auf dem gleichen Level spielt wie du, kann das nicht, sonst wäre er nicht mehr da, wo er ist. Es ist deshalb besser, etwas mehr Geld für ein Training oder ein Mentoring in die Hand zu nehmen, das dich wirklich weiterbringt, als wenig Geld für selbst ernannte Experten zum Fenster herauszuwerfen. Wie heißt es so schön: »Wer Peanuts bezahlt, bekommt nur Affen.«

Grundsätzlich gilt: »Your network is your net worth« – dein Netzwerk ist dein Nettovermögen, wie man in den USA sagt. Und für jedes Vermögen muss man investieren, Zeit und Geld. Falls dir ein Ferrari als Kontaktstrategie oder ein höherpreisiges Mentoring zu teuer sein sollte, hast du noch viele andere Möglichkeiten. Obwohl: »Zu teuer« ist in meiner Definition nur etwas, das mehr kostet, als es wert ist. Zu deinen Möglichkeiten: Gib beim Netzwerken dem »Zufall« eine Chance, indem du ihm etwas unter die Arme greifst. Suche und schaffe gezielt passende Gelegenheiten, um vielversprechende Kontakte zu knüpfen. Starre nicht auf dein Smartphone, um »soziale Kontakte« zu pflegen, denen du außerhalb der aufgepimpten Digitalwelt noch nie begegnet bist und vermutlich auch nie begegnen wirst, wenn du im selben Moment echte Menschen direkt vor der Nase hast, mit denen du ein interessantes Gespräch führen könntest. (Mal ganz abgesehen davon, dass du so deine Traumfrau/deinen Traummann glatt übersehen könntest.) Geh nicht allein mittagessen, sondern verabrede dich mit jemandem, der dich interessiert. Wenn du in einer Firma arbeitest, mach am besten ein System daraus, um so deine Kollegen und Vorgesetzten besser kennenzulernen. Nimm dir vor, auf jeder Veranstaltung mindestens einen neuen Menschen kennenzulernen. Unterhalte dich auf der nächsten Party nicht nur mit den Leuten, mit denen du dich schon im Sandkasten um die Förmchen gestritten hast, sondern unterhalte dich mit Anwesenden, die du noch nicht in- und auswendig kennst. Und da viele Menschen genau damit Schwierigkeiten haben, verrate ich dir hier den ultimativen, immer funktionierenden Gesprächseinstieg, der dich vor peinlichem Gelaber über das Wetter und anderen Small-Talk-Phrasen bewahrt. Sag einfach: »Weißt du (wissen Sie), was mir an dir (an Ihnen) aufgefallen ist? …« Das ist ein prima Türöffner und oft der Start in ein interessantes Gespräch. Du hast jetzt die Aufmerksamkeit deines Gegenübers, denn er oder sie scheint interessant für dich zu sein. Das ist für jeden Menschen erst mal schmeichelhaft. In der Regel kommt jetzt die Antwort: »Nein, was denn?« Und dann sagst du einfach irgendetwas, das dir wirklich aufgefallen ist. Es spielt praktisch keine Rolle, was. »Dass das Blau Ihres Hemdes perfekt zu Ihren Augen passt. Überhaupt ein schönes Hemd. Wo haben Sie das denn gekauft?«

»Ah, das hab ich in New York gekauft in so einem kleinen Laden im Meatpacking District.«

»Sind Sie denn öfters in New York?«

»Ja, ich muss zweimal im Jahr geschäftlich rüberfliegen.«

»Das ist ja interessant, was machen Sie denn da?«

Und schon bist du im Gespräch. Funktioniert immer. Egal, ob du als Mann eine Frau kennenlernen willst oder als Frau einen Mann oder als Mann einen Mann oder als * ein/e/n *. Probier es einfach mal aus, du wirst erstaunt sein, wie leicht du ins Gespräch kommst und wie du immer mehr die Hemmungen verlierst, wildfremde Menschen einfach anzusprechen und so ein potenziell interessantes Gespräch zu führen.

15 • KONTO FETT, KÖRPER SCHLANK

> *»Ich kann abnehmen, aber du bleibst dumm!«*
>
> (... schleuderte ich als dicker Bub einem hänselnden Klassenkameraden entgegen. Er wurde von den anderen ausgelacht und hänselte mich danach nie wieder.)

Ein fettes Konto und ein schlanker Körper, das ist definitiv besser als umgekehrt. Mit Anfang 20 war bei mir nicht nur Ebbe auf dem Konto, sondern auch Land unter auf der Waage. Das wünsche ich niemandem. Wenn du dich irgendwann gar nicht mehr wiegst, weil du Angst hast, dass der Zeiger deiner Waage rechts unten an den Anschlag bei 150 Kilogramm knallt, hast du definitiv ein Problem. Ich habe ein paar Jahre gebraucht, um dieses Verhältnis umzukehren. Dabei fiel mir auf, dass Geldvermehrung und Gewichtsreduktion erstaunliche Parallelen aufweisen. Als kleine Abschweifung hier die Früchte meiner autobiografischen Erkenntnis. Wenn du Modelmaße hast, blättere einfach weiter zum nächsten Teil »Geldgeneratoren«. Für die Übrigen das Wichtigste auf einen Blick:

(Mehr) Geld	(Weniger) Gewicht
Kein Geheimrezept, sondern einfach mehr sparen/anlegen als ausgeben.	Kein Geheimrezept, sondern einfach mehr Kalorien verbrennen als essen.
Unterscheiden zwischen nützlichen Investitionen (Geldvermehrung) und unnützen (Konsum-)Ausgaben (Geldverbrennung).	Unterscheiden zwischen nützlichen Investitionen in den eigenen Körper (Bewegung, Sport) und körperlichen »Ausgaben« (faul auf der Couch liegen und Chips essen).

(Mehr) Geld	(Weniger) Gewicht
Denkfehler »Jetzt ist es eh schon egal!« und weiter Geld verschwenden für Dinge, die man eigentlich nicht braucht.	Denkfehler »Jetzt ist es eh schon egal!« und die dritte Tafel Schokolade auch noch futtern.
Sich nicht aus der eigenen Verantwortung stehlen (Ausreden wie »Mit meinem Gehalt komme ich auf keinen grünen Zweig«).	Sich nicht aus der eigenen Verantwortung stehlen (Ausreden wie »Bei mir setzt eben alles an«, »Übergewicht liegt bei uns in der Familie«).
Sich ein beflügelndes, emotional packendes Ziel setzen, zum Beispiel »Mit spätestens 40 bin ich Millionär.«	Sich ein beflügelndes, emotional packendes Ziel setzen, zum Beispiel »Bis zum Datum X wiege ich soundso viel Kilo. Ich bin schlank und fit, fühle mich um Jahre jünger und sehe auch so aus.«
Gute Strategie 1: Geld vor sich in Sicherheit bringen (etwa durch Dauerauftrag aufs Anlagekonto).	Gute Strategie 1: Essen vor sich in Sicherheit bringen (etwa keine Süßigkeiten im Haus haben).
Gute Strategie 2: »Set it and forget it!« Routinen etablieren, die finanziell wertvoll sind. Beispiele: Sparvertrag, Kontensystem, keinen Fünfer mehr hergeben, sondern 5-Euro-Scheine sparen …	Gute Strategie 2: »Set it and forget it!« Routinen etablieren, die gesundheitlich wertvoll sind. Beispiele: Jede Stunde ein Glas Wasser trinken (Timer stellen), Espresso statt Nachtisch, am Büfett nur kleine Teller benützen …
Was sich zu gut anhört, um wahr zu sein, ist weder gut noch wahr: Alle »Geheimtipps«, mit denen man »schnell reich« wird, sind Betrug. Beispiel: »Garantiert 15 Prozent Rendite« mit einer »todsicheren« Anlage.	Was sich zu gut anhört, um wahr zu sein, ist weder gut noch wahr: Alle »Wunderdiäten«, mit denen man »irrwitzig schnell abnimmt«, sind Betrug. Beispiel: »Garantiert 15 Kilogramm weniger in einer Woche«.

(Mehr) Geld	(Weniger) Gewicht
Erfolgsprinzip: Langsam, aber stetig. Dranbleiben!	Erfolgsprinzip: Langsam, aber stetig. Dranbleiben!
Garantie für Erfolg: Wissen aneignen, exaktes Ziel für ein exaktes Datum setzen, Plan machen und loslegen.	Garantie für Erfolg: Wissen aneignen, exaktes Ziel für ein exaktes Datum setzen, Plan machen und loslegen.
Der beste Zeitpunkt anzufangen war vor zehn Jahren. Der zweitbeste ist jetzt!	Der beste Zeitpunkt anzufangen war vor zehn Jahren. Der zweitbeste ist jetzt!

Es gibt meiner Erfahrung nach tatsächlich so etwas wie ein Erfolgs-Mindset, das sich in verschiedenen Lebensbereichen bewährt. Mehr dazu erfährst du in meinem Buch *Mikes Mindset Minuten – 39.5 ultimative Erfolgsgesetze für dein geiles Leben*.[45] Hier nur so viel: Wichtige Zutaten sind klare Ziele, Planung, Eigenverantwortung, Selbstdisziplin und Hartnäckigkeit – unter anderem also die viel beschworenen »Sekundärtugenden«, also »Zweittugenden«, die ich als ziemlich primär und damit erstrangig empfinde, auch wenn gefühlt jeder Dritte sie nicht mal tertiär, also an dritter Stelle, erachtet. Endlich weiß ich, wofür ich Latein lernen musste ... Ich fand den Begriff »Sekundärtugenden« übrigens schon immer merkwürdig, denn wer wirklich wichtige Dinge erreichen will, kommt um diese Eigenschaften nicht herum. Vielleicht ist ihre Degradierung als sekundär in Wahrheit eine listige Erfindung unseres Oinkiwuffs, wie ich den inneren Schweinehund nenne, dem aber auch jedes Mittel recht ist, um uns das Leben schwer zu machen. Neben den beschriebenen Eigenschaften braucht es dann noch die richtigen Strategien, um auch tatsächlich auf den Erfolgskurs einzubiegen. Welche Strategien sich in Sachen Wohlstand und Geldvermehrung ganz konkret bewährt haben, schauen wir uns jetzt an.

GELD-GENERATOREN

> **„** »Wie kommt es, dass am Ende des Geldes
> noch so viel Monat übrig ist?«
> (Gott, der Spruch ist so alt. Und lustig ist er auch nicht,
> vor allem, wenn er ernst gemeint ist.) **„**

Es gibt Menschen, denen liegt das Geldmachen anscheinend im Blut. Zu ihnen gehört der bekannte US-Investor Warren Buffett (*1930). Ich will hier nicht davon erzählen, mit welcher Anlagestrategie er es schließlich zum Milliardär und zeitweise größten Vermögen auf diesem Planeten gebracht hat. Genauso spannend finde ich, was man über seine Kindheit lesen kann.[46] Schon im zarten Alter von sechs Jahren verdiente der kleine Warren sein erstes Geld. Er kaufte Coca-Cola im Sechserpack für 25 Cent und verkaufte die Flaschen für fünf Cent das Stück einzeln weiter. Macht einen Gewinn von satten 20 Prozent (was witzigerweise auch der durchschnittlichen Jahresrendite seiner späteren Investmentholding Berkshire Hathaway entspricht). Später arbeitete Buffett als Zeitungsjunge, handelte mit gebrauchten Golfbällen und vermietete Flipperautomaten. Als er 17 war, restaurierte er mit Freunden einen alten Rolls-Royce. Erstanden hatten sie das schrottreife Fahrzeug für 350 Dollar, generalüberholt vermieteten sie es für 35 Dollar am Tag. Ganz schön clever. Buffett vereinte zeitlebens Findigkeit und Sparsamkeit. Noch mit 90 wohnte er in einem bescheidenen Bungalow in Omaha (Nebraska), den er 1958 für 31.500 US-Dollar erwarb. Schon als Schüler dürfte er am Ende des Monats noch reichlich Geld übrig gehabt haben, ohne seinen alten Herrn anpumpen zu müssen. Mithilfe all dieser kleinen Geschäfte kam er zu Geld, das er lukrativ in Unternehmen investierte.

Der lahme und inzwischen einen langen Bart tragende Spruch vom Ende des Geldes, an dem noch viel Monat übrig ist, hört sich lustig an und wird oft zitiert. Er hat aber einen schalen Nachgeschmack, denn er verschleiert kokett, dass der Sprecher sein Leben nicht im Griff hat, zumindest finanziell gesehen. Und Geld ist zwar nicht alles, aber ohne Geld ist alles nichts. Legen wir also den Grundstein für deine Geldvermehrung!

16 • VON MILLIARDÄREN LERNEN HEISST SIEGEN LERNEN (LOB DER SPARSAMKEIT)

> *»Es ist nicht dein Gehalt, das dich reich macht, es sind deine Ausgabegewohnheiten.«*[47]
>
> *Charles A. (Chuck) Jaffe, Finanzexperte und Kolumnist (der sein Geburtsdatum nicht verrät)*

Früher fieberte ich als Kind dem Weltspartag entgegen. Begangen wird er international am 31. Oktober, in Deutschland wegen des konkurrierenden Reformationstags schon einen Tag früher. Für alle unter 30: Am Weltspartag trug man als Grundschulkind sein Sparschweinchen stolz zur Bank, wurde an einem Extraschalter wie ein Erwachsener bedient und bekam tolle Geschenke: Luftballons! Stifte! Oder so etwas Kostbares wie ein Geo-Dreieck mit Sparkassenwerbeaufdruck. Das sollte man sich eigentlich nicht entgehen lassen, denn es bleibt das einzige Mal im Leben, dass einem die Bank was schenkt. Heute feiern die Kinder am 31. Oktober Halloween und erschrecken arglose Passanten, der Weltspartag spielt keine große Rolle mehr. Kein Wunder, dass es mit der Sparkultur den Bach hinuntergegangen ist!

In den Sechziger- und Siebzigerjahren war das Sparen cool, heute gilt es als altmodisch. Dabei basieren viele riesige Vermögen auf der persönlichen Sparsamkeit ihrer Besitzer. Bevor du Geld investieren und vermehren kannst, musst du erst mal Geld übrig haben. Wahrheiten wie diese sind so banal, dass ich sie kaum auszusprechen wage. Doch es soll ja immer noch Menschen geben, die Aktien auf Pump kaufen oder für den Sommerurlaub schon das Geld ausgeben, das sie sich als Weihnachtsgeschenk erhoffen. Das Lebensmodell Vermögender sieht anders aus. Für einen Superreichen mit bescheidenem Lebensstil ist Warren Buffett nur ein Beispiel unter vielen. Die Sparsamkeit der »Aldi-Brüder« Karl und Theo Albrecht ist legendär, ebenso die von Robert Bosch, Gründer der Bosch GmbH. Er soll in der Werkshalle eine Büroklammer aufgehoben und einen Mitarbeiter gefragt haben: »Was ist das?« Als der verunsichert vorschlug: »Eine Büroklammer?«, wurde er belehrt: »Das ist mein Geld!«[48] Bill Gates, jüngster Milliardär der Geschichte, will seinen Lebensstil bis auf sein Privatflugzeug kaum verändert haben.[49] Mancher Gangsta-Rapper lebt da auf erheblich größerem Fuß, yo! Und selbst für Klamotten geben die meisten von uns augenscheinlich mehr Geld aus als Gates oder sein früherer Dauerrivale Steve Jobs mit ihren immer gleichen Pullundern respektive schwarzen Rollis. Nicht umsonst heißt es: »Von den Reichen lernt man sparen.«

Es gibt genau drei sich ergänzende Wege, um legal wohlhabend zu werden: erstens Konsumausgaben reduzieren, zweitens Einnahmen erhöhen und drittens das angesparte Geld klug anlegen. In diesem Kapitel geht es um die Reduktion deiner Ausgaben. Interessanterweise sind die meisten Menschen weitaus kreativer beim Erfinden von Ausflüchten, warum sie *nicht* sparen können, als beim Entdecken von Sparmöglichkeiten. Die zehn beliebtesten Ausreden, die ich gefühlt tausendmal gehört habe:

1. Zum Sparen verdiene ich zu wenig, da bleibt einfach nichts übrig.
2. Sparen lohnt sich nicht bei dem bisschen, was ich auf die Seite legen könnte.
3. Wenn ich mehr verdiene, fange ich sofort mit dem Sparen an.
4. Das Leben ist viel zu kurz zum Sparen. Ich lebe heute und will das genießen!
5. Wer weiß, ob ich noch lebe, wenn ich das Geld ausgeben will?
6. Mein (Ur-)Opa hat gespart und hat alles durch die Inflation verloren.
7. Sparen liegt mir einfach nicht.
8. Mein Mann (Meine Frau) verdient doch gut.
9. Ich erbe doch sowieso, warum soll ich mich einschränken?
10. Alle anderen leben doch auch auf Pump.

Wenn du bis hierher aufmerksam gelesen hast, gehst du dieser Form billiger Selbstberuhigung natürlich nicht mehr auf den Leim. Ich habe bis-

her noch in jeder Beratung den Gegenbeweis angetreten und mit dem Klienten Sparmöglichkeiten entdeckt, die nicht einmal besonders wehtun. Meiner Beobachtung nach unterschätzen viele Menschen, wie stark sich regelmäßige Kleinausgaben im Laufe eines Jahres summieren. Beispiele:
— Wenn du Leitungswasser trinkst, statt jede Woche eine Kiste Mineralwasser zu kaufen, sparst du im Jahr rund 350 Euro. Für 1 Euro bekommst du 500 Liter Wasser aus dem Hahn, aber höchstens zwei bis fünf Flaschen Mineralwasser.[50]
— Wenn du dir nicht länger am Bahnhof eine Pausensemmel und etwas zu trinken kaufst, sondern beides von zu Hause mitnimmst, sparst du täglich etwa 5 Euro und im Jahr ungefähr 1100 Euro (bei ungefähr 220 Arbeitstagen jährlich).
— Wenn du im Sommerhalbjahr mit dem Fahrrad fährst statt mit Bus oder Bahn, sparst du je nach Stadt zwischen 55 Euro für die Monatskarte (in München) und 109 Euro (in Hamburg), also insgesamt zwischen 330 und 645 Euro.[51] Wenn du hartgesotten bist und ganzjährig aufs Rad umsteigst, sogar das Doppelte.
— Wenn du statt mit dem eigenen Auto mit dem Fahrrad fährst, kannst du das pro gestrampelten Kilometer mit 50 Cent ansetzen. Da kommt bei einem einfachen Weg von 13 Kilometern und 26 Kilometern am Tag (wie bei mir früher auf dem Weg zu Antenne Bayern) einiges zusammen.
— Wenn du das Rauchen aufgibst, sparst du bei vier Schachteln pro Woche rund 1500 Euro im Jahr, als Kettenraucher ein Vielfaches (von den gesundheitlichen Kosten, die du nicht länger zahlst, gar nicht erst zu reden).
— Wenn du beim Friseur »Cut & Go« mit Selberföhnen wählst, statt dir für 20 Euro die Haare vom Friseur föhnen zu lassen, um zu Hause dann deinen Kopf mit der peinlich aufgeplusterten Frisur gleich wieder unter den Wasserhahn zu halten, sparst du bei acht Friseurbesuchen pro Jahr mindestens 160 Euro.
— Wenn du statt einmal wöchentlich nur einmal im Monat im Restaurant isst, sparst du rund 120 Euro im Monat oder stolze 1440 Euro im Jahr.

— Wenn du ein Zeitungsabo kündigst, weil du das Blatt ohnehin nur noch sporadisch liest, sparst du im Jahr rund 600 Euro, beim Umstieg von der gedruckten auf die digitale Variante immerhin fast die Hälfte.
— Wenn du deinen Handy-/Strom-/Gas-/Autoversicherungs-Tarif sowie weitere regelmäßig prüfst und auf günstigere Varianten umsteigst, sparst du ebenfalls im dreistelligen Bereich.
— Wenn du in deiner Familie die Weihnachtsgeschenke abschaffst, hast du nicht nur eine entspannte Adventszeit, sondern du sparst je nach Geschenkelevel etliche Hundert Euro (im deutschen Durchschnitt knapp 300 Euro).

Würdest du all diese Vorschläge umsetzen, hättest du am Jahresende über 6000 Euro weniger ausgegeben. (Nichtraucher sind hier etwas im Nachteil, was dich jetzt nicht ermutigen sollte, erst mal mit dem Rauchen anzufangen.) Und selbst wenn du nur ein Drittel dieser Maßnahmen in Angriff nimmst, weil manches nicht auf dich zutrifft oder für dich nicht machbar ist, sind am Jahresende rund 2000 Euro mehr auf deinem Konto. Wenn du die ersparten 6000 Euro, also 500 Euro pro Monat, stetig in ETF-Sparpläne investierst, die dir 9 Prozent Zinsen pro Jahr bringen, verfügst du nach 35 Jahren über ein Vermögen von 1.375.359,92 Euro. Mit anderen Worten: Wenn du als 20-Jähriger anfängst, bist du mit Mitte 50 Millionär. Mit 2000 Euro Jahresinvestment landest du immerhin bei 452.435,21 Euro und damit auch schon bei fast einer halben Million. Nicht schlecht für so ein bisschen Sparen, oder? Wie das mit dem ETF-Sparplan genau geht, erfährst du in Kapitel 23 »Börse für alle: Mit Aktien auf Nummer sicher«.

Benjamin Franklin, einer der Gründerväter der USA, soll gesagt haben: »Hüte dich vor kleinen Ausgaben. Auch ein kleines Leck bringt ein großes Schiff zum Sinken.« Vielen Menschen rinnt das Geld durch die Finger, ohne dass sie es merken – und »plötzlich« ist am Monatsende Ebbe im Geldbeutel oder auf dem Konto. Ein einfacher Trick, der das verhindert und den Bodo Schäfer schon vor vielen Jahren gegeben hat: Spare am Anfang des Monats statt am Ende. Also nicht sparen, was übrig bleibt, sondern eine festgelegte Sparsumme von deinem Girokonto abzweigen und auf ein Sparkonto überweisen, sobald dein Gehalt da ist.

»Es ist genauso leicht oder schwer, mit 90 Prozent zurechtzukommen wie mit 100 Prozent«, so Schäfers These.[52] Recht hat er. Das belegen insbesondere jene Menschen, die verblüffenderweise als gesettelte 40-Jährige und mit einem stattlichen Gehalt genauso wenig zum Sparen übrig haben wie mit 20, als sie nur einen Bruchteil dieses Geldes zur Verfügung hatten. Wenn du nicht aufpasst, wachsen deine Ansprüche im gleichen Maße oder sogar schneller als das eigene Einkommen (vgl. Kapitel 8 »Anders als der Standard: Lebe lieber ›ungemütlich‹«), und das hat mittel- und langfristig deprimierende Folgen für deine finanzielle Situation. Denke bei diesem Trick übrigens auch daran, deine Sparrate bei jeder Einkommenssteigerung, etwa durch eine Gehaltserhöhung, ebenfalls zu erhöhen. Du kannst einen Prozentsatz wie zum Beispiel 10 oder 50 Prozent deines Mehreinkommens nehmen oder, wenn du schneller finanziell frei werden willst, einfach die vollen 100 Prozent. Vor der Erhöhung hat dein Geld ja auch gereicht, oder?

»Always stay broke!« – Bleib immer pleite – ist ein bewährtes Sparprinzip. Damit ist nicht gemeint, dein Geld Woche für Woche bis auf den letzten Cent auszugeben. Gemeint ist: Wenn du dir angewöhnst, überzähliges Geld sofort zu investieren oder anzulegen, statt es zu verkonsumieren, wird dein Konto immer fast leer sein. Und das wiederum beeinflusst dein Ausgabeverhalten: Es hält dich davon ab, mal eben nebenbei 10, 20 oder 100 Euro auf den Kopf zu hauen, nur weil ja scheinbar noch genug da ist. Die nächste Gehaltserhöhung, das nächste Weihnachtsgeld oder die nächste Prämie wirst du also nicht in die Fußgängerzone tragen oder in deinen Lieblingsonlineshop, sondern zur Bank. Ein weiterer einfacher Trick: Lass deine Geld- und deine Kreditkarte zu Hause, bezahle immer bar. Klingt oldschool, hat aber einen entscheidenden Vorteil: Einen Schein rauszurücken fällt vielen Menschen erheblich schwerer, als rasch die Karte an ein Lesegerät zu halten. »Bargeldlos zahlen« ist nicht nur bequem, es ist auch die perfekte Konsumverführungsstrategie. Und da sprechen wir noch nicht einmal von den Finanzclowns, die bei überzogenem Konto ihr Problem damit »lösen«, dass sie einfach mit ihrer Kreditkarte zahlen. Das erinnert an die Strategie von Zweijährigen, die sich die Augen zuhalten und hoffen, damit seien sie unsichtbar.

Außerdem empfehle ich dir, Geldscheine immer mit der Brücke nach oben auszugeben. Falls du gerade die Stirn runzelst (»Hä, Brücke???«), lies einfach nach bei der EZB: »Auf der Vorderseite beider [bisher gedruckten] Euro-Banknotenserien symbolisieren Fenster und Tore den Geist der Offenheit und Zusammenarbeit in Europa. Die Brücken auf der Rückseite stehen für die Verständigung zwischen den Menschen in Europa sowie zwischen Europa und der übrigen Welt.« So erklärt Europas oberste Bank ihre Motivwahl.[53] Meine Deutung ist ein wenig profaner: Du willst dein Geld doch nicht zum Fenster hinauswerfen, oder? Also achte darauf, Geldscheine immer mit der Brücke nach oben herzugeben, damit es (gern mehrfach) über die Brücke wieder zu dir zurückkommt. Du kannst diesen Vorgang auch mit einem kurzen Moment des Innehaltens begleiten und in Gedanken dabei folgenden Satz sagen: »Liebes Geld, komm zurück, bring viele deiner Freunde mit.« Sei deinem Geld in diesem Moment am besten innerlich dankbar dafür, dass es dir gerade einen treuen Dienst erweist. Genauso kannst du dankbar sein in dem Moment, in dem das Geld hereinkommt. Auf diese Art wertschätzen wir unser Geld. Und was wir wertschätzen, steigt im Wert. Insofern halte ich es für sehr unterstützend in Bezug auf Geldvermehrung, unser Geld mit einem wertschätzenden Gedanken zu begleiten. Klingt vielleicht ein bisschen merkwürdig, wird aber dazu führen, dass du niemals mehr dein Geld einfach so raushaust, ohne darauf zu achten, was du gerade tust. Du kannst das gerne für einen etwas verrückten Aberglauben halten, auch wenn Ideen wie diese durchaus verbreitet sind, etwa in Japan, wo man in Anlehnung an das Buch *Happy Money* von Ken Honda von »Arigato Money« spricht.[54] »Arigato« heißt »Danke« auf Japanisch. Ich selbst praktiziere dieses kleine Ritual seit Jahren so und habe das auch vielen meiner Klienten geraten. Ich kann dir versichern, es funktioniert. Für mich wäre es tatsächlich unvorstellbar, einen Geldschein auf andere Art und Weise herzugeben.

Weitere nützliche Routinen, um deine Ausgaben zu drücken: Liste mal einen Monat lang auf, wofür dein Geld draufgeht. Das kannst du, wie schon mal erläutert, mit nützlichen Apps vereinfachen (vgl. Kapitel 7 »Ausgabe oder Investition? Das wichtigste Geldgesetz«). Auf diese Weise entdeckst du unweigerlich weitere Sparpotenziale. Eine andere Möglichkeit und zugleich ein

Härtetest in Sachen Selbstdisziplin: Definiere eine ambitionierte Obergrenze, mit wie viel Geld pro Tag du für Alltagskonsum auskommen willst – sagen wir mal 10 Euro pro Tag. Alltagskonsum ist alles, was nicht per Dauerauftrag von deinem Konto abgeht, was nicht Grundnahrungsmittel ist und wofür du im Alltag Geld in die Hand nimmst: beispielsweise das Bier mit Freunden, die Frustschokolade, die Kinokarte, das x-te T-Shirt. Wenn du also übermorgen essen gehen willst, müsstest du drei Tage die Geldbörse für nicht notwendige Konsumausgaben geschlossen lassen. Vieles, was du sonst »nebenbei mal kurz mitnimmst«, verliert da schnell an Bedeutung.

Wir sind gewöhnt zu konsumieren, frei nach dem neugriechischen Internetphilosophen Amazonios Zalandos: »Ich kaufe, also bin ich.« Nur die wenigsten Sachen, die wir kaufen, machen langfristig glücklich. Trotzdem häufen wir ungeniert Dinge an, weil wir es so gewöhnt sind. Wann hast du das letzte Mal ein Kleidungsstück entsorgt, weil es wirklich kaputt und in beiden Wortsinnen nicht mehr »tragbar« war? Wie viele alte Handys, die prinzipiell noch funktionieren würden, vergammeln in irgendwelchen Schubladen? Investiere lieber in unvergessliche Momente als in Besitz. Wie sagte schon der niederbayerische Philosoph Mikaelis Haginakis (ein entfernter Verwandter): »Am Ende bleiben die Momente.« Über den dritten Wintermantel oder das Smartphone der neuesten Generation freust du dich maximal einige Wochen, an die Feier mit Freunden an einem außergewöhnlichen Ort wie einem Isarfloß oder das Wochenende auf einer Hütte ohne Stromversorgung in den Bergen erinnerst du dich noch nach Jahren.

Mit weiteren einfachen Tricks kannst du die Konsumbremse ziehen. Außer der in Kapitel 7 schon empfohlenen Selbstbefragung vor jeder Anschaffung – Wie lange macht mich das glücklich? Wie lange muss ich für den Kaufpreis arbeiten? – kannst du dir beispielsweise einen zeitlichen Aufschub verordnen, bevor du etwas kaufst. Vermeide Spontankäufe! Kaufen aktiviert das Belohnungssystem im Gehirn, deshalb gibt es ja auch Kaufsüchtige (Schätzungen zufolge rund 5 Prozent der Bevölkerung). Um dem Selbstbelohnungseffekt beim Kaufen, der nur von kurzer Dauer ist, nicht zu erliegen, gib deinem Großhirn die Chance, sich einzuschalten – frei nach Otto Waalkes »Kleinhirn an Großhirn: Soll ich das wirklich kaufen?«[55]. Also nicht »sehen, zugreifen und hopp damit zur Kasse (oder in den Online-Warenkorb)«, sondern bei kleinen Anschaffungen zwei, drei Tage warten, bei größeren (Sofa, neues Laptop, teure Uhr) mindestens zwei, drei Wochen, bevor du zuschlägst. Schreib deinen Anschaffungswunsch auf einen Zettel und schau ihn dir drei Wochen später noch mal an. Oft ist die Kauflaune da längst verflogen. Manchmal genügen sogar schon zehn Minuten Kaufkarenz im Kaufhaus, um zu dem Schluss zu kommen, dass du das nette Teil eigentlich gar nicht brauchst. Dreh einfach ein paar Runden durch eine andere Abteilung oder geh grundsätzlich mit einem Konsummuffel einkaufen, der dich vom Schlimmsten abhält. Füll meinetwegen den Warenkorb im Internet, aber öffne ihn erst am nächsten Tag wieder. Lass dich nicht auf »One-Click«-Spielchen ein, sondern zwinge dich dazu, deine Zahlungsdaten jedes Mal neu eintippen zu müssen. Und wenn du die Anschaffung nach diesen selbst verordneten Kaufbremsen immer noch machen willst, hindert dich ja keiner daran. Dann sollte es dir die Ausgabe aber wert sein, den Moment deiner finanziellen Freiheit weiter nach hinten zu verschieben. Oder du solltest dir sehr sicher sein, dass die Ausgabe dich wirklich sehr lange glücklich macht. Wie sicher kannst du dir da sein? Nicht so? Dann überleg sie dir lieber noch mal. Auf einen kurzen Nenner gebracht empfiehlt sich beim Kaufen also Folgendes: nicht allein, nicht online und nichts dafür leihen.

Weitere Spartipps:
- Nicht auf Schnäppchenwerbung hereinfallen. Es hat sich inzwischen herumgesprochen, dass zum Beispiel beim »Cyber Monday« nur ein Teil der Angebote wirklich günstig ist. Neurowissenschaftler sagen, Rabatte wirkten auf Käufer wie Kokain.[56] Wer will schon Junkie sein? (PS: Auch wenn du 50 Prozent Rabatt bekommst, fehlt das ausgegebene Geld zu 100 Prozent in deinem Geldbeutel.)
- Nie »das neueste Modell« von etwas kaufen, ob Smartphone oder Sneaker.
- Niemals ein neues Auto kaufen, sondern ein gebrauchtes. Der Wertverlust in den ersten Jahren ist enorm. Besser noch: Gar kein Auto haben, wenn du ohne auskommen kannst.

- Selber kochen, statt auf teure Fertiggerichte oder Fast Food zu setzen. Du tust nicht nur deinem Konto, sondern auch deiner Gesundheit einen Gefallen.
- Nur mit Einkaufsliste einkaufen gehen und nur das kaufen, was draufsteht (sowie den uralten Rat befolgen, niemals hungrig Lebensmittel einkaufen zu gehen).
- Weniger Party machen. Spart mehrfach: Eintrittspreis, Getränke, Taxi nach Hause, Klamotten. Wenn du zusätzlich in dieser Zeit an deiner Karriere oder deinem Business arbeitest, schlägst du zwei Fliegen mit einer Klappe: Ausgaben verringert, Einnahmen früher oder später erhöht.
- Dinge leihen statt besitzen, ob Buch, Bohrmaschine oder Abendrobe. Ja, du hast richtig gelesen: Selbst Glitzerkleider kann man inzwischen bei professionellen Anbietern leihen. Schau mal ins Internet.
- Nur dann etwas zum Anziehen kaufen, wenn du dich dafür von einem alten Teil trennst. Wenn »alles noch gut« ist, brauchst du nichts Neues.
- Handyverträge und andere Abos (Streamingdienste, Fitnessstudio und so weiter) sofort nach dem Abschluss wieder kündigen. So vermeidest du, dass Verträge sich ungewollt verlängern, und kannst bei der willentlichen Verlängerung in manchen Fällen sogar den Preis runterhandeln. Ich kündige zum Beispiel meinen Handyvertrag grundsätzlich erst mal zum Ende der Vertragslaufzeit. Dadurch bekomme ich immer ein tolles Angebot zur Verlängerung.
- Niemals Konsum auf Pump. Auf Ratenzahlung gekaufte Möbel, Urlaube, Autos sind wie eiserne Ketten, die dich in finanzieller Abhängigkeit halten. Und ja, das gilt auch für »Null-Prozent-Finanzierungen«. Was du als Kredit abstotterst, kannst du nicht sinnvoll anlegen. Ausnahme: Kredite für vermietete Immobilien (vgl. Kapitel 25).
- Girokonto im Auge behalten. Wenn du Dispo- und Überziehungszinsen zahlst, schaufelst du dein Geld förmlich mit dem Schneeschieber zum Fenster hinaus. Das freut nur einen: deine Bank.

Möglicherweise zieht vor deinem inneren Auge gerade ein freudloses Leben als Sparfuchs vorbei, der jeden Cent dreimal in der Pfote dreht – ein

Leben im ständigen Mangel. Doch darum geht es nicht. Setze das um, was für dich machbar ist. Gib dein Geld aus für Dinge, die dir wirklich und nachhaltig Freude bereiten, aber hör auf, dein Geld für jeden Sch…abernack rauszuhauen. Lebe in Fülle! Sei großzügig gegenüber deinen Mitmenschen, aber eher knauserig gegenüber Konsumverführern, die dir mit allen Tricks das Geld aus der Tasche ziehen wollen. Lass nicht länger zu, dass dir die Euros für Ausgaben durch die Finger rinnen, die dir eigentlich gar nicht so wichtig sind, und tröste dich nicht mit kurzlebigen Kaufkicks über andere Probleme hinweg. Arbeite daran, dir ein besseres Leben in finanzieller Unabhängigkeit aufzubauen – getreu meiner Drei-i-Regel »Immer sparen, immer spenden, immer investieren!«. Du wirst sehen: Der Spaß daran wächst mit der Umsetzung.

17 • ERHÖHE DEN INDIVIDUELLEN NUTZEN DEINER ARBEIT

> *Würdest du dich eigentlich selbst als Mitarbeiter(in) einstellen? Oder doch lieber den Streber im Nachbarbüro?*
>
> *fragt sich und dich: dein Autor (*1974)*

Es gibt Menschen, deren Elend beginnt schon damit, dass sie überhaupt arbeiten gehen müssen. Montag ist der Horror, Dienstag kaum besser, Mittwoch ist »Bergfest« (Juhu!), am Donnerstag wird langsam das Wochenende angepeilt und Freitagmittag frühestmöglich der Feierabend eingeläutet. Irgendwer muss die ganzen »Ich bin hier auf der Arbeit und nicht auf der Flucht«-Schilder ja kaufen und die »Brückentagsplaner« im Internet nutzen, um damit schon im Sommer des laufenden Jahres das nächste Jahr generalstabsmäßig in Sachen Urlaub zu optimieren. Der passende, tragikomische Spruch hierzu lautet: »Menschen warten die ganze Woche auf Freitag, das ganze Jahr auf den Sommer und das ganze Leben auf ihr Lebensglück.« Traurig, oder? Noch trauriger ist das, wenn der so denkende, schonhaltungsgewöhnte Freizeitoptimierer ausgerechnet der Kollege ist, mit dem du täglich zusammenarbeiten musst. Mal ehrlich: Würdest du so jemandem eine Gehaltserhöhung geben? Als Chefin oder Chef hoffst du eher, dass er endlich (!) kündigt, weil er immer noch *keine* kriegt, und in Zukunft anderswo die Zeit zwischen Kaffee- und Zigarettenpause am Tischkicker totschlägt. Wenn du deine Einnahmen erhöhen willst, sind neben sparsamen Ausgaben regelmäßige Gehalts- beziehungsweise Einkommenssteigerungen von Vorteil. Der Komiker Steve Martin hat dafür einen bombensicheren Tipp: »Be so good they can't ignore you«. Ich behaupte, dass das Beherzigen dieser Maxime das ist, was mir in meinem beruflichen Leben das meiste (Geld) gebracht hat.

Leistung lohnt sich. Wieder so eine einfache Wahrheit. Doch je älter ich werde, desto öfter komme ich zu dem Schluss: Die wirklich wichtigen (und richtigen) Dinge im Leben sind geradezu erschreckend simpel – zumindest sind sie einfach gesagt, nur nicht immer einfach in der Umsetzung. Meist verlangen sie Hartnäckigkeit und Disziplin, manchmal auch Mut und Kreativität. Sich anstrengen, sein Bestes geben, mehr tun, als von dir erwartet wird, all das zahlt sich früher oder später aus. Wenn du echten Mehrwert am Arbeitsplatz lieferst, wird deinem Arbeitgeber das auch finanziell mehr wert sein. Und weil er meistens nicht von selbst darauf kommt, musst du eben regelmäßig verhandeln. Eine jährlich erstellte Studie des Gallup-Instituts, der sogenannte »Engagement-Index«, kommt seit 2001 Jahr für Jahr zu dem Ergebnis, dass nur etwa jeder sechste Arbeitnehmer hierzulande hoch motiviert arbeitet (eine »hohe emotionale Bindung« an den Arbeitgeber hat). Eine etwa gleich große Gruppe hat innerlich gekündigt, das heißt, der Arbeitgeber kann schon froh sein, wenn ein solcher Mitarbeiter keinen Schaden anrichtet, keine Kunden vergrault und kein Büromaterial mitgehen lässt. Rund zwei Drittel machen Dienst nach Vorschrift, also buchstabengetreu das und nur das, was in ihrer Stellenbeschreibung steht und bis zum pünktlichen Feierabend gemütlich zu schaffen ist.[57] Das ist einerseits schockierend, andererseits zugleich eine Chance für alle, die bereit sind, mehr zu tun. Am treffendsten brachte es mal eine Freundin auf den Punkt, von der ich diesen wunderbaren Satz gelernt habe, den ich täglich für mich selbst beachte: »Jeder is', wo er is', weil er is', wie er is'.« Wahrlich weise Worte.

Was heißt das konkret? Nehmen wir mal an, du steigst als junger freier Mitarbeiter bei einem Unternehmen ein. Wenn es sich dabei nicht um Klinkenputzen oder Versicherungsverkauf handelt, sondern um eine »hippe« kreative Branche, in der man unter zahlreichen Aspiranten auswählen kann, wirst du wahrscheinlich mit einem eher überschaubaren Tagessatz geködert. Sagen wir mal 100 Euro beziehungsweise 200 Mark. Das Ganze ist schließlich schon über 20 Jahre her, inzwischen bist du ein alter Hase und kassierst fast das Zehnfache. Wow! Aber wie bist du dahin gekommen? Nun, ein rein hypothetischer Verlauf wäre dieser: Die ersten Tage verlaufen vielversprechend, und schon bist du »fester Freier«. Klingt etwas anrüchig, bedeutet aber nur regelmäßige Einsätze, allerdings ohne die Wohltaten eines Festangestellten (wie Sozialversicherung, Krankengeld und bezahlten Urlaub). Dafür heißt es: »Du kriegst jetzt 140 Euro am Tag.« Du legst dich mächtig ins Zeug, lieferst gute Arbeit, bleibst auch mal länger. Nach einigen Monaten wirst du in ein Projekt abgeordnet, das dem Unternehmen wichtig ist. Du freust dich und fragst: »Bekomme ich jetzt mehr Geld?« Die Antwort deines Chefs lautet Ja. Die nächsten zwei Jahre kannst du deinen Tagessatz durch gute Arbeit und regelmäßige Verhandlungen mehr als verdoppeln auf 300 Euro. Gleichzeitig hast du ein Netzwerk im Unternehmen aufgebaut und weißt aus sicherer Quelle, dass erfahrene Kollegen 450 Euro pro Tag kassieren. (Du erinnerst dich: »Your network is your net worth«!) Also fragst du deinen Chef: »Was muss ich tun, um auf 450 Euro zu kommen?« Er überlegt einen Moment und bietet dir dann eine Aufgabe an, die dir erst mal einen Schrecken einjagt. Du überschläfst das Ganze, sagst zu – und siehe da, das Ding wird größer als erhofft. Das Produkt kommt super an und bringt dem Unternehmen richtig Geld. Du recherchierst, wie viel, und nimmst das Argument mit in deine nächste Verhandlung, so nach einem Jahr. 600 Euro. Du hast weitere tolle Ideen und bietest echten Mehrwert, der im Idealfall so individuell ist, dass ihn kaum ein anderer Kollege bieten kann – 700 Euro. Dein Chef bekommt einen Nachfolger, der dich exklusiv haben will: 800 Euro. Im darauffolgenden Jahr schließlich entwickelst du ein neues Format, das supererfolgreich wird. Als sich der Erfolg auf Dauer stabilisiert, kannst du 950 Euro aushandeln. Natürlich knirscht dein Chef mit den Zähnen. Aber wenn du es nicht wert wärst, würde er nicht mitspielen! Das Format wird immer erfolgreicher, deine Arbeit für das Unternehmen somit immer wertvoller, und schon bist du bei über 1000 Euro Tagessatz. Ähnlichkeiten mit lebenden Personen sind natürlich rein zufällig.

Eine solche Honorarsteigerung klingt natürlich toll, und 1000 Euro sind ja auch viel Geld. Verglichen mit Ex-US-Präsidenten, die Hunderttausende Dollar für einen einzigen Vortrag kassieren, und selbst verglichen mit den Tagessätzen vieler Businesstrainer, Bundesliga-Coaches oder Berater hierzulande ist es moderat. Ich erzähle das auch nur, um deutlich zu machen, was möglich ist, wenn du gute Arbeit leistest und hartnäckig bleibst. Wenn du in einer Festanstellung bist, solltest du zudem im Hinterkopf behalten, dass ein freier Mitarbeiter keinerlei Sicherheit hat, weder Kündigungsschutz noch Krankengeld, keinen Rentenzuschuss vom Arbeitgeber, keinen bezahlten Urlaub und kein Weihnachtsgeld. Es gilt: »No Show, no Money.« Für seine soziale Absicherung muss der »Freie« selbst sorgen, während ein Arbeitgeber beim Angestellten noch mal ein knappes Drittel für Zahlungen in die Sozialkassen und andere Lohnnebenkosten drauflegt. Außerdem hast du mitbekommen, dass man für eine solche Steigerung nicht nur viele Jahre sehr hart arbeiten, sondern auch immer wieder hart verhandeln muss. Es kommt eher selten vor, dass der Chef eines sonnigen Morgens zu dir ins Büro oder an die Werkbank spaziert kommt und dir freudig mitteilt, dass er dir ab sofort gern mehr Geld zahlen würde – ob du damit einverstanden wärst? Du musst also selbst in den Ring gehen.

Wie deine nächste Gehaltsverhandlung garantiert glückt:

1. Frag dabei niemals »Kann ich eine Gehaltserhöhung bekommen?«, sondern gehe wie folgt vor: Erst zählst du auf, was du deinem Arbeitgeber mit deiner Arbeit alles gebracht hast. Im Anschluss daran stellst du die Frage.»Wie viel mehr Gehalt kann ich dafür bekommen?« Das Erste ist eine geschlossene Frage, die dein Chef mit »Ja« oder »Nein« beantworten kann. In der Regel nutzt er das Hintertürchen und entscheidet sich für »Nein«. Mit der zweiten Frage bringst du ihn dazu, konkret nachzudenken, wie viel mehr er dir geben kann.

2. Begründe die Frage nach einer Gehaltserhöhung immer mit deiner Leistung, nie mit deinen Ausgaben. Dass noch ein Kind unterwegs ist, dass du gebaut hast oder dass alles teurer wird, ist aus Sicht deines Chefs dein Problem, nicht seins. Stimmt ja auch irgendwie, oder? Es zählt allein, was du Gutes für das Unternehmen tust oder getan hast. Auch Vergleiche mit dem Gehalt anderer Kollegen solltest du nicht anführen. Wenn dein Chef das allerdings macht, ist das ebenso unzulässig. Du bist du und erbringst deine sehr individuelle Leistung. Das macht dich unvergleich*bar* und vor allem unvergleich*lich* (wertvoll). Das bringt mich zum nächsten Punkt.

3. Je individueller der Wert ist, den du in das Unternehmen einbringst, desto einfacher ist es auch, dafür mehr Geld zu verlangen. Weil es

eben keine Leistung »von der Stange« ist, für die sich dein Chef jeden x-beliebigen anderen von der Straße angeln kann.
4. Führe unbedingt ein berufliches Erfolgstagebuch, damit du im richtigen Moment parat hast, welche Kunden du gewonnen, welche Kosten du eingespart, welche Ideen du eingebracht hast und so weiter. Besonders zählen hier Zahlen. Und wenn du, so wie ich, von deinen Ideen lebst, dann lass es auf keinen Fall zu, dass sich ein anderer mit deinen Federn schmückt.
5. Geh immer in Vorleistung: Erst die Leistung erbringen, dann Gehalt ansprechen. »Underpromise and overdeliver« – sinngemäß: »mehr halten als versprechen« – ist eine Vorgehensweise, die sich immer lohnt. »Das mach ich Ihnen bis Freitag als Entwurf!« Wenn du dann stattdessen schon am Mittwoch das fertige Produkt lieferst, sammelst du Pluspunkte. Achtung, auf keinen Fall andersrum handhaben, also viel versprechen und wenig bringen.
6. Geh gut informiert in jedes Gehaltsgespräch, hab Firmendaten wie Umsatz- oder Gewinnzuwächse im letzten Jahr und Vergleichsgehälter im Kopf. Wenn du weißt, dass Kollegen in vergleichbarer Position mehr verdienen, solltest du diese Karte wie gesagt nicht offen ausspielen – das Wissen wird dir allerdings den Rücken stärken. Sagst du dagegen »Kollege Y verdient aber auch XXXX Euro!«, riskierst du, dass das Gespräch auf ein Nebengleis gerät. (»Woher wissen Sie das?!«)
7. Lerne, dich selbst aus dem Blickwinkel deines Chefs zu betrachten. Deinen Chef interessiert im Grunde nur eine einzige Sache: Was tust du für die Firma und insbesondere für ihn? Frage also nicht, was deine Firma für dich tun kann. Frage, was du für deine Firma tun kannst (um einen bekannten Ausspruch von John F. Kennedy abzuwandeln). Wenn sich in deinem Job alles um diese eine Frage dreht und du tust, was dafür nötig ist, bist du unterwegs zum Spitzengehalt.
8. Bleib hartnäckig. Wenn es beim ersten Mal nicht klappt, frage: »Was muss ich tun/erreichen, damit Sie mein Gehalt erhöhen?« Zieh deinem Chef konkrete Aussagen wie Würmer aus der Nase, wenn nötig. Schreib dir seine Aussagen auf. Nagele ihn später darauf fest. Sehr hilfreich hierfür ist auch eine freundliche, zusammenfassende E-Mail,

17 • Erhöhe den individuellen Nutzen deiner Arbeit

in der du dich nachträglich für das Gespräch bedankst und eher nebenbei die Eckdaten noch mal festhältst. Du weißt ja: »Wer schreibt, der bleibt.« So kannst du später leichter auch mal ein bisschen lästig werden. Wer am lautesten schreit, wird nicht selten zuerst bedient.
9. Arbeite daran, nicht komplett abhängig von deinem derzeitigen Arbeitgeber zu sein. Prüfe, ob du dir in deiner Freizeit ein zweites Standbein aufbauen kannst. Tummle dich in beruflichen Netzwerken, um Kontakte für einen möglichen Wechsel zu knüpfen. Schon die gefühlte größere Unabhängigkeit wird dein Selbstbewusstsein verbessern und dich erfolgreicher verhandeln lassen. Und so richtig startet die Gehaltsrakete, wenn du völlig unabhängig bist. Du machst dir keine Vorstellungen, welche Gehaltsebenen Menschen erreichen, die das Geld nicht mehr brauchen und souverän verhandeln. Wie heißt es so schön: »Der Teufel scheißt immer auf den größten Haufen.«
10. Wenn dein Chef dir trotz guter Leistung über längere Zeit Gehaltserhöhungen verweigert, besorg dir einfach einen anderen Chef. Du kannst in sein Büro gehen und ihm herzlich für die schöne gemeinsame Zeit danken, mit dem Nachsatz: »Aber jetzt probier ich's mal ohne Sie.« Werde dein eigener Chef und mach dich selbstständig, oder sieh dich einfach nach einem neuen Job um. Menschen, die wie oben beschrieben bereit sind, die berühmte »Extrameile« zu gehen, sind immer und überall gefragt, denn das sind sogenannte A-Mitarbeiter. Manchmal reicht es aber schon, wenn du eines Morgens auffällig schick gekleidet zur Arbeit kommst und dir den Nachmittag desselben Tages freigenommen hast. Antworte ausweichend, wenn man dich fragt, ob du was Besonderes vorhast, und widersprich nicht, wenn jemand wissen will, ob du etwa ein Bewerbungsgespräch hast. Lächle nur fein und wechsele elegant das Thema. Überlass den Rest dem Flurfunk, der funktioniert immer.

Bei all dem geht es nicht »nur« um Geld. Geld ist in unserer Gesellschaft nicht nur Zahlungsmittel und Freiheitsgarant, sondern auch Ausdruck von Wertschätzung. Mangel an Wertschätzung nagt am Selbstbewusstsein. Umgekehrt wird ein schönerer Schuh daraus: Leiste gute Arbeit, geh selbstbewusst in die Gehaltsverhandlung, ernte die Früchte deiner Leistung. Das baut dein Selbstbewusstsein weiter auf, und auf dieser Basis wirst du dir auf der Arbeit noch mehr zutrauen. Was sich dann wieder in deinem Gehalt niederschlagen sollte. Und so weiter. Und immer weiter – eine Erfolgsspirale.

Eine weitere, sehr einfache Möglichkeit, dein Selbstbewusstsein zu stärken, ist folgende Übung: Schreibe dir einmal am Tag fünf Dinge auf, die dir heute oder gestern im beruflichen oder privaten Bereich gut gelungen sind. Notiere dir nicht täglich dieselben Dinge, sondern suche jeden Tag neue. Auf diese Weise fokussierst du Bereiche, in denen du gut bist, und nimmst diese automatisch stärker wahr. Das speicherst du unbewusst ab, was wiederum dein Selbstbewusstsein stärkt. Es gilt immer: Was du fokussierst, wird größer. Wenn du meinen F.A.B.E.L.®-Planer hast, findest du den Platz für die Durchführung dieser Übung im Bereich der Abendroutine. Solltest du noch keinen Planer haben, empfehle ich ihn dir wärmstens. Bestell ihn dir am besten gleich im Internet[58] – und das gilt nicht als Ausgabe, sondern als Investition.

Noch einmal kurz zu den Selbstständigen und Freiberuflern. Vor allem im Bereich der Soloselbstständigen und Freiberufler ohne Mitarbeiter sind die Honorare verbreitet niedrig. Schuld daran sind nicht etwa »die Kunden«, die schlecht zahlen. Du bekommst, was du verdienst. Und was du im wahrsten Sinne des Wortes verdienst, ist das, was du verhandelst. Kunden zahlen nur dann mies, wenn du keine angemessenen Honorarforderungen stellst oder wenn du zwar eine vernünftige Summe nennst, aber nicht wirklich hinter deiner Forderung stehst. Kunden wittern förmlich, wenn du selbst nicht daran glaubst, dass du den von dir genannten Preis wert bist. Wenn du nicht von dir und deinem Preis überzeugt bist, wirst du auch keinen Kunden davon überzeugen können. Dann brauchst du kein Verhandlungsseminar, sondern ein *Verwandlungs*seminar. Du solltest dich in einen Menschen verwandeln, der sein Geld wert ist. Dazu ist es wichtig, an deiner Einstellung zu dir selbst und an deiner Leistung zu arbeiten. Was ist dein Preis? Was bist du (für deinen Kunden) wirklich wert?

Arbeite nicht für einen Dumpinglohn: Wenn du in diesem Loch erst mal drin bist, kommst du da nur schwer wieder heraus. Du kannst immer von einem hohen Preis etwas nachlassen (aber bitte nicht mehr als 10 Prozent, sonst machst du dich unglaubwürdig). Hast du jedoch einen zu niedrigen Preis erst einmal genannt, bekommst du den nicht mehr nennenswert hochgeschraubt. Fahr lieber vorübergehend deinen Lebensstandard herunter, als dich unter Wert zu verkaufen. Sei dir bewusst, dass du pünktlich gute Arbeit leistest, und geh mit einem angemessenen Preis raus – lieber zu hoch als zu bescheiden. Und hör nicht auf diejenigen, die behaupten, »mehr als XYZ ist in unserer Branche nicht drin«! Das ist das Mantra der Mutlosen. Wieso solltest du nicht mehr verdienen, nur weil sie das nicht schaffen?

Im Übrigen: Verabschiede dich von der Vorstellung, du seist »(zu) teuer«, du bist allenfalls »hochpreisig«, und das spricht für dich! Den wenigen Kunden, die die Meinung vertreten, ich sei zu teuer, sage ich immer: »Zu teuer ist in meiner Definition nur etwas, was mehr kostet, als es wert ist, und bei mir ist das Gegenteil der Fall.« Wenn du einen hohen Preis nennst, setzt du bei deinem Kunden zudem einen simplen psychologischen Effekt in Gang: Menschen vermeiden kognitive Dissonanz, also widersprüchliche Eindrücke oder Meinungen. Wenn sie für etwas aus ihrer Sicht viel Geld bezahlt haben, suchen sie die Vorteile des Produkts. Haben sie etwas gefühlt zu günstig erstanden, ohne dass es einen gut erkennbaren Grund für diesen niedrigen Preis gibt, suchen sie dagegen die Fehler. Stell dir vor, man bietet dir einen nagelneuen Porsche mit 40.000 Euro Preisnachlass an: Falls du den Wagen erstehst, wirst du nicht anders können, als nach dem Haken bei diesem Geschäft zu suchen. Klingt der Motor nicht merkwürdig? Wurde womöglich der Tacho manipuliert? Riecht der Wagen nicht irgendwie komisch? Nach nassem Hund oder Schlimmerem?

Kaufst du dasselbe Auto dagegen nach harten Verhandlungen mit 5000 Euro Nachlass, freust du dich über den tollen Wagen und zählst dir und anderen die Vorteile auf: Ledersitze! 385 PS! Und dieses satte Motorengeräusch aus dem Kofferraum! Damit wäre nebenbei auch gleich geklärt, warum eine Antifaltencreme für 89,95 Euro aus dem Flagship-Store zwangsläufig viel besser wirkt und erheblich mehr verjüngt als so ein popeliges Döschen aus der Drogerie für 3,95 Euro – selbst wenn irgendwelche Produkttests hartnäckig etwas anderes behaupten.

Nachsatz zum Nachdenken: Wenn du selbst bereit bist, anderen für eine gute Leistung ein gutes Honorar zu zahlen, wirst du auch souveräner darin sein, angemessene Forderungen in eigener Sache zu stellen. Falls du dich jetzt fragst, wieso das so ist: Blätter einfach zurück zu Kapitel 5 (»Mangel oder Fülle? Deine Entscheidung!«).

18 • NUTZE DEN KLEINSTEN GELDGENERATOR DER WELT

> »*Von Natur aus sind die Menschen fast gleich, erst die Gewohnheiten entfernen sie voneinander.*«
>
> Konfuzius, Philosoph aus dem Reich der Mitte (551–479 v. Chr.)

Es ist nie zu früh, geschäftstüchtig zu sein. Der achtjährige Sohn einer Bekannten konnte sich in der Taschengeld-Verhandlung nicht durchsetzen: Nein, es bliebe erst mal bei 2 Euro die Woche! Also traf Max mit seinen Eltern eine Vereinbarung: Ein Jahr lang würden sie sämtliche Kupfermünzen, die sie als Wechselgeld erhielten, in einem Einmachglas sammeln und am Jahresende gäbe es das als Aufschlag aufs Taschengeld. Das Glas stand in der Küche, fast jeder Besucher fragte danach, um anschließend das zu tun, was du vielleicht auch getan hättest: Geldbörse auf und raus mit den 1-, 2- und 5-Cent-Münzen. Fällt ja kaum ins Gewicht. Doch am Jahresende hatten sich auf diese Weise 53,42 Euro angesammelt. Max hatte durch die Hintertür eine Taschengeld-Erhöhung um 1 Euro pro Woche oder rund 50 Prozent durchgesetzt. Davon kannst du als normaler Gehaltsempfänger nur träumen. Wie er darauf gekommen war? Ein findiger Mathelehrer hatte die Klasse ausrechnen lassen, wie viel Geld sich in den Spendengläsern neben manchen Supermarktkassen ansammeln könnte, und Max so auf die Idee gebracht. Wie viel Geld da zusammenkommt, verriet der schlaue Bub seinen Eltern im Vorfeld nicht.

Wenn du also schon mit Pennys ein nettes Sümmchen ansammeln kannst, was ist dann erst möglich, wenn du als Erwachsener umsteigst auf 5-Euro-Scheine? Der magische Merksatz »Ich geb keinen Fünfer mehr her« ist ein kleiner, aber hochwirksamer Sparturbo. Jeder Fünfer, der in deinem Geldbeutel landet, sollte von dort direkt in eine Dose wandern, die du nur mit brachialer Gewalt wieder aufbekommst. Das gilt auch, wenn der Geldautomat plötzlich ein ganzes Bündel davon ausspuckt, weil alle anderen Scheine gerade aus sind. In meiner Facebook-Gruppe, in der wir auch Geldfragen diskutieren,[59] sammeln sich inzwischen zig Motivationsfotos zu diesem simplen Kniff: Fans dieses Geldgenerators präsentieren stolz ihre Scheine-Haufen. Hier kommen schnell ein paar Hundert, teilweise sogar mehrere Tausend Euro zusammen, ohne dass du auch nur ansatzweise das Gefühl hast, dich nennenswert einschränken zu müssen (ein »spinnerter« Geldautomat mal ausgenommen, aber da musst du dann durch). Im Gegenteil, immer wieder höre ich von Teilnehmern, die es noch nie geschafft haben, auch nur einen Cent auf die Seite zu sparen, dass sie sich wundern, wie sich so eine Geldmenge ansammeln konnte, ohne dass sie ihnen irgendwo gefehlt hätte. Pure Magie. Oder auch einfach nur »gewusst, wie«.

So eine »Ich geb keinen Fünfer mehr her-« Challenge ist eine simple Methode der Selbstüberlistung. Natürlich gibt es Menschen mit hoher Spardisziplin, die man förmlich überreden muss, sich »auch mal was zu gönnen«. Menschen, die keine Retro-Jeans brauchen, weil die Levi's aus ihrer Studentenzeit ja »noch gut« sind und inzwischen von selbst retro und modisch »destroyed«. Menschen, die kopfschüttelnd von »Vintage-Möbeln« hören, weil ihre gesamte Wohnungseinrichtung noch von der Oma stammt und somit echt Vintage ist, wenn auch ein Albtraum in Beige- und Braunschattierungen. Die kommen ohne solche Tricks aus. Allen Normalsterblichen jedoch flüstert ihr innerer Schweinehund regelmäßig zu: »Mit dem Sparen kannst du doch auch nächste Woche noch anfangen!« Und das ist dann ungefähr genauso wirkungsvoll wie das Schild in der Stammkneipe mit dem freundlichen Hinweis »Freibier? Gibt's morgen«.

Gewohnheiten haben einen schlechten Ruf, sie gelten als langweilig, fantasielos und veränderungsresistent. Das Gewohnheitstier ist ein blasses Wesen, das in seiner Komfortzone kauert und nur dann mit einem Grunzen aus dem Dämmerschlaf erwacht, wenn seine Bequemlichkeit ernsthaft in Gefahr gerät. Doch du kannst dir die viel beschworene Macht der Gewohnheit auch positiv zunutze machen, indem du »gute Gewohnheiten« für dich findest und etablierst. Es ist weitaus leichter, jeden Fünfer in eine Box zu stopfen, ohne groß nachzudenken, als sich jedes Mal neu und aktiv entscheiden zu müssen, was und wie viel du diese Woche sparen willst. Wenn du sehr knapp bei Kasse bist, fang eben mit 2-Euro-Münzen an. Und die Ehrgeizigen können natürlich auch gern einen größeren Schein als den Fünfer zu ihrem persönlichen Geldgenerator erklären. Ganz wichtig: Gib das Geld, das so zusammenkommt, nie aus. Das ist dein Geldgenerator, der auf magische Art und Weise immer mehr Geld in dein Leben zieht. Dieses weitere Geld, das du durch deinen Geldgenerator magisch anziehst, kannst du dann ausgeben, aber fasse niemals den Geldgenerator an sich an. Der darf immer weiter- und weiterwachsen. Ja, du kannst die Fünfer mal in größere Scheine umtauschen und dir vielleicht auch mal eine Unze Gold davon kaufen. Aber das war's dann auch schon. Schlachte nie deinen Geldgenerator! Für all diese selbstgesetzten Regeln gilt: Set it and forget it – einmal definieren und dann vergessen, dass es je anders war. Dein Gehirn liebt Automatismen, auch solche.

Und da wir gerade bei Gewohnheiten sind: Wie viel Geld trägst du normalerweise mit dir herum? Welche Summe wäre dir unangenehm, weil du Angst hast, du könntest sie verlieren oder unbedacht ausgeben? Halte hier bitte mal kurz inne, fühle in dich rein und schau, an welche Summe du da denkst. In meiner Geld-Mentoring-Gruppe werden hier meist Beträge von 200 bis 500 Euro genannt. Manche Menschen werden schon nervös, wenn sie 100 Euro in der Tasche haben. Möglicherweise erwartest du jetzt den Rat, möglichst wenig Geld bei dir zu haben, damit du gar nicht erst in Versuchung gerätst. Doch das Gegenteil ist der Fall: Ab sofort solltest du diese für dich »unangenehme« Geldmenge, an die du gerade gedacht hast, immer dabeihaben. So lernst du, Geld zu beherrschen, statt dich von ihm beherrschen zu lassen.[60] Du legst mit der Zeit mögliche Verlustangst ab und fasst Vertrauen in deine Selbstkontrolle. Und last, but not least: Du trittst anders auf, wenn du Geld in der Tasche hast, selbstbewusster, souveräner. Trag die großen Scheine immer bei dir, nicht zum Ausgeben, sondern um dich ans Geldhaben zu gewöhnen. Im Falle eines Falles lassen sich beispielsweise mit 500 Euro in bar auch viele Probleme lösen, mit denen du konfrontiert sein könntest. Dieses Wissen macht dich stärker in Verhandlungssituationen und anderen Gesprächen; ohne dass dein Gegenüber davon weiß. Es geht also nicht darum, mit Scheinen zu wedeln oder herumzuprotzen. Dieses Geld ist deine Geheimwaffe. Es trainiert dein Unterbewusstsein, gewöhnt dich ans »Reich-Sein« und sorgt dafür, dass du anfängst, dich mit Geld wohlzufühlen. Dieses Geld darf auch nicht ausgegeben werden, du kannst es höchstens benutzen, wenn sich die Möglichkeit für eine Investition bietet. Das Kapital dafür hast du mit einer 5-Euro-Challenge in einem überschaubaren Zeitraum gesammelt.

Vermutlich wirst du feststellen, dass sich die Geldsummen, die dir unbehaglich sind, im Laufe der Zeit erhöhen. Ein Freund von mir hat inzwischen immer 20.000 Euro für Geschäfte bei sich. Einmal, um das Jahr 2013, wurde er Zeuge, wie in einem Uhrengeschäft ein anderer Kunde dem Inhaber eine ein Jahr alte Rolex Daytona zum Kauf anbot. Der Uhrenhändler wollte 7500 Euro zahlen, was der Kunde zu Recht als zu wenig empfand. Mein Freund bot (nach einer Echtheitsprüfung und Check der Papiere durch den Inhaber) 10.000 Euro in bar, für das betreffende Daytona-Modell immer noch ein sehr gutes Geschäft, vor allem wenn man die weitere Preisentwicklung betrachtet. Der Besitzer schlug ein und beide waren zufrieden. Die besten Geschichten schreibt wirklich das Leben selbst.

19 • WER DEN MUND NICHT AUFMACHT, MACHT DEN GELDBEUTEL AUF

> *»Ich wünschte, dass mein lieber Karl mehr Zeit damit verbracht hätte, Kapital anzuhäufen, statt nur darüber zu schreiben.«*
>
> Jenny Marx zugeschrieben, Ehefrau von Karl (1814–1881)[61]

Die 1000-Euro-Frage im Fernseh-Quiz ist mitunter schon recht knifflig. Nicht jeder weiß auf Anhieb, ob es Tetanus, Tinnitus, Tantalus oder doch Typhus war, der von den griechischen Göttern mit ewiger Qual bestraft wurde.[62] Es war übrigens Tantalus. Die Alltagsfrage, die dir im Jahr locker 1000 Euro und mehr sparen kann, ist dagegen recht einfach: »Wie viel Rabatt kann ich bekommen?« Im Idealfall noch mit einer Begründung wie »Dafür, dass das ja ein Ausstellungsstück ist«. Oder: »Dafür, dass ich das Hotelzimmer jetzt am Abend noch nehme und Sie es so nicht heute Nacht leer stehen haben.« Den springenden Punkt kennst du schon aus der Gehaltsverhandlung (vgl. Kapitel 17): Du fragst nicht etwa: »Kann ich da Rabatt bekommen?«, oder: »Ist da noch was drin?« Auf solche geschlossenen Fragen wird der Verkäufer dir fast immer mit traurigem Dackelblick erklären, leider nein, da sei nichts zu machen. Die offene Frage bringt ihn da schon eher in Zugzwang. Und selbst wenn dein Gegenüber die Frage »Wie viel Rabatt?« mit »Rabatte geben wir grundsätzlich nicht« abschmettert, kannst du immer noch nachhaken: »Wie können Sie mir sonst entgegenkommen?« Vielleicht beim Zubehör? Bei kostenloser Lieferung oder kostenloser Abholung eines Altgeräts?« Die Verbraucherzentrale Nordrhein-Westfalen geht aufgrund von Testkäufen davon aus, dass Preisverhandlungen in jedem zweiten Fall erfolgreich sind und im Durchschnitt 10 Prozent Nachlass bringen.[63] Und bevor du jetzt sagst: »Nachlass? Ist jemand gestorben?«, rechne das mal auf deine jährlichen Anschaffungen hoch.

Beim Verhandeln von Preisen sind andere Nationen uns weit voraus, wie jeder weiß, der schon mal auf einem orientalischen Basar war oder Fan der Monty-Python-Komikertruppe ist. Deren Lehrvideo zum Feilschen aus »Das Leben des Brian« gibt es bei YouTube.[64] Dort erfährt man: Wer richtig feilschen will, braucht Zeit und gute Argumente. Daneben gilt: Außerhalb der Stoßzeiten und in der Woche sind deine Chancen größer als am Samstagvormittag um halb zwölf, wenn sich die Kunden im Laden drängeln und der Verkäufer von Ohrenzeugen umgeben ist, die dann auch alle den gleichen Rabatt bekommen wollen. Auslaufmodelle sind günstiger zu haben als topaktuelle Ware, kennst du ja vielleicht von der Partnersuche. Hilfreich ist auch, wenn du vorab Preise verglichen und festgestellt hast, dass die Ware anderswo günstiger zu haben ist – möglicherweise sogar im Onlineshop desselben Unternehmens. Meist heißt es dann: »Den Preis bekommen Sie bei mir auch.« Dass du Stammkunde bist, kann dir ebenso in die Hände spielen wie die Abnahme einer größeren Menge oder weiterer Produkte: Was würde es bedeuten, wenn du auch gleich einen Tisch zu den vier Stühlen kaufst? Natürlich erfragst du hierfür erst den Preis *eines* Stuhls, dann den Preis von zwei Stühlen, dann den Preis von vier Stühlen und als großes Finale: »Wie viel Rabatt bekomme ich denn, wenn ich die vier Stühle und den *Tisch* dazu nehme?« Das berühmte »Crescendo« sorgt eben nicht nur in der Musik für mehr Genuss. Das ergibt natürlich nur Sinn, wenn du von vornherein an einem Tisch interessiert warst und ihn gezielt als Trumpf in der Verhandlung einsetzt. Die letzte und wichtigste Trumpfkarte, die du von Anfang an ausspielen solltest, ist Sympathie. Sympathie, Sympathie, Sympathie. Lächeln, Augenzwinkern, sich selbst nicht so ernst nehmen, das Ganze als spaßiges Spiel betrachten, das ist der Schlüssel zu wirklich tollen Rabatten. Bleib sympathisch und bei alldem unbeirrbar freundlich – Verkäuferinnen und Verkäufer sind schließlich auch nur Menschen. Es geht um Augenhöhe und um spielerische Hartnäckigkeit, nicht um Siegen und Verlieren. Auch online kannst du den einen oder anderen Rabatt aushandeln. Ein Freund von mir kontaktiert regelmäßig Onlinehändler, wenn er sich für ein Produkt interessiert, und bekommt oft ganz erstaunliche Nachlässe. So bekam er mal eine Sammler-Goldmünze, die online für 3195 Euro angeboten wurde, nur auf freundliche telefonische Nachfrage für 2995 Euro. 200 Euro für ein Telefonat sind doch nicht schlecht, oder? Und nicht zuletzt gibt es auch das eine oder andere nützliche Helferlein in Form einer App oder eines Programms. So überprüft etwa eine Chrome-Browser-Erweiterung namens Honey[65], ob für das Produkt, das du gerade bei Amazon und Konsorten kaufen möchtest, ein Coupon, Promocode oder Deal erhältlich ist.

Preise oder auch Gebühren werden Kunden oft präsentiert wie die Zehn Gebote den Israeliten: felsenfest in Stein gemeißelt. Dabei ist vieles verhandelbar. Macht nur fast keiner. Ein Bekannter ärgerte sich über seine Kfz-Versicherung: In dem Maße, in dem sein Schadensfreiheitsrabatt stieg, änderte sich Jahr für Jahr die Einstufung seines Fahrzeugtyps. So standen auf seiner Jahresrechnung immer ein paar Euro mehr statt weniger. Zu wechseln hatte er eigentlich keine Lust. Musste er auch nicht. Ein Anruf bei seiner Versicherung und der Hinweis auf ein günstigeres Angebot bei der Konkurrenz reichte, um denselben Preis zu bekommen. Anderes Beispiel: Mir wurde ein Darlehensvertrag angeboten, auf dem stand: »400 Euro Gebühren«. Auf meine Nachfrage hieß es, es handele sich um »Schätzgebühren«. Ziemlich sportlich für eine kurze Immobilien-Preisfindung, die reine Routine ist und bei der unter uns gesagt am Ende lustigerweise immer exakt der Kaufpreis rauskommt. Also sagte ich: »Die Gebühren streichen wir bitte.« Die Antwort des Bankberaters: »Okay.« Ich liebe es, in 30 Sekunden Hunderte Euro zu sparen! Dasselbe Spiel bei einer anderen Bank, bei der ich schon lange Kunde war. Dort führte man Kontoführungsgebühren ein. Der simple Hinweis »Die möchte ich nicht zahlen« führte zur Streichung.

Auch wenn du selbst eine Zahlung verpennt hast, solltest du Mahngebühren nirgendwo berappen, ohne vorher freundlich nachgefragt zu haben, ob man die nicht bitte erlassen könnte. Das gilt sogar fürs Finanzamt, das dir monatlich 1 Prozent »Säumniszuschlag« aufbrummen will, nur weil du einmal im Leben vergessen hast, eine Steuernachzahlung pünktlich zum Stichtag zu überweisen. Wenn zusätzlich »Vollstreckungsmaßnahmen« ergriffen werden, wird es noch teurer. Ruf lieber rechtzeitig deinen Sachbearbeiter an, entschuldige dich aufrichtig und hab eine glaubwürdige Begründung parat. Bitte ihn, dir den Zuschlag zu erlassen. Wenn du ihn oder sie nicht vorher laufend geärgert hast, stehen deine Chancen gar nicht schlecht. So oder so empfiehlt es sich, dem Finanzamt eine Einzugsermächtigung zu geben, dann können solche Kosten gar nicht erst entstehen. Dasselbe gilt für Mahngebühren bei Rechnungen, die sich auf mysteriöse Weise zwischen anderen Papierstapeln versteckt haben. Verbinde eine kurze telefonische Entschuldigung mit der Ankündigung, dass du sofort überweist, und der Bitte, dir die Mahngebühren zu erlassen.

Apropos Rechnungen: Zu den empfehlenswerten Gewohnheiten gehört, seine Rechnungen immer gleich zu zahlen. Und damit meine ich nicht das »gleich« im Sinn von »morgen«, »mañana«, »schau mer moi«, »demnächst«, sondern das »gleich« im Sinn von »gleich«, »jetzt«, »sofort«, »pronto«! Die lästigen Schreiben irgendwo zu stapeln, ist keine gute Idee. Du verlierst schnell den Überblick, wie viel Geld überhaupt noch zum Ausgeben (oder zum Investieren) da ist, und riskierst zusätzliche Kosten, die rasant anwachsen. Vom kleinen Strafzettel bis zum Gerichtsvollzieher vor der Tür ist es gar nicht so weit, wie ich als Student gelernt habe (vgl. Kapitel 1 »Von der Hand in den Mund? Lieber als Riese aus der Krise!«). Wer selbst Rechnungen schreibt, weiß zudem um den Sympathiebonus, den Kunden bekommen, bei denen man das Geld binnen zwei oder drei Tagen auf dem Konto hat. Mich hat das in einer heiklen Situation gerettet: ein Wasserrohrbruch in der Wohnung, ausgerechnet am Sonntag. Der Handwerker ging nicht nur ans Telefon, sondern sagte lapidar: »Sie zahlen immer so schnell, da komm ich gern am Sonntag.« Als superpünktlicher Zahler bist du die angenehme Ausnahme. Du beachtest damit die Fünf-A-Regel, die in so vielen Bereichen hilfreich ist: *A*ngenehm *a*nders *a*ls *a*lle *a*nderen. Eine private Umfrage unter Dienstleistern ergab, dass geschätzt nur 10 Prozent der Kunden postwendend zahlen, zu diesem erlesenen Kreis gehörst du dann, bevorzugte Behandlung oft inklusive. Die allermeisten Menschen überweisen zum Fälligkeitsdatum, das auf der Rechnung steht, oder etwas später. Und dann gibt es da noch die etwa 10 Prozent schwarzen Schafe, die prinzipiell auf die erste Mahnung warten. Du kennst ja die drei großen Lügen wackeliger Zahlungsmoral: 1. »Der Scheck ist in der Post.« 2. »Das hab ich schon lange überwiesen.«

3. »Das war sicher ein Zahlendreher bei der Überweisung.« Ich wette, bei so einem Schlawiner bleibt der Handwerker beim Wasserrohrbruch am Sonntag lieber auf der Terrasse hocken und liest in Ruhe bei einem Weißbier den Sportteil zu Ende. Schnelle Zahlung eröffnet dir außerdem eine weitere Sparmöglichkeit: Immer dann, wenn es auf der Rechnung oder im Kaufvertrag ausdrücklich vermerkt ist, kannst du innerhalb einer angegebenen Frist (häufig: sieben Tage) 2 oder 3 Prozent Skonto vom Rechnungsbetrag abziehen. Das lohnt sich bei größeren Beträgen immer (und bei kleineren auch). Und da du ja nur noch kaufst, was du dir leisten kannst, ist es für dich egal, ob du erst in zwei Wochen überweist oder gleich.

20 • WER BILLIG KAUFT, KAUFT ZWEIMAL

> »*Kostenlosen Käse gibt's nur in der Mausefalle.*«
>
> (Russisches Sprichwort)

Eigentlich wurde zu diesem Thema schon vor etwa 150 Jahren alles gesagt, und zwar in einem Statement, das gemeinhin John Ruskin, einem englischen Sozialreformer, zugeschrieben wird:

»Es gibt kaum etwas auf dieser Welt, das nicht irgendjemand ein wenig schlechter machen und etwas billiger verkaufen könnte, und die Menschen, die sich nur am Preis orientieren, werden die gerechte Beute solcher Machenschaften.

Es ist unklug, zu viel zu bezahlen, aber es ist noch schlechter, zu wenig zu bezahlen. Wenn Sie zu viel bezahlen, verlieren Sie etwas Geld, das ist alles. Wenn Sie dagegen zu wenig bezahlen, verlieren Sie manchmal alles, da der gekaufte Gegenstand die ihm zugedachte Aufgabe nicht erfüllen kann.

Das Gesetz der Wirtschaft verbietet es, für wenig Geld viel Wert zu erhalten. Nehmen Sie das niedrigste Angebot an, müssen Sie für das Risiko, das Sie eingehen, etwas hinzurechnen. Und wenn Sie das tun, dann haben Sie auch genug Geld, um für etwas Besseres zu bezahlen.«

Dieser Text ist schon oft zitiert worden, auch wenn manche Historiker inzwischen bezweifeln, dass Ruskin das wörtlich so gesagt hat.[66] Es lohnt sich trotzdem, den Text zweimal zu lesen. Er trifft den Nagel mit unnachahmlicher Präzision auf den Kopf und passt zur Philosophie des britischen Denkers. Lebte Ruskin heute statt im 19. Jahrhundert, er würde niemals zu jenen gehören, die mit Vorliebe »Socken im Fünferpack für nur 4,99 Euro« erstehen. Ruskin würde die Gefahr sehen, dass das Billigprodukt entweder kneift oder leiert und so, wie er es formuliert, »die ihm zugedachte Aufgabe nicht erfüllen kann«. Dann hätte er als Sockenkäufer nicht 20 oder mehr Euro gespart, sondern 5 Euro zum Fenster hinausgeworfen, und müsste sich bald wieder auf den Weg zum Einkaufen machen, statt kluge Texte zu verfassen. Dieselbe Milchmädchenrechnung gilt auch für Billigmode, die verharmlosend »Fast Fashion« genannt wird und von euphorisierten Käufern in braunen Packpapiertüten kiloweise von Primark und ähnlichen Anbietern nach Hause geschleppt wird. Seit dem Jahr 2000 haben sich die Kleiderkäufe weltweit mehr als verdoppelt, meldete das TV-Wirtschaftsmagazin *Plusminus* im August 2019. Das meiste wird nur wenige Male getragen, bevor es aus der Form gerät, und wandert dann in die Altkleidersammlung. Die mutiert mehr und mehr zur textilen Müllabfuhr: Über 80 Prozent der Altkleider taugen heute nicht einmal mehr für den Reißwolf, mit dem sie zu Putzlappen verarbeitet werden könnten. Die Gewebe sind so minderwertig, dass sie »thermisch entsorgt« werden müssen. Will sagen: Sie werden verbrannt.[67]

Auch wenn ich gerade klinge wie der Obermoralapostel vom Dienst: Das ist ökologischer Wahnsinn, geht auf Kosten der Arbeitsbedingungen der Menschen in den Fertigungsländern und ist noch dazu reine Geldverschwendung. Ein T-Shirt für 2,99 Euro, das nach der dritten Wäsche in den Müll wandert, kommt dich de facto teurer zu stehen als eines für 20,90 Euro, das du viele Jahre tragen kannst. Wer billig kauft, kauft öfter – das gilt in vielen Bereichen, ob Möbel, Schuhe, Elektrogeräte oder auch Dienstleistung und Beratung. Das bedeutet nicht, dass nur das Teuerste gut genug ist oder dass »teuer« zwangsläufig immer »beste Qualität« bedeutet. Du erinnerst dich an die Antifaltencreme zum Preis von feinstem Beluga-Kaviar, die leider auch keine biologischen Wunder vollbringen kann. Aber es lohnt sich schon, (vor allem sich selbst) zu fragen, wie sorgfältig ein Handwerker arbeiten kann, der seine Leistung zum Dumpinglohn anbietet. Oder ob es wirklich schlau ist, sich die »supergünstigen« Schuhe zuzulegen, die kaum getragen werden, weil das harte Material scheuert und drückt.

Häufig wird mir entgegengehalten, ich hätte gut reden. Nicht jeder könne sich eben ein T-Shirt für 20 Euro leisten oder gar ein Bett für

1000 Euro. Ich halte das für kurzsichtig. Das Gegenteil ist richtig, wie ein sehr solventer Freund immer in tiefstem Bayerisch zu sagen pflegt: »Billig kaufa, des kann i ma net leisten!« Das bedeutet nämlich, je nach Produkt in wenigen Monaten oder Jahren wieder kaufen zu müssen, und das kostet: deine Zeit, deine Nerven und nicht zuletzt auch dein Geld. Das »teure« Bett für die nächsten 20 Jahre ist de facto günstiger als ein knarzendes Schnäppchen, das nach kurzer Zeit auf den Sperrmüll wandert und immer wieder nachgekauft werden muss. Und wer nicht mehr die Kindergartenkonkurrenz ausstechen muss und deshalb ohne Flamingo-/Glitzerfee-/Marvel-Comic-/Star-Wars…-T-Shirt weiterleben kann, hat eigentlich keine Entschuldigung für Billigkonsum. Wenn du Geld sparen willst, kauf lieber gebrauchte Qualität als fabrikneuen Schrott. Verzichte auf Schnäppchenkäufe, jedenfalls in der üblichen Schnäppchendefinition: etwas, das wir kaufen, obwohl wir es überhaupt nicht brauchen, zu einem Preis, dem wir nicht widerstehen können. Das allerbeste Schnäppchen ist: gar nichts kaufen. Mit No-Click zum Glück, sozusagen.

GELD KLUG INVESTIEREN

> »Wann war der beste Zeitpunkt, mit dem Investieren anzufangen? Vor 20 Jahren. Wann ist der zweitbeste Zeitpunkt? Heute.«

Das ist einer meiner wichtigsten Tipps in Sachen Geldanlage. Zugegeben: Er ist kreativ geklaut. In China beantwortet ein Sprichwort die Frage »Wann ist der beste Zeitpunkt, einen Baum zu pflanzen?« auf haargenau diese Weise. Auch wer sein Geld erfolgreich vermehren will, braucht einen langen Atem, allerdings nicht so lang, wie viele meinen. Märchenhaft reich über Nacht wird man nur im Märchen. Doch die meisten Menschen unterschätzen massiv, was sie in ein paar Jahren erreichen können. Aus Ungeduld gar nicht erst anzufangen mit der gezielten Geldvermehrung, das ist eine lausige Ausrede. Kein ernst zu nehmender Mensch sagt: »Einen Beruf lernen? Nö, dauert mir viel zu lange. Da bin ich ja von der Grundschule bis zur Abschlussprüfung locker 20 Jahre beschäftigt! Das muss doch irgendwie auch von heute auf morgen gehen.« Okay, mit neun Jahren wie ein schlaffer Sack am Reck oder später in gelangweilter Totalahnungslosigkeit im Physikunterricht stellt man sich schon mal die Sinnfrage. Doch im Grunde wissen wir, dass solide Erfolge meist solide Vorarbeit erfordern, und das über einen längeren Zeitraum. Die gute Nachricht ist: Verglichen mit den endlosen Stunden, die wir mit Schillers Glocke oder den binomischen Formeln verbracht haben, ist der Erwerb von Anlage-Know-how erheblich kurzweiliger. Auch der praktische Nutzen erschließt sich sehr viel direkter, nämlich in der Geldbörse. Es ist selten zu früh und nie zu spät, sein Leben in Sachen Geld gut aufzustellen. Und anders als manchen Schulstoff kriegst du das selbst locker in den Griff.

21 • GELD-KNOW-HOW: SCHMIEDE DEIN GLÜCK SELBER

> *»Ruin hat drei Ursachen:*
> *Frauen, Wetten oder der Rat von Fachleuten.«*
>
> Georges Pompidou, französischer Präsident und
> anscheinend ein zeittypischer Chauvi (1911–1974)

Psst – komm mal ein bisschen näher.

Noch näher.

Und noch ein bisschen.

Ich verrate dir jetzt ein gut gehütetes Geheimnis. Weißt du, wer der beste Anlageberater der Welt ist?

Du! Ja, du hast richtig gelesen: du selbst. Es gibt niemanden, der sich besser um dein Geld kümmern kann. Auch, wenn du in Mathe mit Ach und Krach eine Vier geschafft hast, und auch, wenn dein Hobby eigentlich Fliegenfischen oder Cosplay ist und nicht etwa das Lesen von *Handelsblatt* und *Wirtschaftswoche*. In der Finanzbranche sieht man das natürlich ganz anders. Da ist viel von Expertise, Erfahrung und Fachkompetenz die Rede. Hoch bezahlte Analysten geben in den Abendnachrichten mit bedeutsamer Miene vage Statements ab: »Es könnte raufgehen, aber auch runter, wobei auch eine Seitwärtsbewegung möglich ist.« Oder in teures Tuch gewandete Finanzberater werfen mit Fachworten um sich, dass einem schier schwindelig wird. Lauter Nebelkerzen, die verschleiern, dass bei dem ganzen Dampf tatsächlich nur mit Wasser gekocht wird. Meine Lieblingsanekdote dazu ist die von der Schimpansin, die 1999 auf Platz 22 der besten US-Broker landete. Raven, eine sechsjährige Affendame, hatte mit verbundenen Augen Dartpfeile auf Nummernscheiben geworfen und ließ mit der dadurch getroffenen Auswahl 6000 andere Broker an der Wall Street hinter sich. Vielleicht hätte man ihr einen Arbeitsvertrag anbieten sollen. Ich vermute, die Machokultur der harten Jungs hat das damals verhindert. Gorillas lassen sich halt von einer Schimpansin nicht gerne die Butter vom Bananenbrot nehmen. Eine Katze, die im Auftrag der britischen Zeitschrift *Observer* 2013 eine Spielzeugmaus auf Aktiennamen schubste, bewährte sich in ähnlicher Weise.[68]

Das zeigt, wie unwägbar – zumindest kurzfristig – Börsenentwicklungen und insbesondere die Kurse von Einzelaktien sind. Wie du trotzdem dein Geld an der Börse zuverlässig vermehrst, liest du in den Kapiteln 23 und 24. Vor allem aber sollen dir diese Geschichten die Scheu davor nehmen, dir selbst ein Urteil in Finanzfragen zu bilden. Fall nicht auf schlipstragende Schlaumeier herein, mach dich selber kundig. Was du wissen musst, um deine Finanzfragen erfolgreich zu regeln und Profis auf Augenhöhe zu begegnen, ist keine Raketenwissenschaft. Vielmehr ist gesunde Skepsis gegenüber Fachleuten angebracht, frei nach Georges Pompidou, der Expertenurteilen offenbar auch mit Misstrauen begegnete. Und bevor du mich fragst: Ich selbst bin auch kein zertifizierter Finanzfachmann. Ich habe nur viele Jahre Erfahrung gesammelt und daraus gelernt.

Menschen neigen zu Extremen, wenn es um ihre Geldangelegenheiten geht. Häufig kümmern sie sich lange Zeit gar nicht um das Thema, aus Scheu, aus Unwissenheit oder wegen erfolgshemmender Glaubenssätze wie »Geld verdirbt den Charakter« (vgl. Kapitel 3 »Geld kommt nur zu Menschen, die Geld mögen«). Und wenn sie dann doch irgendwie zu Geld kommen, vertrauen sie es oft dem Erstbesten an, meistens Menschen, die sehr glaubwürdig vermitteln, sie wüssten, »wie's geht«. Die wissen oft auch wirklich, wie man ein Vermögen vermehrt, leider eben nur das eigene. Das ist dann oft der Bekannte eines Bekannten, der angeblich »Ahnung hat«, oder eben jemand anderes, der empfohlen wird, sich aber als »Rohrkrepierer« erweist. In meinem Money-Mentoring-Programm haben viele Teilnehmer eine solche Vorgeschichte. Ich erinnere mich an jemanden, der vor zehn Jahren einem selbst ernannten »Vermögensberater« 250.000 Euro anvertraute und heute immer noch dieselben 250.000 Euro auf der hohen Kante hat, abzüglich der Honorare für den angeblichen

Finanzprofi natürlich. Das ist so, als ob man dafür bezahlt, dass der Wind vor der Haustür weht. Der macht das auch von ganz allein. Klug angelegt, hätte sich diese Summe auf die Zeitdauer von zehn Jahren locker verdoppeln können, ja sogar müssen. Andere Teilnehmer leben im Dauerclinch mit ihrem Partner, weil einer von beiden mal aufs falsche Pferd gesetzt hat und sich nun regelmäßig anhören muss: »Du kannst ja eh nicht mit Geld umgehen!« Dazu gehört eine Unternehmergattin, die sich den ihr per Ehevertrag zustehenden Firmenanteil auszahlen ließ und ihn einem windigen Anlageberater anvertraute. Bald darauf war das Geld futsch. Na ja, wie immer war es nicht futsch, es war nur bei jemand anderem. Auch ich wurde von jemandem angeschrieben, der sich als »Vermögensberater« bezeichnete und mir mit meinem Vermögen »helfen« wollte. Auf meine Frage, ob er denn selbst vermögend sei, antwortete er wahrheitsgemäß, »um ehrlich zu sein, nicht«. Einerseits war ich froh über seine Ehrlichkeit, andererseits war er damit natürlich aus dem Rennen. Und sogar, wenn er vermögend gewesen wäre, hätte ich ihn nicht gebucht, denn mein felsenfestes Credo lautet, dass sich niemand besser um mein Geld kümmern kann als ich selbst und dass eine professionelle (Honorar-)Beratung erst dann für Feinheiten infrage kommt, wenn ich selbst durchblicke. Und das gilt ganz sicher auch für dich, vor allem nach der Lektüre dieses Buches.

Die Grundlage für deinen Vermögensaufbau ist also eigenes Finanz-Know-how. Daran führt kein Weg vorbei. Auch wenn deine Eltern oder Großeltern noch blind dem Angestellten der örtlichen Kleinstadtbank vertraut haben, weil sie den aus dem Kegelverein oder Kirchenchor kannten, kommt das heute nicht mehr infrage. Bankenvertreter beraten zwar kostenlos, aber hier gilt wie überall: »Wenn es nichts kostet, bist du das Produkt.« Es gibt auf dieser Welt nichts umsonst, jedenfalls nicht von irgendeinem Unternehmen. Im Internet »bezahlst« du mit deinen persönlichen Daten für scheinbar kostenfreie Wohltaten (siehe Facebook), bei der Bankberatung kassiert dein Berater Provisionen für bestimmte Produkte. Wie unabhängig kann er dich da wohl beraten, noch dazu, wenn sein Chef darauf pocht, es müssten dringend Abschlüsse her, um das von der Geschäftsleitung vorgegebene Jahresziel zu erreichen? Du solltest »Bank*berater*« im Kopf immer ersetzen durch »Bank*verkäufer*«, dann weißt du zumindest, woran du bist. Vorsicht ist ebenso geboten, wenn du bei anderen Beratern, um dein Geld zu vermehren, erst einmal Geld ausgeben sollst, oder wenn der Steuervorteil das Kernargument für ein Investment bildet. Dann ist es vermutlich kein Investment. Das habe ich übrigens von einem Steuerberater, einem meiner ersten Geld-Mentoren, als Merksatz gelernt: Immer, wenn der Steuervorteil das Argument für eine Investition ist, lass die Finger davon. Eine Investition muss eine gute Rendite bringen, dann ist sie sinnvoll. Wenn dann noch ein Steuervorteil obendrauf kommt, umso besser (wie zum Beispiel bei Immobilien, vgl. Kapitel 25 »Der Millionärsmacher: Immobilien«). Auch bei »todsicheren Geheimtipps« mit hohen Renditen solltest du vorsichtig sein. Besonders witzig wird es, wenn die Menschen, die angeblich im Besitz lukrativen Geheimwissens sind, nicht längst in der Karibik Cocktails schlürfen, sondern noch bei der Mama im Jugendzimmer hausen und dir von dort aus den Weg ins »Geldparadies« zeigen wollen. Für 'ne Menge Geld, versteht sich.

Auch unter den Bankern gibt es natürlich die Guten, die sich als professionelle Partner in Finanzfragen bewähren. Die musst du aber erst einmal finden, und auch dann solltest du immer verstehen, worüber dein Gegenüber redet. In den folgenden Kapiteln stelle ich dir einige relativ einfache und gleichzeitig hochwirksame Instrumente für deinen Vermögensaufbau vor, vor allem ein Kontensystem, Strategien, wie du am Aktienmarkt dein Geld ziemlich zuverlässig vermehrst, sowie die Grundregeln für den Immobilienkauf. Und gleich jetzt bekommst du die ultimative Strategie, das Erfolgsrezept der Milliardäre.

Tatatataaaaa!!!!! – Das ultimative Erfolgsrezept lautet: Geduld!

Anders formuliert: Um ein Vermögen aufzubauen, ist es wichtig, kurzfristiges Denken durch langfristiges Denken zu ersetzen. Ich verstehe, dass das erst mal etwas unsexy klingt. Aber wer schnellstmöglich und ohne Vorwissen reich werden will, hat zwei mächtige Gegner: »schnellstmöglich« und »ohne Vorwissen«. Wer allerdings weiß, dass es wiederum langfristig sehr einfach und vor allem extrem effizient funktioniert, hat schon mal die wichtigste Lektion verstanden. Wirf mal einen Blick auf die Vermögensentwicklung des zeitweise reichsten Menschen der Welt: Warren Buffett (siehe die folgende Abbildung). 2020 stand er mit 89,2 Milliarden US-Dollar immerhin noch auf Platz 4.[69]

Wie du siehst, war Buffett mit 30 nur ein stinknormaler Millionär. Erst mit 56 Jahren betrat er die Bühne der Superreichen. Der Komiker Jerry Lewis könnte es also bierernst gemeint haben, als er sagte: »Milliardäre sind Leute, die auch einmal als ganz gewöhnliche Millionäre angefangen haben.« Die Matheprofis und Statistiker unter euch haben natürlich auf den ersten Blick gesehen, dass die folgende Grafik lügt. Wenn der Balken beim »Jungmilliardär« im Alter von 56 Jahren vier Millimeter hoch ist und für 1,4 Milliarden steht, müsste der Balken für den 90-jährigen Buffett (2020, 89,2 Milliarden) eigentlich erheblich länger sein und stolze 25,48 Zentimeter messen. Das sprengt leider das Buchformat. Der finanzielle Raketenstart Buffetts fiel also in Wahrheit noch rasanter aus, als das Balkendiagramm suggeriert.

Neben einer langfristig erfolgreichen Anlagestrategie seiner Investmentgesellschaft Berkshire Hathaway profitierte Buffett dabei von einem weiteren Faktor, zu dem jeder Zugang hat: du, ich und selbst dein nerviger Nachbar. Dieser Faktor ist der Zinseszins. Angeblich soll Einstein ihn als »stärkste Kraft im Universum« bezeichnet haben. Allerdings hat Einstein auch gesagt: »Man sollte nicht alle Zitate glauben, die im Internet stehen.« Beide Zitate sind in Wahrheit nicht von ihm,[70] stimmen aber trotzdem. Also, worum geht's? Zinseszins bedeutet, dass bei Kapital, auf das man Zinsen bekommt, auf die Zinsgewinne selbst auch wieder Zinsen gezahlt werden. Ein einfaches Beispiel:
- Wenn du 1000 Euro zu 5 Prozent Zinsen anlegst, hast du am Ende des Jahres 1050 Euro.
- Im zweiten Jahr bekommst du dann für 1050 Euro 5 Prozent Zinsen, das summiert sich auf 1102,50 Euro, also hast du 2,50 Euro mehr Zinsen als im ersten Jahr erhalten. Das hört sich läppisch an, potenziert sich aber über die Jahre, denn:
- Im zehnten Jahr wären aus deinem Kapital auf diese Weise 1630 Euro geworden, nach 20 Jahren schon 2650 Euro.

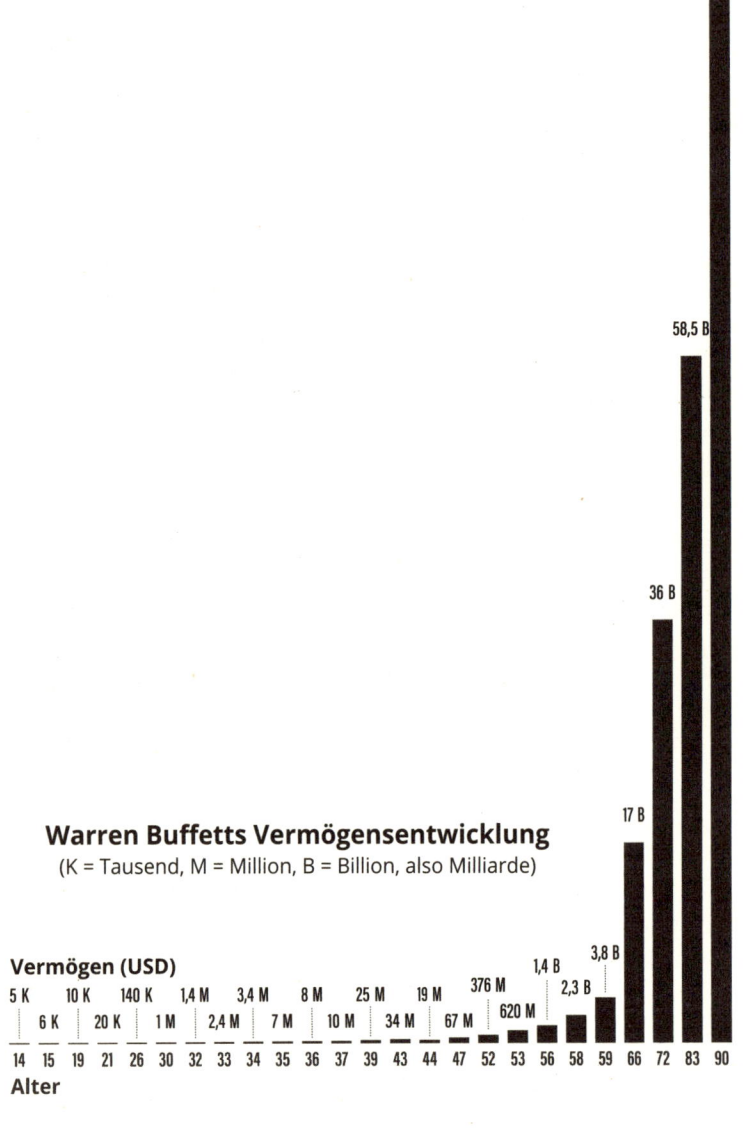

Der Zinseszins ist eine Schnecke, die mit den Jahren auf wundersame Weise und gleichzeitig absolut vorhersehbar zu einem rasenden Windhund mutiert. Solche explosionsartigen Entwicklungen nennt man »exponentiell«. Für die Berechnung gibt es natürlich eine schlaue Formel, die ich aber nur den Endnotenlesern zumute.[71] Einfacher geht es mit einem Zinseszinsrechner im Internet, zum Beispiel https://www.zinsen-berechnen.de/zinsrechner.php. Der Zinseszinseffekt ermöglicht uns, auch mit kleinen Sparbeträgen wohlhabend zu werden, wenn wir nur früh genug damit anfangen. Bei einer Verzinsung von 9 Prozent, die mit einem ETF-Sparplan über eine Zeitdauer von mehreren Jahren leicht erreichbar ist (vgl. Kapitel 23), werden aus 1 Euro in 40 Jahren 31 Euro und 41 Cent – bei jährlicher Zinsausschüttung. Würden die Zinsen monatlich ausgezahlt, wären es sogar etwas über 36 Euro. Dieser Effekt ist gemeint, wenn reiche Menschen sagen, sie ließen ihr Geld »für sich arbeiten«. Es ist also clever, möglichst früh mit dem Sparen und Investieren anzufangen, selbst wenn es erst einmal nur kleinere Beträge sind. Ob du dich mit 20 oder erst mit 40 entschließt, reich zu werden, macht einen großen Unterschied, dank Zinseszins.

Wer schon früh beginnt, hat beispielsweise gute Chancen, mit Mitte 50 von seinem Geld sehr komfortabel leben zu können. Nimm mal die Geldspritze von der Oma, das Geld der Kommunion, der Firmung, der Konfirmation oder der Bar-Mizwa und andere kleine Geldgeschenke der Verwandtschaft. Die summieren sich im Laufe der Jahre gut und gerne auf 10.000 Euro. Wenn diese nun mit 20 nicht fürs erste eigene Auto in Blech versenkt, sondern gespart und angelegt werden, käme man mit einer zusätzlichen monatlichen Sparrate von 440 Euro bei 9 Prozent Zinsen nach 35 Jahren auf 1.392.000 Euro Vermögen. Das ist exakt die Summe, die man braucht, um jeden Monat 10.000 Euro entnehmen zu können. Wird der Rest weiter mit 9 Prozent verzinst, dann gehen vielleicht deine Haare aus, aber dein Geld nie wieder. Wenn du dich jetzt fragst, wie ein 20-Jähriger monatlich so viel sparen kann: Das wäre zum Beispiel durch einen zusätzlichen 450-Euro-Job machbar.

10.000 Euro – das ist der Betrag, den Menschen meistens nennen, wenn ich sie frage, wie viel Geld sie monatlich brauchen würden, um ein »echt geiles Leben« zu führen. Also ein Leben, bei dem sie so wohnen, wie sie es sich vorstellen, so Urlaub machen, wie sie wollen, sich einfach das kaufen, was sie kaufen möchten, und über Geld generell einfach nicht nachdenken müssen. Achtung, ich habe nicht »irgendwen« gefragt, der dieses Geld gerne hätte und es nicht besitzt, sondern Personen, die über so viel Vermögen verfügen, dass sie monatlich auch 20.000, 50.000 oder mehr Euro ausgeben könnten. Trotzdem fällt immer wieder diese Zahl, die Menschen, die Geld im Überfluss haben, als ausreichend empfinden. Viele von ihnen können diese Summe genau erklären, teilweise haben sie sie sogar anhand ihres eigenen Ausgabeverhaltens exakt errechnet. Da kommen dann Begründungen wie: »Wenn ich mein Traumleben lebe, nicht über Geld nachdenken muss, Businessclass fliege, in Luxushotels Urlaub mache, wohne, wie ich will, und mir generell keine Gedanken über meine Ausgaben mache, dann brauche ich ungefähr 10.000 Euro im Monat.« Erstaunlicherweise wird dieselbe Summe von Familienoberhäuptern mit drei Kindern genauso genannt wie von Singles oder Menschen in Zwei-Personen-Haushalten.

Wie die Beispielrechnung oben zeigt, ist es ohne Weiteres möglich, mit einem langen Atem dank Zinseszins auf monatlich 10.000 Euro zurückgreifen zu können. Wer früh genug anfängt und über Grundkapital verfügt, kann spätestens ab der Midlife-Crisis sogar in dieser Höhe allein von den Zinsen leben. Auch hierfür ein Beispiel: Wer mit 20 Jahren über ein Startkapital von 100.000 Euro verfügt und anfängt, monatlich zusätzlich 300 Euro anzulegen, besitzt bei 9 Prozent Durchschnittsverzinsung mit 53 Jahren knapp 2,4 Millionen. Selbst wenn er auf diese 2,4 Millionen nur 5 Prozent Zinsen bekäme, hätte er Monat für Monat 10.000 Euro allein an Zinseinnahmen. Wenn du meinst, jetzt hebt der Hager völlig ab, wer hat denn schon mit 20 Jahren 100.000 Euro? In einer Gesellschaft, in der gigantische Vermögen vererbt werden und immer öfter an Einzelkinder, sind das mehr Menschen, als du denkst. Und 9 Prozent Verzinsung sind langfristig bei Aktien eine realistische Rendite, wie jahrzehntelange Langzeitbeobachtungen des US-amerikanischen Aktienindex Dow Jones oder des DAX (Deutschen Aktienindex) ergeben.[72] Wichtig ist eben nur, der Versuchung zu widerstehen, sich für die 100.000 Euro mit 20 lieber einen Porsche zu kaufen.

Für exponentielles Wachstum gibt es viele Beispiele. Bekannt ist das Bild von der Seerose, die sich jeden Tag verdoppelt. Das geht erst mal gemächlich los, doch sobald der halbe Teich bedeckt ist, dauert es nur noch einen Tag, bis auf einen Schlag die komplette Wasserfläche zugewuchert ist. Das freut vielleicht die Laubfrösche, die nun trockenen Fußes ans andere Ufer hüpfen, nicht aber den Gärtner. Auch die Geschichte vom Josephspfennig ist schon oft erzählt worden. Der britische Geistliche und Ökonom (!) Richard Price errechnete Ende des 18. Jahrhunderts, was passiert wäre, wenn der Ziehvater von Jesus bei dessen Geburt einen Penny angelegt hätte. Auf so etwas kann man auch nur in der verrückten Fächerkombination von Price kommen. Jedenfalls kam er dank seiner interdisziplinären Interessen zu dem Ergebnis, 1772 sei aufgrund des Zinseszins aus diesem einen Penny mehr geworden, »als enthalten wäre in 150 Millionen Erden, alle von gediegenem Gold«.[73] Also auf Deutsch: 150 Millionen Weltkugeln, die vollständig aus Gold bestehen. Zugegeben, wer möchte schon fast 1800 Jahre warten? Aber wir starten ja auch nicht mit einem Pfennig oder Cent. Solche Beispiele sind deswegen beliebt, weil sie Entwicklungen, die sich unserer normalen Vorstellungskraft entziehen, fassbar machen. Zumindest einigermaßen fassbar, ich sitze immer noch hier und versuche, mir *eine* Erde aus Gold vorzustellen, gar nicht so leicht, von 150 Erden ganz zu schweigen.

»Unser Gehirn ist nicht dafür gemacht, mit Geld umzugehen«, behauptet der renommierte Verhaltensökonom Dan Ariely.[74] Das finde ich etwas übertrieben. Allerdings verstehen viele Menschen tatsächlich nicht, dass Geld eine nahezu unendlich vermehrbare Ressource ist, im Unterschied zu Zeit beispielsweise, die exakt *gar nicht* vermehrbar ist. Für uns alle hat der Tag nur 24 Stunden. Was wir dagegen mit unserem Geld anstellen, ob wir krass erfolgreich sind oder lebenslänglich am Dispo dümpeln, haben wir selbst in der Hand. Was mir allerdings einleuchtet, ist Arielys Argumentation, evolutionär gesehen sei es kein Vorteil gewesen, kluge Finanzentscheidungen zu treffen. Das sagt er in einem berühmten Vortrag (TED Talk), den du dir im Netz ansehen kannst – 15 äußerst unterhaltsame Minuten.[75] Klar: Schnell wegrennen zu können war im Neandertal weitaus wichtiger fürs Überleben, als sich den Kopf über die richtige Anlagestrategie zu zerbrechen. Soll ich dieses Jahr in bewährte Antilopenknochen-Flöten-Aktien investieren oder doch lieber in das Start-up mit den trendigen Säbelzahntigerzahn-Halsketten? Arielys Hinweis beantwortet auch die Frage, die dir möglicherweise seit einigen Seiten durch den Kopf geistert: Wenn es wirklich so einfach ist mit dem Reichwerden – warum macht es dann nicht jeder? Ganz einfach: Die Hand von der heißen Herdplatte zurückzuziehen ist uns genetisch einprogrammiert, Finanzfaktoren wie das Verständnis für exponentielle Entwicklungen sind es nicht. Stattdessen haben wir eine unausrottbare Vorliebe für Schmerzvermeidung auf der einen und sofortigen Lustgewinn auf der anderen Seite. Also doch lieber die 10.000 Euro von der Oma jetzt ☺ fürs erste eigene Auto verprassen, statt irgendwann später ☹☹☹ dank Zinseszins ein Vielfaches zur Verfügung zu haben ☺☺☺☺☺. Was tragischerweise am Ende 99 Prozent der Menschen daran hindert, ein Vermögen aufzubauen.

Dass Zeit nicht beliebig vermehrt werden kann, Geld aber schon, erklärt, warum die »Skalierbarkeit« eines Business seit etlichen Jahren im Internet, auf Gründermessen und in Büchern heiß diskutiert wird. »Skalierbar« ist ein Geschäftsmodell, das Umsatzsteigerungen ermöglicht, ohne dass in gleichem Maße zusätzliche Investitionen erforderlich sind. Solange du als Angestellter deine Arbeitszeit eins zu eins gegen Geld eintauschst, ist dein Einkommenszuwachs endlich. Wenn du mehr verdienen willst, musst du entsprechend härter und länger arbeiten, und selbst der Fleißigste will schließlich auch mal schlafen. Wenn du dagegen ein E-Book herausbringst, das sich hunderttausendfach verkauft, verdienst du an jedem verkauften Buch, ohne dass nennenswert weitere Kosten anfallen. Du musst das Buch ja nicht neu schreiben, sondern nur die Zahlungseingänge im Auge behalten und vielleicht ein paar Leserfragen beantworten. So wurde auch Bill Gates reich: Er hat das Microsoft-Betriebssystem Windows einmal programmiert und dann milliardenfach verkauft. Viele gute Ideen im Onlinebusiness haben ihre Urheber steinreich gemacht, weil die Erfindung unbegrenzt multiplizierbar ist, ohne dass sich der Aufwand für die Bereitstellung des Angebots im gleichen Maße vervielfacht. Denk an Facebook, Instagram oder Google. Du kannst dein Geld also auch durch ein skalierbares Business vermehren, und wenn du eine richtig gute Idee hast, kann der Zuwachs sogar – du ahnst es schon – »exponentiell« sein. Ich habe den Verdacht, dass so wenige Menschen in diese Richtung denken, könnte an familiären Prägungen und wieder mal an fragwürdigen Glaubenssätzen liegen, etwa dem, dass »man sich Geld hart erarbeiten muss«, oder dass erfolgreiche Investoren unverdient Reichtum anhäufen.

Bevor ich es vergesse: Das Seerosenbeispiel illustriert auch, dass exponentielle Entwicklungen in beide Richtungen funktionieren – negativ wie positiv. Das ist wie bei viralen Effekten im Internet, wenn sich eine Meldung erst langsam und dann immer rasanter verbreitet. Das kann ein übler Shitstorm sein, aber auch eine Spendenkampagne für ein humanitäres Anliegen. Ich behaupte sogar, dass sich der Zinseszinseffekt auf praktisch alle Bereiche unseres Lebens anwenden lässt. Auch im Job, in der Beziehung oder bei der Gesundheit spielen exponentielle Effekte eine Rolle. Bei langfristigen Entwicklungen, die du hartnäckig verfolgst, zahlst du am Ende entweder horrende Zinsen oder du wirst mit Zinsen belohnt. Seinen Körper mit Alkohol, Zigaretten und fettem Essen zu »verwöhnen« und sich dabei möglichst nur von der Couch zum Kühlschrank und wieder zurück zu bewegen, das kann 40 Jahre gut gehen, von leichten Beschwerden abgesehen. Und plötzlich kommt alles auf einmal: Bluthochdruck, Diabetes, kaputte Knie und der erste Schlaganfall. Oder man geht den anderen Weg: 40 Jahre lang auf den eigenen Körper achten, sich bewegen, gut und gesund essen. Dann schlägt der Zinseszinseffekt positiv zu – wie bei meinem Vater, der mit 78 Jahren in wenigen Wochen noch 1200 Kilometer mit dem Fahrrad nach Frankreich (und auch wieder zurück!) gefahren ist. Als Couch-Potato musst du mindestens 140 Jahre alt werden, um diese Entfernung von der Wiege bis zur Bahre zu bewältigen.[76]

Der Zinseszinseffekt greift auch bei deinem Netzwerk. Du kennst ja inzwischen mein Credo »Your network is your net worth« – die Qualität deines Netzwerks bestimmt dein Nettovermögen. Auch in dein Netz von Kontakten zahlst du viele Jahre ein, indem du schaust, dass du gibst, hilfst, andere weiterbringst, Zeit investierst. Und auch hier schlägt der Zinseszinseffekt irgendwann zu und dein Netzwerk bringt im Gegenzug dich weiter. Oder nimm 20 Jahre Schlendrian im Job – damit gehörst du sehr wahrscheinlich zu den Ersten, die es in einer Entlassungswelle erwischt.

20 Jahre Engagement, gute Arbeit und Investition ins eigene firmeninterne und -externe Netzwerk, und du bist am Ende Vorstand. Schau dir hierzu die Biografie von Dieter Zetsche an. Im Jahr 1976 fing er in der Forschungsabteilung der Daimler-Benz AG an, 2006 wurde er Vorstandsvorsitzender der DaimlerChrysler AG. Praktisch alles, was in deinem Leben groß, erfolgreich, außergewöhnlich werden soll, wächst nicht linear, sondern exponentiell. Mit anderen Worten: Zinseszinseffekt. Wichtig ist halt, dass man sich weg von kurzfristigem Denken hin zu langfristigem Denken orientiert und vor allem natürlich, dass man – egal in welchem Bereich – laufend »einzahlt«. Was mich daran erinnert, dass ich dir jetzt endlich das Kontensystem vorstellen sollte.

22 • KONTENMODELLE: MIT SYSTEM ZU VOLLEN KONTEN

> *»Der perfekte Plan ist immer sehr einfach.«*
>
> (Einfach genial. Und wieder weiß keiner, wer's gesagt hat.)

Wenn du nur eine einzige Konsequenz aus diesem Buch ziehst, dann bitte diese: Richte dir ein Kontensystem ein. Sofort. Hab nicht länger nur ein (Giro-)Konto, sondern mehrere Konten zu unterschiedlichen Zwecken. Falls du dich gerade fragst, welchen Sinn es haben soll, denselben Honig nur auf mehr Töpfe zu verteilen, lautet die Antwort: Im Unterschied zum Honig wird sich dein Geld allein durch diese simple Maßnahme vermehren wie Steinpilze im Wald nach einem warmen Septemberregen. Sehr viele Geldexperten raten aus gutem Grund zu so einem Kontensystem. Einmal eröffnet und die Überweisungen per Dauerauftrag eingerichtet, lenkst du damit deine Geldströme in die richtigen Bahnen und legst den Grundstein für deine Vermögensbildung – eine typische »Set it and forget it«-Strategie. Und ja, das gilt auch, wenn dein Geldstrom erst ein liebliches Bergbächlein ist. Vater Rhein hat schließlich auch mal klein angefangen, in einem See in den Schweizer Alpen, der nicht einmal sieben Fußballfelder umfasst.[77]

Wie sieht so ein Kontensystem aus? Es gibt nicht »das« System. Du kannst und solltest dein eigenes, auf dich persönlich zugeschnittenes Kontenmodell entwickeln. Wichtig ist nur, den Grundgedanken dieser Maßnahme in die Tat umzusetzen: am *Anfang* des Monats dein eingehendes Gehalt auf verschiedene Zwecke sicher zu verteilen, statt vier Wochen lang deinen mehr oder weniger leichtsinnigen Ausgabegewohnheiten zu frönen, um am Monatsende überrascht festzustellen, dass wieder einmal nichts übrig ist. Das allereinfachste Kontenmodell – ich nenne es Minimalmodell – umfasst zwei Töpfe: Ein Geldeingangskonto (Gehaltskonto) und ein Sparkonto, auch Geldgeneratorkonto genannt. Wenn du wirklich gar keine Lust hast, dir etwas mehr Arbeit mit der Einrichtung eines Kontensystems zu machen (oder glaubst, keine Zeit zu haben), dann mach nur dieses, aber mach das bitte unbedingt. Du wirst gleich an der Geschichte eines guten Freundes sehen, warum.

Kontensystem: Minimalmodell

Auf das Geldgeneratorkonto überweist du per Dauerauftrag am Monatsanfang einen festen Betrag. Vorschlag: Nimm ganz simpel 10 Prozent von allem, was bei dir reinkommt. Das Geld auf deinem Geldgeneratorkonto erfüllt zwei Zwecke. Zum einen sammelt sich hier eine eiserne Reserve an, auf die du aber nie zurückgreifen müssen wirst. Was denkst du, wie gut es sich anfühlt, wenn du ein Konto wie dieses hast, auf dem irgendwann so viel liegt, dass du sechs Monate problemlos ohne laufende Einnahmen klarkämst? So könntest du in Notzeiten Verdienstausfälle (zum Beispiel durch vorübergehende Arbeitslosigkeit oder Kurzarbeitergeld) abfangen. Zum anderen funktioniert dieses Konto, wie der Name schon sagt, wie ein Generator. Es sorgt genau wie der »Ich gebe keinen Fünfer mehr her«-Geldgenerator für einen Geldhaufen, der einfach nur wächst und wächst, immer größer wird und so auf magische Art und Weise Geld in dein Leben zieht. Für das Geldgeneratorkonto gilt das Gleiche wie für den »Fünfer-Generator«: Schlachte nie deinen Geldgenerator. Befülle ihn einfach nur, lass ihn liegen und lass ihn so in Ruhe seine Magie entfalten.

Das ist das Kontensystem für Menschen, die keine Kontensysteme mögen.

Diese automatisierte Geldstrategie ist genial einfach und gerade deswegen einfach genial. Ein guter Freund, der sich nach eigenem Bekunden »null für Geld interessiert«, ließ sich von mir mühsam zum allerkleinsten Kontensystem mit zwei Töpfen überreden. Er hat ein Tagesgeldkonto als Geldgeneratorkonto eingerichtet, auf das er per Dauerauftrag monatlich eine feste Summe überwies (im Bankerjargon: eine »automatisierte Sparrate«). Es dauerte nicht lange, und er wollte von mir wissen, was er denn nun mit den vielen Tausendern anstellen könne: »Das hätte ich ohne deine Hartnäckigkeit nie geschafft! Das Geld wäre einfach weg gewesen.« Ja, »failing to plan is plannig to fail«, wie der Amerikaner sagt – wer es nicht schafft, zu planen, plant, es nicht zu schaffen. Gilt in allen Lebensbereichen, die Disziplin erfordern, ob Finanzen, Gesundheit oder Beruf. Wer nicht rechtzeitig vor dem Wochenende einkauft, hat nichts zu Hause, wird nicht kochen und macht sich zur leichten Beute von Burgerbratern und lila Schokokühen von der Tanke. Und wer nicht rechtzeitig Berufspläne schmiedet, wird um ein Haar das Gleiche wie seine Eltern, Lehrer. So wie auch ich es fast gemacht hätte.

Eine immer noch sehr einfache Version eines Kontensystems, mein Basismodell, besteht aus vier Töpfen – deinem Gehaltskonto (oder Geldeingangskonto), einem Geldgeneratorkonto, einem Investitionskonto und einem Spaßkonto. Auf das Investitionskonto überweist du ebenfalls einen bestimmten Prozentsatz von allem, was reinkommt. Mein Vorschlag wäre, mit mindestens 10 Prozent zu beginnen und den Prozentsatz nach und nach zu erhöhen. Denk daran: Je höher dieser Prozentsatz ist, desto schneller fährst du in Richtung deiner finanziellen Freiheit. Setze diesen Betrag also am Anfang etwas höher an als das, was du spontan für möglich hältst. Verringern kannst du immer noch. Wenn du ehrgeizig bist, nimm das Maximum, das du dir momentan vorstellen kannst, und erhöhe diese Summe noch mal um 10 Prozent (vgl. auch Kapitel 16 »Von Milliardären lernen heißt siegen lernen [Lob der Sparsamkeit]«). Es ist immer mehr drin, als du denkst! Von diesem Konto aus solltest du so schnell wie möglich erste Investitionen tätigen. Das kann beispielsweise ein monatlicher ETF-Sparplan sein (vgl. Kapitel 23 »Börse für alle: Mit Aktien auf Nummer sicher«). Oder du wartest, bis sich ein nennenswerter Betrag angesammelt hat, um zum Beispiel in eine Immobilie zu investieren (vgl. Kapitel 25 »Der Millionärsmacher: Immobilien«). Während du »wartest«, solltest du allerdings schon ganz aktiv nach einer geeigneten Immobilie suchen.

Beim Spaßkonto solltest du dagegen geiziger sein. Wenn du sehr freigiebig dir gegenüber sein willst, kannst du 10 Prozent darauf einzahlen, du kannst aber gerne auch nur 5 Prozent vorsehen. So hast du mehr Geld für dein Investitionskonto und kommst schneller an dein Ziel. Gib auf keinen Fall mehr für Spaß aus, als du ansparst! Mach aber bitte auch nicht den Fehler, dir aus lauter Sparsamkeit kein Spaßkonto einzurichten. Dieses Konto gibt dir Energie und macht dir Freude. Es ist die Geldquelle, mit der du dir ganz geplant immer wieder etwas gönnst. Das hält deine Moral hoch. Du kannst dir das vorstellen wie bei einer Diät. Bei der solltest du dir ja auch mal eine Pause gönnen und nach Herzenslust schlemmen, um danach umso disziplinierter wieder mit »schlanker Kost« weiterzumachen. Auch für dein Spaßkonto richtest du einen Dauerauftrag ein.

Von deinem Gehaltskonto werden laufende Kosten bezahlt: Miete und Nebenkosten, Lebensmittel, Monatskarte oder Kosten fürs Auto. Wofür das Spaßkonto ist, muss ich wahrscheinlich nicht erklären, es ist für *Ausgaben*: Urlaub, Ausgehen, schicke Klamotten, das nächste geile Gimmick von »Äppel« und Konsorten. Wobei ich jetzt nicht mit dir darüber diskutieren möchte, ob das iPhone 27 mit 3000 GB Speicher und 20 Kameralinsen zum Alltagsbedarf gehört. Ich finde, das iPhone 26 mit 2000 GB und 18 Kameralinsen reicht für den Alltag vollkommen aus!

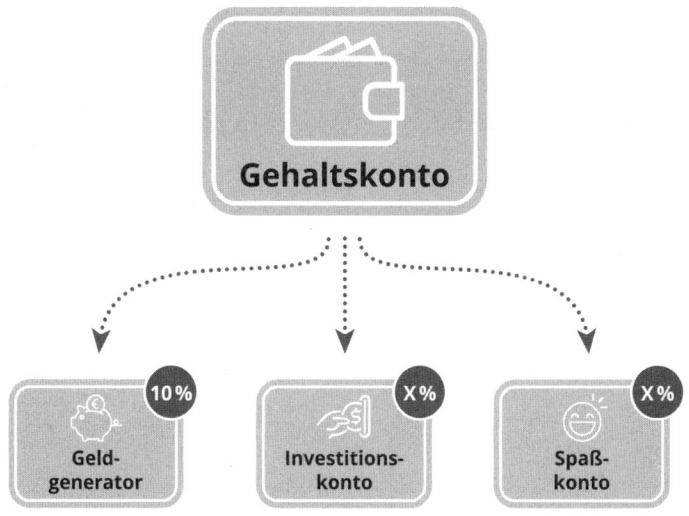

Kontensystem: Basismodell

So ein Kontensystem ist nicht nur eine Investition in deine Zukunft. Es wird dein Leben von Anfang an verändern. Eine Kundin im Mentoring, die in einem Konzern arbeitete und die ihr nicht unbeträchtliches Gehalt bisher in eigenen Worten »einfach auf den Kopf gehauen hatte«, ließ sich ebenfalls vom automatisierten Sparen überzeugen. Seitdem geht es nicht nur finanziell, sondern auch beruflich bei ihr aufwärts. Das könnte Zufall sein. Ich vermute jedoch, dass es einen Zusammenhang gibt: Das finanzielle Polster macht sie selbstsicherer und damit sichtbarer im Unternehmen. Befördert wird bekanntermaßen, wen man kennt, und nicht, wer hinter geschlossenen Bürotüren brav seine Arbeit erledigt. Vergiss also die bequeme Ausrede »Wenn ich erst mehr Geld habe, fange ich an zu sparen«. Das ist der zweite Schritt vor dem ersten. Erfolg funktioniert meistens genau umgekehrt: Fang an zu sparen, und du wirst dauerhaft mehr Geld haben. Dein Unterbewusstsein gewöhnt sich auf diese Weise daran, dass für dich Geld im Überfluss da ist. Die Folge: Du ziehst noch mehr Geld in dein Leben, du wirst souveräner in Finanzfragen. Das zahlt sich konkret aus, und sei es nur, dass du mit deinem Chef selbstbewusster über die nächste Gehaltserhöhung verhandelst. Mit einem Mehrkontenmodell brauchst du keinen eisernen Sparwillen mehr, keine permanente Selbstdisziplin. All das hast du an ein simples Überweisungssystem delegiert. »Leben Sie, Ihr Kontensystem kümmert sich um den Rest«, um den Werbespruch einer großen Bank abzuwandeln.

Wenn dir das vorgestellte Basismodell zu simpel ist, überlege, für welche Lebensbereiche du sonst noch ein Budget aufbauen willst. Getreu meiner Drei-i-Regel »Immer sparen, immer spenden, immer investieren« bietet sich auf jeden Fall ein Spendenkonto an. Ich halte es für sehr wichtig, immer einen Teil aller Einnahmen zu spenden. Das hat mehrere Vorteile. Zum einen gibst du etwas von deinen Einkünften an Menschen weiter, die es nicht so gut haben wie du. Ein urmenschlicher Grundgedanke, der zwei sehr schöne Nebeneffekte hat. Einerseits zeigst du damit deinem Unterbewusstsein, dass du »in der Fülle« bist. Du hast so viel, dass du sogar schon anderen etwas davon abgeben kannst. Dasselbe Signal sendest du an das, was ich immer gerne als das »Universum« bezeichne. Du kannst dazu auch Gott, Jahwe, Allah oder irgendetwas anderes sagen, bei mir ist es, obwohl auch ich an Gott glaube, das Universum. Und andererseits, wenn du dem Universum, so mein Glaube, zeigst, dass du in der Fülle bist, ziehst du weitere Fülle in dein Leben. Zusammengefasst: Anderen Menschen helfen, deinem Unterbewusstsein das richtige Signal »Fülle« senden und damit gleichzeitig dem Universum Bescheid geben, dass das eine Win-win-win-Situation ist. Deshalb sage ich: Immer sparen, immer spenden, immer investieren.

Zurück zum Kontensystem. Auch eine Rücklage für unvorhergesehene Ausgaben (zum Beispiel Reparaturen, dringende Neuanschaffungen) ist empfehlenswert. Hierfür könntest du 3 bis 5 Prozent ansetzen. Für persönliche Weiterbildung könntest du ebenfalls eine fixe Summe reservieren, die für Seminare, Onlinekurse, ein persönliches Coaching, für ein Sabbatical oder auch die Arbeitszeitreduktion zugunsten eines Abendstudiums gedacht ist. Mein Vorschlag hierfür wäre 10 Prozent, Weiterbildung halte ich persönlich für mit das Wichtigste. So ein Modell sähe dann so aus:

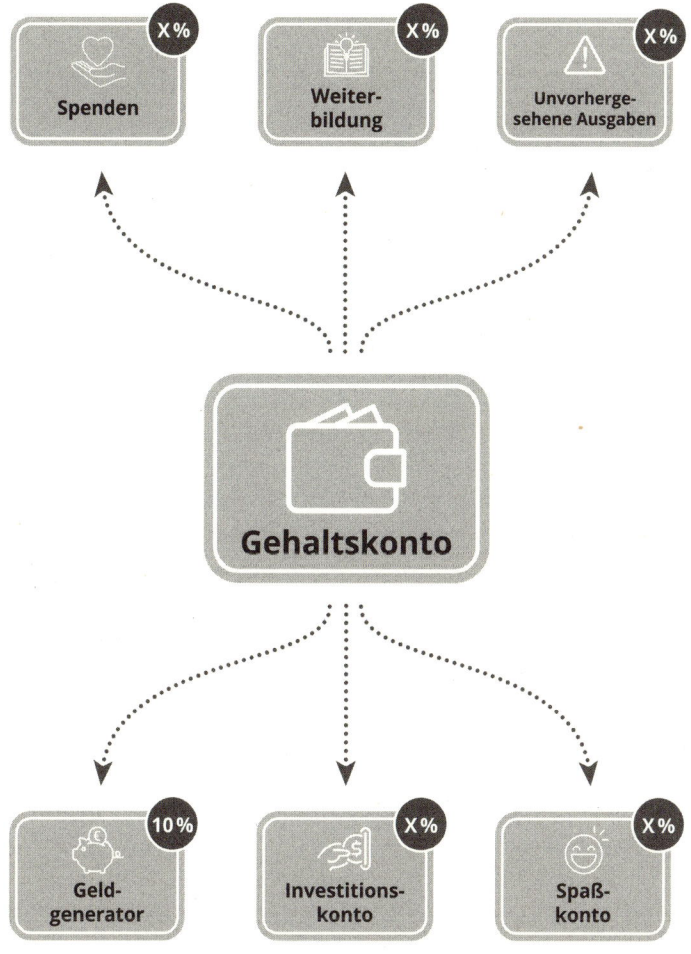

Kontensystem: Basismodell plus

Natürlich kannst du Geld für jede nur vorstellbare Ausgabe oder Investition mit einem Kontenmodell ansparen. Wenn du beispielsweise weißt, dass du alle zehn Jahre ein neues Auto brauchst, das 30.000 Euro kostet, dann richtest du dir ein Konto ein, auf das du monatlich 250 Euro einzahlst. (30.000 Euro geteilt durch zehn Jahre à zwölf Monate, also 120 Monatsraten). Nach zehn Jahren ist automatisch das Geld für ein neues Auto da. Du kannst dein Kontensystem also perfekt auf deine Lebenssituation zuschneiden. Ein Soloselbstständiger oder Unternehmer braucht ein anderes Modell als ein Angestellter. Für die beiden Erstgenannten könnte ein Modell zum Beispiel wie folgt aussehen (mein eigenes Kontensystem ist diesem sehr ähnlich):

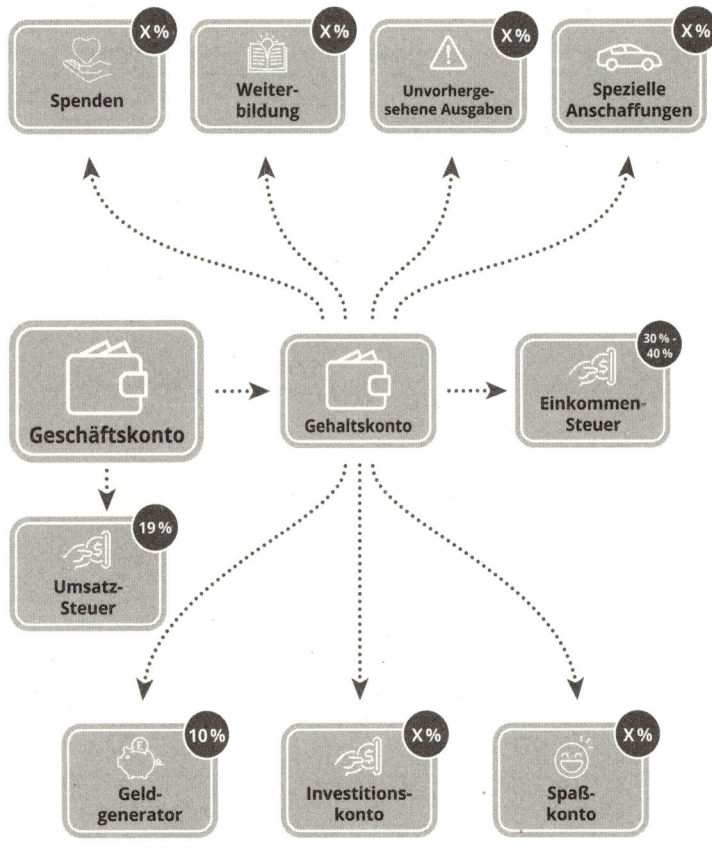

Kontensystem für Selbstständige

Ein Selbstständiger würde sich sinnvollerweise von seinem Geschäftskonto selbst ein festes »Gehalt« auf sein privates Gehaltskonto auszahlen. Das empfehle ich jedem Unternehmer, damit er immer im Blick behält, wie profitabel seine Firma tatsächlich ist. Privat einfach zu wirtschaften mit dem, »was übrig bleibt«, ist der beste Weg, den Überblick zu verlieren und dafür zu sorgen, dass eben *nichts* übrig bleibt. Gefährlich ist auch, wenn keine Rücklagen für abzuführende Umsatzsteuer oder Einkommensteuervorauszahlungen und -nachzahlungen gebildet werden und das Finanzamt dann zuschlägt. Ich habe da einschlägige Erfahrung, wie du aus der Einleitung (»Mikes Credo«) weißt. Wenn du im letzten Jahr als Unternehmer gut verdient und nicht dementsprechend mehr zurückgelegt hast, setz dich lieber hin, bevor du den grauen Brief vom Finanzamt mit dem Steuerbescheid öffnest. Läuft es aktuell nicht mehr so gut, halte am besten auch noch etwas Hochprozentiges griffbereit. Wahrscheinlich sind Finanzamtsbriefe genau deswegen grau, weil sie regelmäßig beim Empfänger das Grauen auslösen. Aber das ist selbstverständlich nur meine Privatmeinung. Meine gesammelten Fünfer, die ich, wie du weißt, nie mehr hergebe, haben kein eigenes Konto, die dürfen in einer kleinen Box fröhlich vor sich hin »karnickeln« (vgl. Kapitel 18). Größere Anschaffungen wie Auto oder Laptop habe ich früher ebenfalls auf einem der Extrakonten »Unvorhergesehene Ausgaben« oder »Spezielle Anschaffungen« angespart. Heutzutage ist das nicht mehr nötig. Ich habe übrigens auch vor Jahren schon meine Berufsunfähigkeitsversicherung gekündigt. Das kannst du aber wirklich nur dann auch machen, wenn du finanziell rundum sicher bist. Wenn du erst mal in einem finanziellen Bereich bist, in dem du solche Ausfälle einfach aus der eigenen Tasche abfängst, sparst du dir auch solche Ausgaben, was interessanterweise wiederum zu einem schnelleren Anwachsen deines Vermögens führt.

Ein Kontensystem zähmt den inneren Schweinehund, den »Oinkiwuff«, der bei vielen Menschen gern mal über die Stränge schlägt. Wenn auf dem Basiskonto (Gehaltskonto) meistens Ebbe herrscht, weil die anderen Geldtöpfe gefüllt werden, wird unser leichtsinniges Ich automatisch vorsichtiger. Ein Kontensystem ist außerdem eine simple Form der persönlichen Finanzplanung. Es schafft Ordnung, und Geld braucht immer Ordnung, damit es sich schön vermehren kann. Und es zwingt dazu, sich darüber klar zu werden, welchen Anteil seines Geldes man für welche Zwecke verwenden möchte. Ist das geschehen, kannst du das Thema erst einmal abhaken. Dann und wann solltest du prüfen, ob deine Aufteilung und die Zahl der Konten noch passen, zum Beispiel wenn sich etwas Gravierendes an deiner Lebenssituation ändert. Such dir am besten eine Bank, die kostenlos weitere Konten zum Hauptkonto anbietet, die online einfach und schnell eingerichtet sind. Eine Internetrecherche unter dem Stichwort »kostenlose Unterkonten« hilft dir weiter.

Achte darauf, nicht zu viel Geld bei einer Bank zu parken. Gesetzlich vorgeschrieben ist den Banken eine Einlagensicherung von 100.000 Euro pro Kontoinhaber. Vorsicht, wenn du mehrere Hunderttausend Euro cash, also als liquide Mittel, auf dem Konto hast, ist es wichtig, diese auf mehrere Banken zu verteilen. Sie auf mehrere Konten bei *einer* Bank zu verteilen, ist wirkungslos. Zusätzlich sind etliche private wie öffentliche Banken im Verbund über Einlagensicherungsfonds abgesichert. Hier besteht im Falle eines Falles allerdings kein gesetzlicher Anspruch auf Entschädigung.[78] Es ist daher sinnvoll, mit zwei oder drei Banken zusammenzuarbeiten, sobald du vermögender bist. Und zum guten Schluss noch die Antwort auf eine Frage, die mir häufig gestellt wird: »Wie lange soll ich das mit den verschiedenen Konten denn machen?« Ich formuliere es mal so: Fragst du dich auch, wie lange du das mit dem täglichen Zähneputzen machen musst und ob du damit nicht irgendwann aufhören kannst?

23 • BÖRSE FÜR ALLE: MIT AKTIEN AUF NUMMER SICHER

> »Ich kann Ihnen nicht sagen, wie man schnell reich wird; ich kann Ihnen aber sagen, wie man schnell arm wird: indem man nämlich versucht, schnell reich zu werden.«
>
> André Kostolany, Finanzexperte und Börsenguru (1906–1999)

Die Deutschen gelten als Sparweltmeister. Viele folgen dabei auch heute noch der Sparstrumpfstrategie ihrer Großeltern. Und so liegt allein auf Girokonten hierzulande über eine Billion Euro. Statistisch gesehen macht das über 14.000 Euro pro Kopf. Weitere 1,4 Billionen Euro befinden sich auf Tagesgeldkonten, Sparkonten und Festgeldkonten, deren Zinserträge sich allmählich dem Promillebereich nähern, na prost![79] Zumindest sei das Geld dort sicher, meinen viele. Doch einige Banken berechnen bereits Negativzinsen, im Volksmund zutreffender »Strafzinsen« genannt: Wer Geld bei der Bank parkt, muss ab einer gewissen Einlagenhöhe inzwischen dann auch als Privatkunde dafür zahlen.[80] Glücklicherweise gibt es noch genügend Alternativen, mit denen du dein Kontensystem organisieren kannst. Zur schlechten Zinssituation kommt allerdings noch der Inflationsverlust. Opas Sparstrumpf erwies sich in der Hyperinflation im Gefolge des Ersten Weltkriegs als schlechte Wahl. Für 50 Milliarden Reichsmark konnte man Anfang Dezember 1923 in Berlin nicht etwa die halbe Stadt kaufen; so viel kostete eine einzige Straßenbahnfahrt. Ein Liter Milch belief sich zu dieser Zeit auf 360 Milliarden Mark.[81] Jeder Berliner war plötzlich Milliardär! Doch in einer Zeit, in der selbst in Kleinbetrieben das Geld für Wochenlöhne mit der Schubkarre herangeschafft werden musste, kamst du auch mit einem Sparstrumpf Größe 48 nicht sehr weit.

Natürlich sind wir von solchen Verhältnissen Lichtjahre entfernt, unsere Situation heute ist nicht mit der politisch und wirtschaftlich taumelnden Weimarer Republik vergleichbar. Aber selbst bei einer vergleichsweise niedrigen Inflationsrate von jährlich 2 Prozent sind 10.000 Euro nach fünf Jahren durch den Kaufkraftverlust nur noch 9057 Euro wert.[82] 2 Prozent ist übrigens der von der Europäischen Zentralbank angepeilte Zielwert für die Inflation. Seit dem Jahr 2000 schwankte die jährliche Inflationsrate in der Bundesrepublik zwischen 0,3 und 2,6 Prozent.[83] Geld kann also nicht nur für dich »arbeiten« und sich vermehren, es verliert auf der anderen Seite auch an Wert. Frag auf der nächsten Familienfeier einfach mal herum, was der Kindheitspreis der Anwesenden für eine Kugel Eis war. Auch wenn 80 Prozent des Schulwissens bei den meisten Menschen unwiederbringlich in schwarzen Gedächtnislöchern verschwunden ist, an lebenswichtige Daten wie historische Eispreise kann sich fast jeder erinnern. Und dieser Preis hat sich über drei Generationen locker verzwanzigfacht. Glücklicherweise verdienst du gleichzeitig erheblich mehr als deine Großeltern in deinem Alter. Hoffe ich zumindest für dich. Bei mir waren es Anfang der Achtzigerjahre übrigens 35 Pfennig für eine Kugel, drei Kugeln für 1 Mark. Wenn ich heute Eis essen will, gebe ich mir beim Blick auf die Preistafel fast die Kugel.

Wenn du also dein ganzes Geld zu miesen Zinsen oder gar zinslos einfach parkst, kannst du ihm beim Schrumpfen zusehen. Festgeld bietet sich daher aus meiner Sicht primär für einen »Notgroschen« (also einen bestimmten, eher kleineren Anteil des Vermögens) für sicherheitsorientierte Anleger an – mehr dazu weiter unten. Bei der Vermehrung des Vermögens kommen andere Anlageformen wie Aktien ins Spiel. Mit Aktien investierst du in Sachwerte, das heißt, du erwirbst Anteile an einem Unternehmen. Ein Beispiel: Wenn du im November 2007 in Deutschland ein iPhone der ersten Generation gekauft hast, musstest du dafür 400 Euro hinblättern. Dieses alte Gerät liegt heute sehr wahrscheinlich unbenutzt in der untersten Schreibtischschublade, zusammen mit anderem Büroschrott. Anders gesagt: Die 400 Euro sind verkonsumiert und weg. Hättest du damals stattdessen für 400 Euro Apple-Aktien gekauft, wären diese inzwischen statt rund 4 Euro (wie im November 2007) über 90 Euro pro Stück wert und dein Aktienkapital beliefe sich inzwischen auf über 9000 Euro.[84] Du hättest also 8600 Euro Gewinn erzielt, würdest du die Aktien zu diesem Zeitpunkt verkaufen. Es kann also weitaus interessanter sein, Miteigentümer eines Unternehmens zu werden als Kunde des Unternehmens! Zusätzlich schütten erfolgreiche Firmen noch jährliche Dividenden an ihre Aktionäre aus. 2019 betrug diese pro Apple-Aktie 68 Cent (auf die allerdings noch Kapitalertragssteuern und Solidaritätszuschlag, für Kirchenmitglieder außerdem Kirchensteuer anfielen). Diese Dividende kann aber auch komplett ausfallen, wenn ein Unternehmen sich in schwierigem Fahrwasser befindet. Wichtig: Das alles ist nur ein Beispiel und sollte nicht als Apple-Kaufempfehlung verstanden werden! Spätestens, wenn der Erfolg einer Aktie für alle offensichtlich wird, ist es vorbei mit den super Renditen, weil die Aktienpreise durch die verstärkte Nachfrage längst nach oben getrieben wurden. Deshalb solltest du skeptisch sein bei »todsicheren« Tipps. Was sich bis in deine Stammkneipe herumgesprochen hat und dein Friseur dir zwischen Waschen und Föhnen ins Ohr raunt, kannst du getrost vergessen.

Mit Aktien kann man beträchtliche Gewinne einstreichen, wenn man aufs richtige Pferd gesetzt hat. Doch – in Umkehrung einer Weisheit meiner Mutter: kein Vorteil ohne Nachteil. »Sicher« ist an der Börse nur eins – nämlich dass nichts sicher ist. Momentan fällt es zwar schwer, sich das vorzustellen, doch auch die Apple-Aktie könnte eines Tages unverhofft komplett einbrechen. Krebserzeugendes Material verbaut, ein Hackerangriff auf das Hauptquartier, Qualitätsprobleme, Lieferschwierigkeiten, weil China die Grenzen dichtmacht (alles reine Spekulation und ebenfalls nur als Beispiel) ... und plötzlich wären deine schönen 9000 Euro auf einen Bruchteil zusammengeschrumpft, wenn du nicht rechtzeitig verkauft hast. Und dann könnte das alte 2007er iPhone in der untersten Schublade plötzlich wieder mehr wert sein als die Aktie. Massive Kursverluste konnte sich bei VW vor dem Dieselskandal oder bei der Lufthansa vor der Corona-Pandemie auch niemand vorstellen, und trotzdem trat das Unvorstellbare ein.

Hinzu kommt: Börsenbewertungen hängen bei Weitem nicht nur von rationalen oder sachlichen Faktoren ab. Dass es nicht gut für den Kurs eines Luftfahrtunternehmens ist, wenn kaum noch Menschen fliegen wollen oder dürfen, leuchtet ein. Doch Kurse fallen oder steigen wegen allen möglichen Faktoren: Hoffnungen und Erwartungen an die Zukunft, personelle Ab- und Zugänge auf der Chefetage, Einspar- oder im Gegenteil Investitionsprogramme, die verkündet werden. Jemand hat mal gesagt, Börsenkurse seien wesentlich dadurch bestimmt, was einzelne Menschen darüber dächten, was die meisten anderen Menschen über die Unternehmensentwicklung denken könnten. Das hat mit der Realität dann nur noch wenig zu tun. Deshalb können auch Aktienkurse von Unternehmen steigen, die Jahr für Jahr horrende Verluste schreiben, einfach weil das Unternehmen als zukünftige Goldgrube gilt. Bis dann (vielleicht!) diese Hoffnung eines Tages stirbt, die Anleger in Scharen davonlaufen und der Kurs in sich zusammenfällt wie ein Kartenhaus. Das ist die viel beschworene Börsenpsychologie, und deshalb lesen sich gängige Börsenweisheiten auch wie frisch aus der Phrasendreschmaschine: »Never catch a falling knife« (»Greife nie in ein fallendes Messer« – kaufe also nicht, wenn der Kurs einer Aktie fällt, er könnte noch weiter fallen), »Cash is king« (Gemeint ist: Verkaufe rechtzeitig in Zeiten einbrechender Kurse) oder – mein absoluter Binsenweisheitsfavorit: »Buy low, sell high« (»bei tiefem Kurs kaufen, bei hohem verkaufen«). Alles klar, oder? Und bitte auch nicht ohne Hose auf die Straße gehen. ☺

An der Börse braucht man wie überhaupt bei der Geldvermehrung vor allem eines – Geduld. Börsenprofi Kostolany, der auch ein guter Entertainer war, erzählte dazu die Geschichte eines Onkels, der aufgrund eines verlustreichen Aktiengeschäfts einen Zusammenbruch erlitt. Er wurde in ein künstliches Koma versetzt und von den Ärzten erst sechs Wochen später wieder aufgeweckt. Inzwischen hatte sich nicht nur er, sondern auch der Kurs seiner Aktie wieder erholt.[85] Ein solches »Anleger-Koma« verhindert auch, dass die täglichen Kurszuckungen einem den Schlaf rauben. Denn egal, welchen Aktienkurs du dir im Netz ansiehst: Der Kurvenverlauf wirkt immer wie mit zittrigem Rüssel von einem betrunkenen Elefanten gemalt. Oder auch wie die Kurve eines Seismografen in einem Erdbebengebiet mit kräftigen Ausschwüngen nach oben und unten. Über längere Frist – und damit meine ich mindestens über fünf, besser noch über 10, 15, 20 oder gar 30 Jahre – zittern sich die allermeisten Börsenkurse jedoch langsam, aber sicher nach oben.

Dennoch bin ich kein Freund von Einzelaktien, denn diese sind und bleiben unwägbar, siehe Carnival (»Aida«), Deutsche Bank, Lufthansa, VW ... Durch eine mittel- bis langfristig positive Kursentwicklung bewährt haben sich dagegen in den letzten Jahrzehnten sogenannte Indizes (das ist die Mehrzahl von Index, ich schreib's nur rein, weil ich mich noch erinnere, dass es eine Zeit gab, als ich das noch nicht wusste). Klar, das ist eine Betrachtung der Entwicklung in der Vergangenheit, die man nicht auf die Zukunft anwenden kann, aber bislang gibt es keine Hinweise, dass sich an der Einschätzung von Indizes in der Zukunft etwas ändern wird. Indizes bündeln die Aktien ausgewählter Unternehmen. Statt auf einen einzelnen Spieler zu wetten, setzt man sozusagen auf die Mannschaftsleistung und verkraftet so die schlechte Performance Einzelner. Jedenfalls dann, wenn der Index so kraftstrotzend ist wie Bayern München und nicht so wackelig wie andere Vereine. Dazu, und insbesondere zu ETFs, gebe ich dir gleich einen Überblick. Wenn du trotzdem Einzelaktien erwerben möchtest, einige Hinweise:

- Zocke nur mit Geld, das du übrig hast. Also auf keinen Fall Aktienkäufe auf Pump! Das Wort »zocken« verwende ich hier ganz bewusst: Das Geld für Einzelaktien ist Spielgeld. Und du weißt ja: Es gibt nur eine wirklich zuverlässige Methode, mit einem kleinen Vermögen aus einem Casino herauszukommen – indem du mit einem großen Vermögen hineingehst.
- Beobachte Unternehmen und Trends: Welche Firmen findest du interessant? Welche Entwicklungen fallen dir auf? Welche Produkte siehst du in letzter Zeit immer öfter, welche Dienstleistungen werden in deinem Umfeld immer stärker in Anspruch genommen? Es war zum Beispiel keine große Überraschung, dass im Corona-Sommer die Aktien von Caravan-Herstellern zulegten. Und könnte es nicht sein, dass Menschen in Zukunft immer weniger echtes Fleisch und stattdessen Fleischersatzprodukte essen wollen?
- Welche Produkte oder Dienstleistungen welcher Aktienunternehmen kaufst und nutzt du selbst viel? Welche davon sind »lebensnotwendig«, auch in der Krise? Essen zum Beispiel müssen die Menschen immer.

- Erwirb nur Aktien von Unternehmen, deren Geschäftsmodell du auch wirklich verstehst und das dir vielversprechend erscheint.
- Fall ins »Anleger-Koma«, sobald du Aktien gekauft hast. Schau nicht jeden Tag nach den Kursen, die hektisch hin und her zucken. »Hin und her macht Taschen leer«, lautet eine weitere Börsenweisheit, und die stimmt. Sie sagt aus, dass derjenige, der schnell mal was kauft, sich dann nicht sicher ist und dann wieder verkauft, um was anderes zu kaufen, wo er sich auch wieder nicht sicher ist und so weiter und so fort, am Ende einfach nur Geld verliert.
- Kaufe nie eine Aktie für zehn Minuten, die du nicht auch zehn Jahre besitzen wollen würdest (in Abwandlung eines Zitats von Warren Buffett).[86] Kaufe immer mit dem Gedanken, dass du die Aktie mindestens fünf Jahre oder länger behältst. Ab diesem Zeitraum ist eine positive Entwicklung wahrscheinlicher.
- Wenn du Wert auf ein einigermaßen solides Investment in selbst gewählte Einzelaktien legst, stell dir ein breit gestreutes Depot zusammen. Dafür brauchst du allerdings zum einen schon einen etwas größeren Kapitalstock und fundiertes Know-how: Du musst die Märkte und für dich interessante Unternehmen permanent sorgfältig beobachten, dein Urteil kontinuierlich schärfen und hinterfragen und – wie bei jeder Aktieninvestition – einen langen Atem haben.
- Beachte immer, bei welcher Bank du dein Depot hast und Aktien kaufst. Hohe Kauf-, Depotführungs- und andere im Kleingedruckten versteckte Gebühren können schnell dazu führen, dass deine Rendite spürbar sinkt.

Das durchschnittliche Anlegerverhalten ist so vorhersehbar (und oft genug vorhersehbar falsch), dass es sich in einer Grafik zusammenfassen lässt. Unter dem Stichwort »Emotionskurve Anleger« findest du dazu zahlreiche Abbildungen verschiedener Finanzdienstleister im Internet, die alle einen ähnlichen Verlauf zeigen:

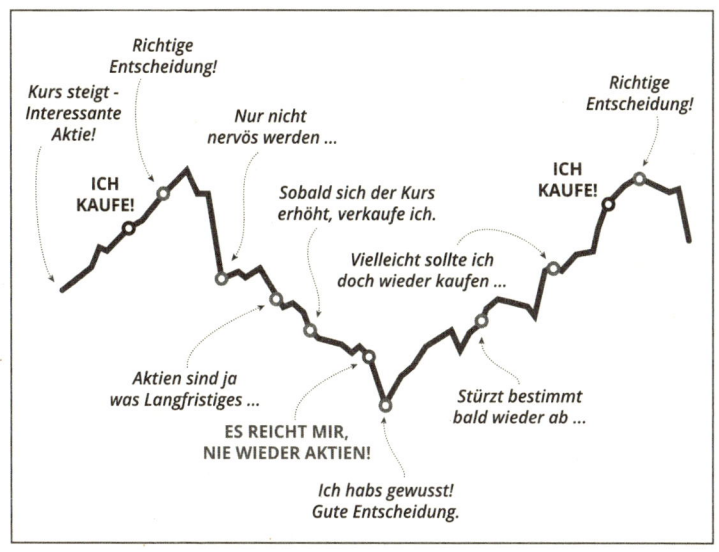

Wie Anleger typischerweise auf einen Aktienkurs reagieren

Wer blind mit der Herde läuft, rennt meistens ins Verderben, so könnte man das zusammenfassen. Ich selbst bin, wie schon gesagt, kein Freund von Festgeld, bei dem du Geld für eine festgelegte Laufzeit (zum Beispiel 12, 24, 36 Monate oder länger) zu einem festen Zins bei einer Bank parkst, weil die Rendite bei Festgeld in Niedrigzinszeiten um etwa 1 Prozent und sogar weit darunter herumdümpelt. Gleichzeitig ist diese Anlageform jedoch maximal sicher (jedenfalls bis zur Höhe der Einlagensicherung von 100.000 Euro bei der jeweiligen Bank). Um bei Börsenschwankungen die Nerven zu behalten, ist es für manche Anleger aber beruhigend, einen Teil ihres Geldes »in Sicherheit« zu wissen. Entscheide daher selbst, ob ein Festgeldkonto für einen überschaubaren Anteil deines Vermögens infrage kommt, damit die Kursschwankungen an den Aktienmärkten dir nicht so leicht den Schlaf rauben.

Erfahrene Anleger werden weniger leicht zum Opfer ihrer Emotionen. Sie handeln überlegter und kaufen und verkaufen antizyklisch. Sie verlassen sich eher auf objektive Unternehmensdaten als auf kurzfristige Entwicklungen und momentane Stimmungen. Warren Buffett sprach in diesem Zusammenhang von »Value Investing«. Dabei geht es darum, Anteile guter Unternehmen zu Zeiten zu kaufen, in denen sie nach Buffetts Einschätzung auf dem Markt unterbewertet und damit günstig sind. Auch die schon verstorbene Beate Sander, die als »Börsenoma« bekannt wurde, setzte in ihrer »Hoch-Tief-Mut-Strategie« auf ihrer Einschätzung nach solide Unternehmenswerte. Bei dieser Strategie geht es im Kern darum, regelmäßig einen Teil seiner sehr erfolgreichen Aktien zu verkaufen, um mit dem Erlös vielversprechende Aktien zu kaufen, die gerade schwach bewertet werden, wie auch Buffett. Frau Sander, eine ehemalige Realschullehrerin, machte auf diese Weise in zwei Jahrzehnten aus 30.000 Euro Startkapital stolze zwei Millionen. Dass Sie dennoch respektlos zur »Oma« gekrönt wurde, zeigt, dass Feministinnen auch im 21. Jahrhundert noch anderes zu tun hätten, als sich um das Gendersternchen zu kümmern. Ich habe jedenfalls noch nirgendwo gelesen, Buffett sei ein »Börsenopa«.[87]

Erfahrene Anleger streuen zudem ihr Vermögen und stellen sich ein Aktienportfolio aus verschiedenen Unternehmenswerten zusammen, und zwar aus solchen, deren Entwicklung nicht zwangsläufig miteinander korreliert – also Unternehmen, deren Aktienkurse sich in derselben wirtschaftlichen Gesamtlage in unterschiedliche, vielleicht sogar gegensätzliche Richtungen bewegen. Beispielsweise brechen während einer Pandemie möglicherweise alle Aktien ein, die mit Luftverkehr zu tun haben. Gleichzeitig steigen Biotechnologie-Aktien bestimmter Unternehmen, die an der Entwicklung von Impfstoffen forschen, im Wert. Auch dazu gibt es natürlich die unvermeidliche Börsenweisheit: »Lege nie alle Eier in einen Korb!« Je vielfältiger so ein Portfolio, desto größer ist die Chance, dass Verluste von Aktien aus einer Branche von Gewinnen in einer anderen Branche ausgeglichen werden. Das ist auch das Grundprinzip, das Aktienfonds verfolgen und das ETFs zu einer attraktiven Anlagestrategie macht. ETF steht für »Exchange Traded Fund«, übersetzt ist das ein an der Börse gehandelter Fonds. Ein ETF macht nichts anderes, als einen Index abzubilden.

Der bekannteste deutsche Aktienindex heißt genau so: Deutscher Aktienindex, abgekürzt DAX. Er vereint die 30 (und ab September 2021 sogar 40) größten und finanzkräftigsten Unternehmen. Ein DAX-ETF macht nun nichts anderes, als einen Korb zusammenzubauen, in dem sich alle Aktien des DAX befinden, und zwar in den gleichen Anteilen zueinander wie im DAX selbst. Befinden sich im DAX also 5 Prozent Aktien von Adidas, findest du diesen 5-prozentigen Anteil an Adidas-Aktien auch in einem DAX-ETF wieder. Fällt nun der DAX um 3 Prozent, fällt auch der ETF um 3 Prozent. Steigt der DAX um 9 Prozent, steigt wiederum auch der ETF um 9 Prozent. Anders formuliert: Ein ETF auf den DAX bildet dessen Wertentwicklung ab. Das ist die Entwicklung des Wertes aller Aktienunternehmen, die sich im DAX befinden. Wenn der DAX in einem Jahr x Prozentpunkte steigt, steigt ein DAX-ETF ebenso exakt um diese x Prozentpunkte.

2019 veröffentlichte das Deutsche Aktieninstitut im Rückblick auf die letzten 50 Jahre ein »DAX-Rendite-Dreieck«, an dem die jährliche Durchschnittsrendite für sämtliche Anlagezeiträume seit 1968 ablesbar war. Fazit: Über lange Zeiträume stabilisiert sich die jährliche Durchschnittsrendite. Über 15 Jahre gerechnet betrug sie im Schnitt 8,8 Prozent (Maximum 15,4 Prozent, Minimum 2,3 Prozent), über 30 Jahre waren es 9,0 Prozent (Maximum 10,9 Prozent, Minimum 6,8 Prozent). Schau dir das Chart am besten selbst im Netz an, wo du neben dem Rendite-Dreieck auch eine Übersicht der Maximal- und Minimal-Renditen findest (unter dem Stichwort »50 Jahre Aktienrenditen« bei Google leicht auffindbar)[88]. Neben dem DAX gibt es etliche weitere deutsche Indizes (zum Beispiel TecDAX, MDAX, SDAX) und natürlich viele internationale Indizes wie den US-amerikanischen Dow Jones oder den Technologie Index NASDAQ, den japanischen NIKKEI, den britischen FTSE 100 und so weiter. Es gibt aber auch ETFs auf Länder[89], auf Regionen (zum Beispiel Asien, Europa), auf Branchen (etwa Healthcare, Clean Energy) oder auf Trends (beispielsweise Elektromobilität, Cybersicherheit, alternde Bevölkerung).

Ein Index-ETF bildet automatisiert exakt den Index nach. Ein aktiv gemanagter Fonds dagegen hat – wie der Name schon sagt – einen Manager. Auch ein solcher Fonds kann sich grob am Index orientieren, dann spricht man salopp von einem »Index-Schmuser«. Der aktive Fonds wird aber anders als ein ETF »aktiv« gesteuert. Der Fondsmanager hat zum Beispiel die Möglichkeit, Adidas nicht mit einem Anteil von 5 Prozent in seinen Fonds zu legen, sondern sich für einen 10-prozentigen Anteil zu entscheiden, weil er Adidas große Zukunftschancen einräumt. Er kann die Anteile von Automobilaktien massiv verringern, wenn er für die Automobilindustrie dunkle Wolken am Horizont sieht. Und er kann, nach den Regeln seines Fonds, zu- und verkaufen, wenn ihm der Moment günstig erscheint. Es klingt auf den ersten Blick natürlich verlockend, dass sich da einer um dein Geld kümmert, bringt aber zwei entscheidende Nachteile mit sich. Erstens kostet ein solches aktives Management Gebühren. Diese können mit dem bis zu 50-Fachen (oh ja!) der Gebühren eines vergleichbaren Index-ETFs zu Buche schlagen. Zweitens ist es nicht sicher, dass ein solcher Fondsmanager für diese Gebühren auch wirklich signifikant mehr Rendite für dich erwirtschaftet. Studien haben gezeigt, dass es bis zu 90 Prozent der Fondsmanager nicht schaffen, eine höhere Rendite zu erzielen als der Index, um den sich deren Fonds kümmern sollte.[90] Im Klartext heißt das: Wenn der DAX in einem Jahr 9 Prozent machen würde, erwirtschaften 90 Prozent aller Fondsmanager eines DAX-Fonds eine Rendite, die weniger als 9 Prozent beträgt. Ein DAX-ETF hingegen ist eine automatisierte Nachbildung des Index und erwirtschaftet damit auch in einem solchen Jahr stoisch die Rendite von 9 Prozent für dich. Und das für so viel weniger Gebühren. Ist doch geil, oder?

Hier mal eine Beispielrechnung zum besseren Verständnis für dich: Ein Anteil eines DAX-ETFs kostet, wenn der DAX bei 10.000 Punkten steht, 100 Euro. Wenn der DAX bei 12.000 Punkten steht, kostet er 120 Euro, und wenn der DAX bei 5000 Punkten steht, kostet ein Anteil 50 Euro. Das ist, wie gesagt, nur eine Beispielrechnung, um dir das Prinzip aufzuzeigen. Eine gute Möglichkeit, Geld in ETFs anzulegen, ist ein ETF-Sparplan. Damit kaufst du monatlich, vierteljährlich oder auch zweimal im Monat zu einem von dir festgelegten Betrag Anteile an einem ETF. Auch hier ein Beispiel zur Veranschaulichung: Wenn du als Sparplan für 200 Euro Anlagebetrag im Monat Anteile eines DAX-ETFs kaufst, bekommst du bei einem DAX Stand von 10.000 Punkten zwei Anteile. Klar, ein Anteil ist zu dieser Zeit 100 Euro wert, also bekommst du zwei. Steht der DAX nun nur noch bei 5000 Punkten, dann kostet ein Anteil 50 Euro, und du bekommst für deine 200 Euro vier Anteile. Das ist vor allem deswegen sehr interessant, weil du deiner Psyche ein Schnippchen schlägst. Wenn der DAX bei 5000 Punkten steht und alle von Weltuntergang sprechen, schaltet dein Sparplan deine Angst aus und kauft automatisiert weiter ein. Und zwar zu Zeiten, wo du einkaufen solltest, weil »das Blut auf den Straßen fließt«, wie der berühmte Bankier Nathan Mayer Rotschild sagte. Denn wenn es im Supermarkt von heute auf morgen plötzlich die Butter zum halben Preis gibt, rennen alle hin und kaufen wie wild. Wenn das Gleiche an der Börse passiert, bekommen alle Angst. Dadurch, dass du (beziehungsweise dein automatisierter Sparplan) nun über viele Jahre hinweg in schwachen Börsenzeiten genauso wie in starken Zeiten für die immer selbe Summe einkaufst, bekommst du mal mehr Anteile und mal weniger dafür. Das ergibt über viele Jahre hinweg einen schönen Durchschnittskurs. So ein Sparplan nimmt dir also nicht nur Arbeit ab, er sorgt auch für eine gute Rendite, die sich an der Entwicklung des Gesamtmarktes orientiert. Und der Markt ist in der Regel klüger als der Einzelne, wie die magere Erfolgsbilanz der meisten Fondsmanager belegt. Außerdem kannst du mit kleinen Summen starten – ein weiterer Vorteil.

Selbstverständlich kannst du so viele verschiedene ETFs besparen, wie du möchtest. Also einen auf den DAX, einen auf den US-amerikanischen S&P-500-Index und so weiter. Es gibt verschiedene Anbieter (sogenannte Emittenten, vom Lateinischen »emittere«, das heißt herauslassen oder aussenden). Die Besparung eines ETFs ist in der Regel (je nach Bank) ab 25 Euro im Monat möglich. Natürlich kannst du ETFs auch direkt, also ohne Sparplan, kaufen. Ein Sparplan bietet dir aber den gerade erwähnten Durchschnittseffekt beim Einstandspreis, der bei größeren Einmalzahlungen entfällt. Ich selbst investiere monatlich eine festgelegte Summe per Sparplan in sechs ETFs, die insgesamt 1600 Aktien abbilden. Ob da eine Einzelaktie gerade abschmiert, lässt mich so kalt »als wenn in Peking ein Radl umfällt«, wie Kaiser Franz Beckenbauer, einst sagte.[91] Zusammengestellt habe ich dieses Portfolio mit einer erfahrenen

Honorar-Anlageberaterin. Die kostet mich 220 Euro die Stunde. Doch die knapp 2000 Euro, die ich ihr im Laufe der Jahre gezahlt habe, um die Zusammensetzung meiner ETFs zu überprüfen und Änderungen vorzunehmen, waren angesichts der bisherigen Kursentwicklung mehr als gut angelegt. Während jede »kostenlose« Bankberatung auch der Bank und ihren Interessen verpflichtet ist, gilt ihre Verpflichtung in erster Linie meinen Interessen. Welche ETFs ich im Moment genau bespare und wie sie zueinander gewichtet sind, zeige ich dir gerne immer aktuell gehalten auf der Seite https://mikehager.de/sparplan.

Ich selbst bin kein Anlageberater und darf keine konkreten Kaufempfehlungen geben. Nur so viel: Vertraue – am besten unter professioneller Beratung – auch deinen persönlichen Einschätzungen und Werthaltungen. In Regionen oder Branchen, die dir politisch oder ethisch suspekt sind, solltest du konsequenterweise auch nicht investieren. Achte beim Kauf auch auf die Ausgabe- und Verwaltungskosten. Grundsätzlich entstehen drei Kostenfaktoren:

1. Die Kaufkosten beim Kauf des ETFs. Viele Banken (vor allem Direktbanken im Internet) lassen bestimmte ETFs über einen gewissen Zeitraum kostenlos besparen, um Kunden zu werben, so auch der Anbieter, bei dem ich mein Depot habe.
2. Die Depotgebühr. Das ist die Gebühr, die der Anbieter des Depots berechnet. Sie bemisst sich entweder nach dem Wert deines Depots oder wird pauschal berechnet. Auch diese Gebühr beträgt bei meinem Anbieter null.
3. Die Kosten des jeweiligen ETFs. Diese sind an den Anbieter des ETFs (das ist nicht gleichzeitig der Anbieter des Depots), den Emittenten, zu entrichten.

Die letztgenannten Kosten erkennst du, indem du die Kennzahl namens TER (»Total Expense Ratio«) betrachtest, die die Gesamtkosten zusammenfasst. ETFs haben in der Regel eine TER, die zwischen 0,09 und 0,5 Prozent liegt. Im Vergleich dazu schlagen Fonds mit einer Verwaltungsgebühr von durchschnittlich 1 bis 2,5 Prozent zu Buche. Hinzu kommt bei ihnen ein Ausgabeaufschlag, meist zwischen 4 und 5 Prozent.[92] Diese drei

Kostenpunkte zu beachten und durch die Wahl des Anbieters so günstig wie möglich für dich zu gestalten, ist ein neuralgischer Punkt. Du denkst vielleicht: »Na, diese paar Prozentchen machen doch das Kraut nicht fett.« Doch bedenke immer den Zinseszinseffekt und zu welchem Betrag sich diese eingesparten Kosten über Jahrzehnte aufsummieren.

Einen ETF-Sparplan online einzurichten, ist nicht schwer. Noch leichter wird es, wenn du dir mein Video dazu anschaust. Du findest es auf meiner Homepage unter https://mikehager.de/etf. Die Banken verdienen zu wenig an diesem Produkt namens ETF, deswegen raten nur wenige Banker dazu, und auch die großen Onlineanbieter machen es oft nicht leicht, in deren System zu finden, wo man so einen Sparplan anlegt. Ich muss immer an einen Londoner Investmentbanker denken, den ich Mitte der Neunzigerjahre kennenlernte und der damals schon ein Einkommen hatte, von dem ich nur träumen konnte. Schon zu dieser Zeit, als das Wort »ETF« noch nicht in aller Munde war (ich selbst hörte den Begriff von ihm zum ersten Mal), hatte er genau so einen Sparplan und riet mir dazu. Ich verstand anfangs nur Bahnhof. Das klang einfach alles zu schön, um wahr zu sein. Ein automatisiertes System, das über die Jahre eine hohe Rendite erwirtschaftet, und das zu so niedrigen Kosten? Warum hatte mir denn mein Banker davon nichts gesagt? Seine Antwort war so lapidar wie einleuchtend: »Das empfiehlt dir kein Banker, weil er daran nichts verdient. Die ganze Rendite bleibt bei dir.«

Wegen des Durchschnittskosteneffekts solltest du nicht nur in Tranchen in ETFs einsteigen, sondern auch in Tranchen wieder verkaufen. Das gilt insbesondere, wenn ein Teil deiner Altersvorsorge in Aktien steckt. Wenn du rechtzeitig vor Rentenbeginn Teile deines Aktienkapitals schrittweise zu Geld machst, umgehst du das Risiko, dass die Kurse gerade unten sind, wenn dein Ruhestand naht. Die gleiche Vorgehensweise solltest du auch bei Fonds anwenden, solltest du dich für eine Anlage in Fonds entscheiden. Streust du das Risiko breit genug, kannst du mit langfristigen Aktienanlagen wenig falsch machen. Der schlimmste Fehler ist ohnehin, gar nichts an der Börse zu machen. Also leg am besten los, informiere dich und starte, sammele erste Erfahrung und werde Schritt für Schritt mutiger! Einen weiteren Vorteil haben Wertpapiere überdies:

Als Sondervermögen sind sie zu 100 Prozent vor Verlust geschützt, selbst wenn die Bank, die dein Aktiendepot verwaltet, pleitegeht. Und noch ein heißer Tipp für alle, die Büfetts mögen: Schon der Erwerb einer einzigen Aktie berechtigt dich zum Besuch der jährlichen Hauptversammlung des Unternehmens, auf der die Aktionäre meist üppig bewirtet werden. Je voller die Mägen, desto geringer schließlich die Streitlust – eine Strategie, die sich bei jeder Familienfeier bewährt. Zusätzlich kannst du dir die Manager einmal live anschauen, denen du dein redlich verdientes Geld anvertraust. Auf ihr Geschäftsgebaren hast du keinen Einfluss, du kannst also nur hoffen, dass sie ihre Sache gut machen. Das ist dann wieder ein Nachteil im Aktiengeschäft. Warren Buffett hat seine eigene Philosophie, damit umzugehen: »Ich versuche ja immer Aktien von Unternehmen zu kaufen, die so gut gehen, dass ein Idiot sie leiten könnte. Weil früher oder später genau das eintreffen wird.«

24 • ANLEIHEN, GOLD UND CO.: WER STREUT, RUTSCHT NICHT AUS

> »Nichts geschieht ohne Risiko,
> aber ohne Risiko geschieht auch nichts.«
>
> Walter Scheel, Außenminister, Vizekanzler, Bundespräsident und
> nicht zuletzt Krone-der-Volksmusik-Preisträger (1919–2016)

Mein Eindruck ist: Hierzulande macht man sich über das Streuen der Gehwege weitaus mehr Gedanken als über das Streuen von Geldanlagen. Kostprobe gefällig? »Nach 20.00 Uhr gefallener Schnee ist bis 9.00 Uhr des folgenden Tages zu räumen, auch wenn es um 9.00 Uhr noch schneit. In der Zeit von 9.00 bis 20.00 Uhr gefallener Schnee ist innerhalb einer Stunde nach jedem beendeten Schneefall zu räumen. In dieser Zeit sind Unebenheiten, die durch festgetretenen Schnee entstanden sind, so oft wie erforderlich unverzüglich zu beseitigen.« So steht es in der schleswig-holsteinischen Straßenreinigungssatzung.[93] Ich bin mir sicher, dass wir Bayern uns bei solchen Vorschriften auch nicht lumpen lassen, zumal bei uns wenigstens Schnee fällt, ohne zwei Sekunden später wieder wegzuschmelzen. (Im Schickeria-München liegt Schnee sogar in geschlossenen Räumen, zum Beispiel auf Toiletten von Promilokalen, aber das ist ein anderes Thema.) Dabei ist die Streuung der eigenen Geldanlagen zur Daseinsvorsorge mindestens ebenso wichtig wie die Befolgung der persönlichen Verkehrssicherungspflicht. Versäumt man das, kann man ebenfalls schmerzhaft auf die Nase fallen, sich im schlimmsten Fall finanziell das Genick brechen. Mit »Streuen« ist gemeint, sein Geld auf unterschiedliche Anlageformen (sogenannten Assetklassen) zu verteilen, die möglichst negativ korrelieren, sich in Krisenzeiten also zueinander gegensätzlich entwickeln. Beispiel: Wenn die Aktienkurse fallen, steigt in der Regel der Goldpreis. Wohlgemerkt *in der Regel*. Auch diese Regel hat in letzter Zeit immer wieder eine Ausnahme gefunden. Eine absolute Kamikazestrategie besteht darin, alles auf eine Karte zu setzen, beispielsweise sein gesamtes Geld zusammenzukratzen und dafür Aktien der Schnellreichwerden AG zu kaufen, oder auch, sich ein imposantes Eigenheim in Hinterposemuckel zu bauen, weil man da zufällig einen Bauplatz geerbt hat. Bricht die Schnellreichwerden AG zusammen oder setzt in Hinterposemuckel Landflucht ein, ist das Geld versenkt. Wobei auch hier gilt: Das Geld ist natürlich nicht versenkt, es schwimmt nur bei jemand anderem. In der Finanzbranche spricht man vom »Klumpenrisiko«.

Seriöse Empfehlungen gehen daher unisono dahin, sich ein Portfolio unterschiedlicher Anlageformen zusammenzustellen. Ein beispielhaftes Portfolio könnte so aussehen:
- (Vermietete) Immobilien: 40 bis 60 Prozent (dürfen durchaus auch noch mit Krediten belastet sein)
- Wertpapiere, also Aktien, Anleihen, ETFs, Fonds: 20 bis 25 Prozent
- Gold: 5 bis 10 Prozent
- Kryptowährungen: 1 Prozent
- Cash als Rücklage: der Rest (5 bis 25 Prozent)

Wie gesagt: Das ist nur ein Beispiel. Die Zusammensetzung eines Portfolios hängt von einer Reihe von Faktoren ab: Alter, Risikofreudigkeit, vorhandenes Gesamtkapital, Zielsetzung, Lebenssituation. Wer jung ist, seine eiserne Reserve von mindestens drei bis sechs Monatsgehältern mithilfe eines Geldgenerators schon angespart hat und das Risiko nicht scheut, kann stärker in Aktien investieren. Für so jemanden kann aber durchaus auch eine Immobilien-Strategie mit dem Einsatz von so wenig Eigenkapital wie möglich sinnvoll sein.

Interessant ist zum Vergleich, wie sehr wohlhabende Familien ihr Vermögen verteilen. Eine Umfrage unter 51 sogenannten Family Offices (das sind hauseigene Vermögensverwaltungen besonders reicher Familien) in Deutschland, Österreich und der Schweiz aus dem Jahre 2019 ergab folgendes Durchschnittsportfolio:[94]

- Immobilien: 14 Prozent
- Aktien: 29 Prozent
- Anleihen: 23 Prozent
- Private Equity (Unternehmensbeteiligungen): 15 Prozent
- Rohstoffe/Infrastruktur: 4 Prozent
- Hedgefonds: 3 Prozent
- Private Debt (Private Fremdfinanzierungen): 2 Prozent
- Liquidität (Cash): 11 Prozent

Gold spielt bei den Superreichen dieser Auflistung zufolge scheinbar keine Rolle, wobei ich glaube, dass die sich an die gute alte Gold-Regel reicher Menschen halten: »Besitze Gold, aber erzähle es niemandem.« Seine absoluten Notfallreserven posaunt man eben nicht in Umfragen öffentlich heraus. Instrumente wie Unternehmensbeteiligungen oder Hedgefonds stehen vorwiegend vermögenden Anlegern offen, da sie meist hohe Einlagen (ab 50.000 oder 100.000 Euro) voraussetzen. Doch auch einige andere oben erwähnte Anlageformen sind noch nicht erläutert worden. Ich gebe dir im Folgenden eine grobe Orientierung, ohne Anspruch auf Vollständigkeit. Du wirst sehen: Die Finanzwelt ist keineswegs ein Buch mit sieben Siegeln, auch wenn von vermeintlichen Insidern mitunter der Eindruck erweckt wird, sie allein hätten den Schlüssel dazu. Und Finanzprodukte, die du nicht verstehst, solltest du ohnehin meiden (vgl. Kapitel 10).

Anleihen sind festverzinsliche Wertpapiere, die Unternehmen und auch Staaten als Mittel der Kapitalbeschaffung herausgeben. Während ihrer Laufzeit gibt es einen festen Zinssatz, der jährlich ausgezahlt wird. Am Ende der Laufzeit (fünf, zehn und bis zu 30 Jahre) erhältst du als Gläubiger den Nennwert (also das eingezahlte Kapital) zurück – es sei denn, der Schuldner ist insolvent. Dann ist dein Geld weg. Aber du weißt ja inzwischen, Geld ist nie weg, es ist immer ... Bei Bundeswertpapieren (deutschen Staatsanleihen) ist dieses Risiko naturgemäß geringer als beispielsweise bei Anleihen von politisch und wirtschaftlich instabilen Staaten oder Organisationen. Und je geringer das Risiko, desto geringer auch der Zinsertrag. Das kann man getrost als Grundgesetz bei Geldanlagen bezeichnen. In Zeiten von Niedrigzinsen kann die Rendite sehr sicherer

Anlagen wie Bundesanleihen sogar negativ sein, weil sie niedriger ist als die Inflationsrate. Du lässt es dir dann quasi etwas kosten, dass der vergleichsweise stabile deutsche Staat dein Geld nimmt. Anleihen werden auch an der Börse gehandelt und unterliegen dort Kursschwankungen. Du kannst sie also vorzeitig verkaufen, riskierst allerdings insbesondere dann Verluste, wenn das allgemeine Zinsniveau steigt. Dann sinkt normalerweise der Kurs der Anleihe, die auf einen niedrigeren Zins festgelegt ist. Anleihen korrelieren in der Regel negativ mit Aktien, das heißt, wenn die Aktienkurse sich positiv entwickeln, sinken die Anleihenrenditen.

Fonds bündeln eine größere Anzahl von Wertpapieren wie Aktien (Aktienfonds) oder Anleihen (Anleihenfonds), verschiedene Investments (Mischfonds) oder auch das Investment in speziellen Branchen (Immobilienfonds und so weiter). Man unterscheidet offene und geschlossene Fonds. Im ersten Fall werden beliebig viele Fondsanteile verkauft – bei hoher Nachfrage wird eben mehr Kapital investiert. Geschlossene Fonds dienen der Finanzierung größerer Projekte wie Immobilien (zum Beispiel Finanzierung eines Einkaufszentrums) oder Medien (zum Beispiel Finanzierung einer Filmproduktion). Auch Energieanlagen, Infrastruktur, Transportmittel (Container, Schiffe) können über Fonds finanziert werden. Sind alle Anteile verkauft, wird der Fonds geschlossen. Fonds werden aktiv gemanagt, und das verursacht, wie oben beschrieben, zusammen mit anfallenden Verwaltungsgebühren Kosten, die der Fonds erst mal erwirtschaften muss, bevor er dir Rendite bringt. Hinzu kommen Ausgabeaufschläge und Depotgebühren. 90 Prozent aller aktiv gemanagten Fonds schlagen, wie schon erwähnt, den Index nicht. Geschlossene Fonds zielen eher auf Großanleger, und man sollte sich gut auskennen, bevor man viel Geld in ein einziges Projekt (eine bestimmte Immobilie, ein Windrad, eine Medienproduktion) steckt. Vorteile von (offenen) Fonds sind, dass sie wie Aktien als Sondervermögen vor Bankeninsolvenzen geschützt sind, dass sie häufig sparplanfähig sind und dass du auch mit geringem Kapitaleinsatz einsteigen kannst. Wenn es gut läuft, ist die Rendite höher als beispielsweise bei Tagesgeld. Lässt du dir Erträge nicht laufend auszahlen (= Ausschüttung), sondern legst sie weiter an (= Thesaurierung), profitierst du vom Zinseszins. Zur Risikostreuung eignen sich Fonds, weil sie wie andere Aktienanlagen langfristig einen Inflationsschutz bieten. Das gilt auch für offene Immobilienfonds, die nicht den Unwägbarkeiten einer Einzelimmobilie ausgesetzt sind (mehr dazu in Kapitel 25). Kleiner Tipp vom Eichhörnchen, das sich ja – wie du weißt – mühsam ernährt und nichts zu verschenken hat: Wenn du darüber nachdenkst, in Fonds zu investieren, kannst du diese auch direkt an der Börse erwerben. Du suchst dir dafür einfach die WKN (Wertpapierkennnummer) des Fonds und kaufst ihn über eine Direktbank an der Börse. Damit umgehst du den Ausgabeaufschlag der Bank, der in der Regel mit 2,5 bis 5 Prozent zu Buche schlägt. Um dein Urteil zu schärfen, recherchiere am besten die bisherige Entwicklung dieser Fonds und berücksichtige Expertenmeinungen unterschiedlicher seriöser Quellen.

Sachwerte – hinter diesem Sammelbegriff verbirgt sich ein weites Feld, um Fontane zu zitieren. Neben Aktien, Immobilien und auch Gold als Anlageformen, die hier im Buch gesondert behandelt werden, sind das zum Beispiel Ackerland, Antiquitäten, andere Edelmetalle, Energieparks (Wind, Fotovoltaik), Kunstwerke, Oldtimer, Pokémon-Karten, Rohstoffe, Schmuck, Sneakers, Uhren, Wald, Wein, Whiskey und dergleichen. Ein ziemliches Durcheinander, einfach mal in alphabetischer Reihenfolge. Sachwerte haben einen unleugbaren Vorteil: Sie können sich selbst in der massivsten Wirtschaftskrise nicht einfach in Luft auflösen wie Geldwerte. Die Schlüsselfrage ist jedoch, ob ihr Wert Bestand hat und sich möglichst über die nächsten Jahre und Jahrzehnte noch steigern wird. Nehmen wir Kunst. Idealerweise findest du beim Aufräumen des Dachbodens eine Originalskizze von Picasso, die die Großmutter deiner Erbtante vor dem Ersten Weltkrieg bei einem Parisbesuch für den Preis eines Abendessens erstanden hat. Sehr wahrscheinlich bist du Multimillionär, sobald Sotheby's den Sensationsfund versteigert hat. Alles andere ist ein bisschen schwieriger. Werke bekannter Künstler, die zu Lebzeiten kaum etwas verkauft haben (wie beispielsweise van Gogh), erzielen heute schwindelerregende Summen und steigen scheinbar unaufhörlich im Preis. In diesen Markt einzusteigen, könnte deine finanziellen Möglichkeiten überschreiten. Und wie Werke derzeit noch weitgehend unbekannter Künstler sich in 20, 50 oder 100 Jahren entwickeln, wagen nicht einmal Experten zu prognostizieren. Geschmack, Zeitgeist und andere Faktoren spielen dabei eine Rolle. »Die Kunst ist keine sichere Anlage«, sagt Heinrich Arens, Präsident des Bundesverbands deutscher Auktionatoren und seit 35 Jahren in der Kunstbranche. Und dann fügt er noch einen klugen Satz an: »Der Preis ist nicht der Wert.«[95] Der Preis ist das, was jemand bereit ist, zu bezahlen, natürlich immer unter dem Einfluss der Gesetzmäßigkeiten von Angebot und Nachfrage. Der (ideelle) Wert dagegen ist die individuelle Bedeutung eines Gegenstands für dich oder andere. Und das bedeutet: Kaufst du heute Kunst, die dich begeistert, besitzt sie immer einen Wert für dich persönlich, auch wenn ihr Preis sich nicht ändert. Und vielleicht hast du ja unverschämtes Glück und entdeckst den nächsten van Gogh – oder zumindest einen zukünftig angesagten Newcomer, der bei Herrn Arens dann lukrativ unter den Hammer kommt. Auch für andere Sachwerte gilt: Du musst dich sehr gut auskennen, um auf dem jeweiligen Feld mitzuspielen. Wenn du als passionierter Weintrinker Lust hast, intensiv in die Welt der Spitzenweine einzutauchen und einen kleinen (!) Teil deines Vermögens in Wein anzulegen, tu das. Mach aber nicht »in Wein«, nur weil irgendwer behauptet, das sei ein großes Ding. Dasselbe gilt sinngemäß für Uhren, alternative Energien oder Antiquitäten. Hinzu kommt: Viele Sachwerte lassen sich nicht spontan von heute auf morgen zu Geld machen, sie sind nicht liquide. Was, wenn du dringend Geld brauchst, sich aber gerade niemand für deinen antiken Walnusssekretär von 1730 interessiert? Dann bist du womöglich gezwungen, ihn weit unter Wert zu verkaufen. Andere Sachwerte wie beispielsweise Rohstoffe werden zwar an der Börse gehandelt, bergen aber ebenfalls ein weit höheres Risiko als Fonds, ETFs oder festverzinsliche Wertpapiere.

Eine kleine Anekdote zum Thema Rohstoffe möchte ich dir allerdings nicht vorenthalten. Als letztens Öl mal wieder sehr günstig war, habe ich mit meiner Anlageberaterin darüber gesprochen, in Öl zu investieren. Da sagte sie: »Ach wissen Sie, ich mach das immer wieder mal, um mir einen guten Ölpreis für unsere Ölheizung im Haus zu sichern.« Ich fragte nach, wie sie das meinte, und sie erklärte mir Folgendes: Wenn sie gerade ihren Tank im Haus vollgetankt hat und in den Monaten danach der Ölpreis sinkt, kann sie ja nicht viel nachtanken. Sie kauft dann Anteile eines Rohstoff-ETFs mit Schwerpunkt Öl ungefähr im Gegenwert einer

Tankfüllung. Wenn dann der Ölpreis wieder steigt und ihr Tank leer ist, verkauft sie die ETF-Anteile, die in der Zwischenzeit ja ebenfalls im Preis gestiegen sind, und bezahlt davon die Füllung des Öltanks. Weil ich ein Mietshaus besitze, das mit Öl beheizt wird, und gerade ein Jahr zuvor den Tank gefüllt hatte, machte ich das auch mal. Und was soll ich sagen: 55 Prozent Wertentwicklung in sechs Wochen. So geht's manchmal. Und ja, das ist dieselbe Anlageberaterin, mit der ich immer wieder meine ETFs bespreche und die 220 Euro pro Stunde kostet. Die 35 Minuten, die wir über Öl sprachen, haben sich rentiert. Sie rechnet übrigens solche Beratungsgespräche im Fünf-Minuten-Takt ab. Und womit? Mit Recht, denn gutes Fachwissen, das einen weiterbringt, darf und muss was kosten.

Kryptowährungen sind sozusagen »der heiße Shit« der letzten Jahre in der Anlegerwelt. Von Bitcoin, der ersten Kryptowährung, hat inzwischen fast jeder schon mal gehört. Als ich 2013 ziemlich blind-doof einfach mal meine ersten 30 Bitcoins für 30 Euro pro Stück kaufte, kannte ich keinen einzigen Menschen, der davon schon mal etwas gehört hatte. Bitte kein Neid, ich war schön blöd und hab die Dinger wieder verkauft, als sie bei 290 Euro standen. (Mit Immobilien passiert dir so ein Fehler nicht so schnell, wie du im nächsten Kapitel »Immobilien: Der Millionärsmacher« lernen wirst.) Wieder eingestiegen bin ich erst bedeutend später (und bedeutend teurer). Inzwischen gibt es Tausende weitere Digitalwährungen. Bekanntere unter ihnen sind etwa Ethereum, Litecoin, Ripple, Monero, Dash, Bitcoin Cash, Zcash oder IOTA – nur, damit du mal ein paar Namen aus dieser unübersichtlichen Szene gehört hast. Kryptowährungen basieren auf aufwendigen Rechenleistungen und werden unabhängig von Banken oder Regierungen durch ein weltweit verteiltes Netzwerk von Rechnern erstellt und verwaltet. Den dabei eingesetzten Verschlüsselungsprozess bezeichnet man als Blockchain. Die Teilnehmer der digitalen Gemeinschaftsaufzeichnung bleiben weitgehend anonym. Kryptowährungen werden inzwischen auch an der Börse gehandelt. Jeder kann sie in seiner digitalen Geldbörse (Wallet) verwahren und von dort auch verkaufen. Sie sind (noch) keine regulären Zahlungsmittel, und ihr Wert basiert wie bei jeder Währung ohne »intrinsischen Wert« (wozu praktisch alle staatlichen Währungen gehören) auf dem Vertrauen der Nutzer. Einen solchen intrinsischen Wert, also einen eigenen inneren Wert, besitzt hingegen beispielsweise eine Goldmünze, selbst wenn auch hier der Preis schwanken kann, während ein Euroschein als Stück Papier an sich kaum etwas wert ist. Beeinflusst wird die Wertentwicklung von Kryptowährungen wie der Preis aller Waren in erster Linie durch Angebot und Nachfrage. Das Angebot ist die Summe aller sich im Umlauf befindlichen Münzen (Coins). Die Nachfrage steigt und fällt durch die Einschätzung der Preisentwicklung, durch positive wie negative Presseberichte (beispielsweise Nachrichten zum Wertzuwachs oder im Gegenteil News zu Sicherheitslücken und betrügerischen Machenschaften). Meine persönliche Einschätzung ist, dass vor allem Bitcoin eine sehr interessante Zukunft als Wertaufbewahrungsmittel, ähnlich wie Gold, haben könnte. In Summe sind Kryptowährungen ein hochspekulatives, für den Laien (noch) schwer zu durchschauendes Feld, das hohe Gewinnchancen verspricht, aber auch das Risiko eines Komplettverlusts birgt. Deshalb solltest du, wenn überhaupt, nur einen geringen Anteil deines Gesamtvermögens auf diese Weise anlegen, der im Beispielportfolio zu Beginn dieses Kapitels mal mit 1 Prozent beziffert wurde.

Gold gilt in Finanzkreisen als »Angstbarometer«. Typisch für Krisenzeiten ist ein Run auf das edle Metall, das als wertbeständige Geldanlage gilt. Papiergeld kann unendlich nachgedruckt werden, die Goldbestände der Welt dagegen sind endlich. Schaut man sich den Preis für die Feinunze Gold (31,1034768 Gramm) in den letzten 50 Jahren an, so wirkt die Kurve wie eine Mittelgebirgslandschaft mit Tälern und Hügeln, die allerdings nach der Finanzkrise 2008/2009 und während der Corona-Krise 2020 in steile Alpengipfel überging. Der Goldpreis hat sich von Dezember 1978 bis Dezember 2020 fast verzehnfacht.

Je nachdem, wann du ein- und wieder aussteigst, kannst du also auch mit Gold erhebliche Verluste erleiden, wie diese Momentaufnahmen zeigen. Kauft man in Krisenzeiten, wenn viele kaufen wollen, zahlt man einen sehr hohen Preis, der erwartungsgemäß wieder sinkt – bis zur nächsten Krise, wenn die Nachfrage nach Gold so sicher wieder steigt wie das Meer bei Flut nach der vorausgegangenen Ebbe. In Summe hat sich der Goldpreis in der Vergangenheit weniger lukrativ entwickelt als weltweit

Hier einige historische Preise für die Feinunze Gold:
28.12.1978: 160,16 Euro
18.12.1983: 528,83 Euro
29.12.1993: 343,20 Euro
26.12.2012: 1.255,93 Euro
22.06.2018: 1.091,71 Euro
07.08.2020: 1.737,28 Euro
23.12.2020: 1.539,45 Euro[96]

gestreute Aktienanlagen.[97] Gold eignet sich daher vor allem als eiserne Reserve und Absicherung gegen Totalverluste. Mehr als 5 bis allerhöchstens 10 Prozent seines Vermögens sollte man nicht in Gold anlegen – und idealerweise dann zuschlagen, wenn die wirtschaftliche Großwetterlage stabil ist und der Goldpreis niedrig. In Tranchen bis zu 1999,99 Euro kannst du Gold in bar und somit anonym bei einem gewerblichen Verkäufer wie zum Beispiel Pro Aurum kaufen. Diesen Vorgang bezeichnet man als sogenanntes Tafelgeschäft. In einer Bankfiliale oder im Internet kannst du ebenfalls Gold erwerben, dann nur leider nicht anonym. Warum du Gold überhaupt anonym kaufen solltest? Nun ja, immer wieder gab es Regierungen, die auf die Idee gekommen sind, privaten Goldbesitz zu verbieten. Solches Gold wurde dann beschlagnahmt.[98] Wer nun also offiziell nichts hat, bei dem kann der Staat auch nichts beschlagnahmen ...

Der klassische Goldbarren im handlichen 100-Gramm-Format kostet inzwischen so viel, dass ein anonymer Kauf wegen der Grenze von 1999,99 Euro nicht mehr möglich ist, was angesichts der mutmaßlichen Goldpreisentwicklung mittelfristig wohl auch so bleiben wird. Noch bis Ende 2019 lag diese Grenze übrigens bei 9999,99 Euro. Na, merkst was? Anonymen Goldbesitz scheint unser Staat nicht zu mögen. Nein, nein, das ist nur zur Bekämpfung von Terror und Geldwäsche ... ☺ Eine Alternative zu Barren sind Goldmünzen. Hier solltest du dich auf die weltweit bekanntesten beschränken. Dazu gehören der südafrikanische Krügerrand, der kanadische Maple Leaf und die Wiener Philharmoniker (richtig gelesen, die gibt es wirklich). Spezielle Sammlerobjekte sind zum Beispiel Münzen der australischen Lunar-Serie. Zwölf Münzen, die im Verlauf von zwölf Jahren erscheinen, geprägt mit dem Tier des chinesischen Sternzeichens des jeweiligen Jahres. Bei diesen Münzen finde ich es interessant, dass sie limitiert sind und bei der Erstausgabe nur wenige zig Euro mehr kosten als der normale Goldpreis. Man kauft also eine Unze Gold, die immer so viel wert sein wird wie eine Unze Gold, hat aber für diesen recht geringen Aufschlag die Chance, auf den Sammlerwert zu spekulieren. Bei Münzen der Lunar-Serien I und II sind inzwischen schon beträchtliche Wertsteigerungen zu beobachten. Wenn du wirklich auf Nummer sicher gehen willst, legst du dein Gold nicht in ein Bankschließfach, an das du womöglich nicht mehr herankommst, wenn alles zusammenbricht. Auch zu Hause solltest du dein Gold keinesfalls aufbewahren. Werde am besten kreativ, aber merk dir, wo du es vergräbst/versenkst/versteckst. Am besten nicht auf dem Friedhof. Oder *gerade* da ...? (Dieser Rat ist natürlich nicht ernst gemeint!) Wenn es allerdings so arg kommt, dass die Welt Kopf steht, könnten eine gut gefüllte Vorratskammer, ein eigener Gemüsegarten und ein Holzvorrat für den Winter noch wertvoller sein als Goldbarren. Und ein paar Flaschen guter Rotwein im Keller nicht zu vergessen, denn wenn die Welt schon zugrunde geht, dann wenigstens mit einem edlen Tropfen im Glas.

Wie du siehst, ist keine Anlage frei von Risiken und Nachteilen. »Warum kann's nicht perfekt sein?«, sangen Die Ärzte schon vor Jahren. Doch so ist das Leben leider. In Sachen Geldanlage bleibt uns nichts anderes übrig, als kontrolliert (!) Risiken einzugehen und auf verschiedene Pferde zu setzen – so wie es reiche Menschen seit jeher tun. Dabei kommt es weniger darauf an, auf den »richtigen« Zeitpunkt zu warten, denn den gibt es schlicht nicht. Wichtiger ist, überhaupt erst mal anzufangen, am Ball zu bleiben und für den Zinseszinseffekt einen langen Atem zu beweisen. Oder, im schönsten Investmentbanker-Sprech: »It's not about timing the market, it's about time in the market.« (Es geht nicht um das beste Timing für den Einstieg in den und den Ausstieg aus dem Markt, sondern darum, lang genug im Markt zu sein – um langfristiges Investment also.)

25 • DER MILLIONÄRSMACHER: IMMOBILIEN

> »Warte nicht darauf, in Immobilien zu investieren.
> Investiere in Immobilien und warte.«
>
> T. Harv Eker, Bestsellerautor (»So denken Millionäre«) *1954

Das beste Investment habe ich mir bis zum Schluss aufgehoben: Immobilien. Ich kenne keinen einzigen reichen Menschen, der auf diesem Feld *nicht* aktiv ist. Dass ich selbst es in gut sieben Jahren vom armen Schlucker zum Millionär geschafft habe, verdanke ich ebenfalls zu 80 Prozent dem kontinuierlichen Kauf von Wohnungen, die ich vermiete. Inzwischen sind es an die 1000 Quadratmeter. Für einen Kreuzberger Hausbesetzer bin ich damit wahrscheinlich schon ein Immobilienhai, wenn auch ein vergleichsweise harmloser. Wie du gleich lesen wirst, sogar einer mit Herz. Die Vorurteile über den »bösen Miethai« sind aus meiner Sicht mitverantwortlich dafür, dass sich so wenige Menschen ernsthaft mit dem Thema auseinandersetzen. »Immobilienbesitzer«, das sind die anderen, die Geldsäcke, die Stadtteil-Gentrifizierer und Mieter-Ausquetscher. Ich bestreite gar nicht, dass es schwarze Schafe gibt. Aber ich habe noch niemanden getroffen, der sich weigert, Auto zu fahren, nur weil es Poser gibt, die bei illegalen Autorennen andere gefährden. Außerdem ist es Bullshit, dass Immobilien nur etwas für anonyme Großinvestoren oder Superreiche sind. Ich bin der lebende Gegenbeweis.

Hier meine Geschichte. Alles begann 2002 mit einem großspurigen Makler: Porsche, Maßanzug, Einstecktuch. Das Klischee lebte und es bot mir als letztem Bewohner eines Mietshauses, das kernsaniert werden sollte, »ein bisschen Geld« an, für den Fall, dass ich auszöge. Wie viel?

Mit gönnerhafter Lässigkeit wurde »was man so als Student im Jahr verdient« geboten. Bei mir als fleißigem Radiomacher war das etwas mehr, und so wurden wir bei 23.000 Euro handelseinig. Zusammen mit den Früchten meines harten Sparkurses hatte ich damit 2003 das Eigenkapital für meine erste Wohnung beisammen. In der Maxvorstadt, an der Grenze zu Schwabing und damals als Stadtviertel noch eher verpönt, fand ich eine bezahlbare 60-Quadratmeter-Wohnung, in der ich heute noch lebe, übrigens nicht allein. Ja, da kann es schon mal etwas eng werden. Nach meinem Pennystocks-Abenteuer einige Jahre zuvor wollte ich vor allem Sicherheit, ein Dach über dem Kopf, das mir niemand mehr nehmen konnte. Also setzte ich alles daran, diese Wohnung möglichst rasch abzubezahlen. Meine »Renovierung« beschränkte sich darauf, die ultrahässlichen Fronten der Küche weiß anzupinseln. Schon 2005 kaufte ich dann eine zweite Wohnung, 48 Quadratmeter, vermietet, gute Lage in Schwabing, Quadratmeterpreis 2250 Euro. Natürlich war meine erste Wohnung noch nicht bezahlt, aber als Immobilienbesitzer und zuverlässigem Kunden gewährte die Bank mir eine 100-Prozent-Finanzierung. Das heißt, ich bekam den Kaufpreis komplett als Darlehen zugestanden. Lediglich knapp 10.000 Euro für Nebenkosten (Makler- und Notarkosten, Grunderwerbssteuer) und eine kleine Wohnungsrenovierung brachte ich selbst auf. Beim Nachmessen erwies sich die Wohnung als kleiner als angegeben (44 statt 48 Quadratmeter), und damit konnte ich den Preis auf 99.000 statt 108.000 Euro herunterhandeln: Ich zahlte den abgesprochenen Quadratmeterpreis, aber eben nur für die tatsächlich vorhandenen und nicht für Phantom-Quadratmeter. Tipp am Rande: *Immer* nachmessen! Anbieter vermessen sich oft, und selten zu ihren Ungunsten. Aber das ist sicher Zufall 😉.

Darlehenszinsen und Tilgung für den Kredit dieser zweiten Wohnung wurden fast vollständig von den Mieteinnahmen gedeckt. Ich verkaufte die Immobilie zwölf Jahre später, nach Ablauf der zehnjährigen Spekulationsfrist, für 555.000 Euro, steuerfrei, wohlgemerkt. Inzwischen hatte der Immobilienboom in München kräftig an Fahrt aufgenommen und die Lage galt als attraktiv. Schon 2006, nur ein halbes Jahr nach Wohnung zwo, erwarb ich eine dritte vollfinanzierte Wohnung, die ich auf einem sehr skurrilen Weg gefunden habe. Ich fragte den Verkäufer der zweiten Immobilie beim Notartermin einfach, ob er nicht noch eine habe. Er sagte: »Ja, aber die wollen wir nicht verkaufen.« Ein paar Monate später rief er mich an und wollte doch. Das süße Rentnerleben auf den Kanaren kostete mehr Geld als angenommen. Ich arbeitete wie ein Wahnsinniger, um alle Kosten zu decken und um in Sicherheit zu kommen, indem ich meine eigene Wohnung abbezahle. Ich schlief miserabel, sofern ich überhaupt noch Zeit zum Schlafen hatte. Nur drei Stunden pro Nacht waren keine Seltenheit, meine Augenringe sind heute noch schattige Zeugen dieser Zeit. Das würde ich dir also nicht unbedingt zur Nachahmung empfehlen. Für Wohnung Nummer vier ließ ich mir dann etliche Jahre, bis 2012, Zeit – eine große Altbauwohnung in guter Lage, vermietet an eine 86-jährige Dame, der nach 30 Jahren die Eigenbedarfskündigung drohte, weil diese Wohnung verkauft worden war. Ich konnte der Dame helfen, indem ich mir Geld von der Bank lieh, das ich ihr dann wiederum lieh. So konnte sie von ihrem Mietervorkaufsrecht Gebrauch machen und die Wohnung selbst kaufen. Danach kaufte ich ihr die Wohnung ab. Gegen lebenslanges Wohnrecht für die bescheidene Miete von 500 Euro erhielt ich den Zuschlag zu einem günstigen Preis. Ein Anwalt, Freund der Familie, unterstützte die ältere Dame dabei, einen Ausweg aus ihrer misslichen Lage zu suchen. Als dieser mit mir gefunden war, hatte er sehr viele lobende Worte für meine Großzügigkeit und Nächstenliebe übrig und lobpries, dass ich ein Mensch mit Herz sei, der hier durch Verzicht auf harte Rendite einer Frau in Not hilft. Er selbst wollte jedoch für die Vermittlung 10.000 Euro von mir. Dabei hatte mich ein Freund auf die Situation hingewiesen und der Anwalt war gar nicht aktiv daran beteiligt. Als ich ihn fragte, ob er davon nicht etwas nachlassen könnte, beschied er mir allerdings nicht ganz so großzügig und nächstenliebend, dass das »leider« nicht gehe. Mein Steuerberater hingegen erklärte mich für deppert, da ich Monat für Monat für eine Wohnung dieser Größe 1000 Euro Miete mehr hätte kassieren können. Mir war beides egal, die reizende alte Dame wurde 95 und schloss mich noch acht Jahre lang täglich in ihre Gebete ein, da ich ihr den Verkauf der Wohnung an eine reiche Dame aus dem Ausland mit anschließender Entmietung erspart hatte. Ab 2012 kaufte ich im

Abstand von 12 bis 24 Monaten weitere Wohnungen und 2018 schließlich das erste Mehrfamilienhaus. Wenn ich wollte, könnte ich mich heute auf die Verwaltung meiner Immobilien beschränken und mir ansonsten die Sonne auf den Pelz scheinen lassen, hätte ich nicht den tiefen Drang, anderen zu zeigen, wie sie es genauso machen können. Und das alles passierte in nicht einmal zwei Jahrzehnten.

Was sich im Schnelldurchlauf anhört wie ein Spaziergang mit einer etwas anstrengenden Anfangsphase, bedeutete in Wahrheit allerdings kontinuierliche Arbeit. Lukrative Immobilien findet man nicht nebenbei, indem man gelegentlich im Netz schaut oder darauf wartet, dass einem Immoscout24.de beim Frühstück ein passendes Schnäppchen ins E-Mail-Postfach plumpsen lässt. Auch heute noch gibt es gute Wohnungen zu fairen Preisen auf dem Markt und gerade Immoscout habe ich einige schöne Schnäppchen zu verdanken – es lebe das Internet. Aber du musst eben mehr als 100 Betonfrösche küssen, um einen Marmorprinzen zu entdecken. Dazu bist du am besten permanent im Suchmodus, nicht nur online übrigens. Es empfiehlt sich, die Augen immer offen zu halten, auch im echten Leben. Hinzu kommt: Eine Immobilie kauft man auch nicht nebenbei, wie man vielleicht ein gebrauchtes Auto oder eine Waschmaschine ersteht. Da kommen Notare ins Spiel, umfangreiche Verträge, Eintragungen ins Grundbuch, finanzielle Selbstauskünfte und Verhandlungen mit Banken. Das ist aufwendig und kostet gerade beim ersten Mal Nerven, garantiert aber Rechtssicherheit und geht mit jedem Mal schneller. Wohnungen müssen renoviert und in Schuss gehalten werden, und die Zusammenarbeit mit (manchen) Handwerkern ist ein Coaching im resilienten Umgang mit Alltagskatastrophen. Auch gilt: So, wie nicht alle Vermieter geldgierige Teufel sind, sind nicht alle Mieter unschuldige Engel. Dabei muss es nicht gleich um Mietnomaden gehen, die niemals vorhatten, auch nur einen Cent Miete zu zahlen. Schon ums Lüften der Wohnung und Schimmel in der Küche lassen sich Glaubenskriege führen und Regale voller Ordner füllen. Und last, but not least ist manche Eigentümerversammlung zwar kabarettreif, aber keineswegs vergnügungssteuerpflichtig. Man lernt dort beispielsweise, dass Fahrräder sich im Schutz des dunklen Kellers fortpflanzen wie Kaninchen und nie jemand die Vaterschaft übernehmen will, es sei denn, das betreffende Rad wanderte gerade vor drei Tagen zum Sperrmüll. Oder man erfährt, dass bei bestimmten Themen, etwa bei der Dachsanierung oder vollgemüllten Kellerabteilen, jährlich wieder das Murmeltier grüßt.[99]

Trotz alledem bin ich ein absoluter Immobilienfan. Das liegt unter anderem daran, dass diese Form der Investition eine der wenigen ist, die Privatleuten erlaubt, ein »gehebeltes« Geschäft zu tätigen. Vom »Hebeln« (englisch »leverage«) sprechen BWLer, wenn durch die Aufnahme von Fremdkapital die Eigenkapitalrendite eines Investors gesteigert wird. Das klingt komplizierter, als es ist. Nehmen wir an, du kaufst eine Wohnung für 200.000 Euro, bezahlst sie komplett mit bei dir vorhandenem Eigenkapital und erzielst eine Monatskaltmiete von 500 Euro, also aufs Jahr gerechnet 6000 Euro. Dann ergibt sich deine Eigenkapitalrendite stark vereinfacht wie folgt:

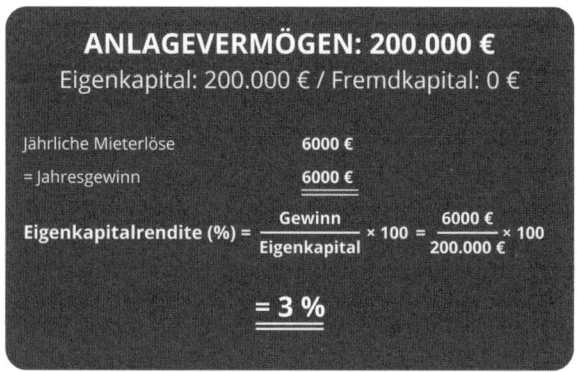

Selbst in Zeiten niedriger Zinsen sind 3 Prozent Rendite nicht unbedingt ein Grund zum Jubeln, aber immerhin besser als die Nahe-null-Verzinsung, die es auf Tagesgeld oder Sparkonten gibt. Langfristige Aktienanlagen wären allerdings weit attraktiver. Anders sieht es aus, wenn du die Immobilie nicht auf einen Schlag bezahlst, sondern wie die allermeisten Menschen mithilfe eines Bankkredits (Fremdkapital) erwirbst. Bei 20 Prozent Eigenkapital (40.000 Euro) sieht die Rechnung dann so aus:

> **ANLAGEVERMÖGEN: 200.000 €**
> Eigenkapital: 40.000 € / Fremdkapital: 160.000 €
>
> | | |
> |---|---|
> | Jährliche Mieterlöse | 6000 € |
> | Zinsen für Fremdkapital (1%) | -1600 € |
> | = Jahresgewinn | 4400 € |
>
> $$\text{Eigenkapitalrendite (\%)} = \frac{\text{Gewinn}}{\text{Eigenkapital}} \times 100 = \frac{4400\ €}{40.000\ €} \times 100$$
>
> $$= \underline{\underline{11\ \%}}$$

Das bedeutet: Durch den Einsatz von Fremdkapital erhöht sich die Eigenkapitalrendite von 3 auf 11 Prozent. Im Fall einer Immobilie ist das die Mietrendite, auf das Eigenkapital gerechnet. Das Fremdkapital funktioniert wie ein Kraftverstärker oder eben Hebel. Eine Kreditaufnahme lohnt sich grundsätzlich, wenn die Kosten (also die Zinsen für den Kredit) geringer sind als die Rendite auf das gesamte Kapital. Im ersten Beispiel würde sich bei einem Gesamteinsatz von 200.000 Euro Eigenkapital eine Eigenkapitalrendite von 3 Prozent ergeben. In dem zweiten Beispiel erhöht sich die Rendite deines Eigenkapitals, also der 40.000 Euro, die du einsetzt, auf ganze 11 Prozent. Dieser Hebeleffekt ist einer von vielen Gründen, warum die Immobilie zum Millionärsmacher taugt, insbesondere, wenn du früh beginnst, klug wirtschaftest und kontinuierlich am Ball bleibst.

Natürlich gibt es auch beim Immobilienkauf verschiedene Faktoren zu beachten. Die wichtigsten hier auf einen Blick:

1. Der Gewinn liegt im Einkauf
   Diese alte Kaufmannsregel besagt: Eine Immobilie ist nur dann eine lohnende Investition, wenn du einen niedrigen Preis bezahlst. Im Idealfall kaufst du sie unter dem momentan marktüblichen Preis ein. Auf keinen Fall solltest du einen überhöhten Preis bezahlen. Wir suchen also ein Schnäppchen. Dieser Punkt ist alles andere als trivial. Zwi-

schen 2008 und 2018 sind die Verkaufspreise für Wohnimmobilien zwar um 48 Prozent gestiegen,[100] doch so ein Durchschnittswert besagt für den Einzelfall gar nichts. Wenn Bill Gates eine Bar betritt, ist auf einen Schlag im Durchschnitt jeder Besucher dieser Bar Multimillionär. Für uns heißt das vor allem eines: Glaube nicht den Stammtischparolen, momentan seien alle Immobilien zu teuer. Du kannst immer und in jedem Markt, auch in den sehr gefragten Städten wie München, Schnäppchen finden, wenn du weißt, wonach du suchst und wie du im weiteren Verlauf vorgehst. Eine Immobilie ist exakt so viel wert, wie irgendjemand bereit ist, dafür zu zahlen, und keinen Cent mehr. Das heißt, sie ist aber auch exakt so günstig zu bekommen, wie jemand bereit ist, sie herzugeben, wenn er das Objekt zum Beispiel unbedingt (schnell) loswerden möchte oder muss. Ein Objekt in bester Lage in einer tollen Stadt kann so plötzlich sehr günstig für dich zu haben sein. Alles ist möglich. Ein Objekt irgendwo im Nirgendwo wiederum kann zum Spottpreis den Besitzer wechseln, auch wenn der bisherige Eigentümer Zigtausende in einen schönen großen Garten und eine hochwertige Ausstattung investiert hat. Entscheidend ist, ob jemand gefunden wird, der das zu schätzen weiß, auch wenn jeder Einkauf eine längere Autofahrt erfordert und der Trend eher zur pflegeleichten Schotterwüste vor der Haustür geht. Es geht immer um Angebot und Nachfrage, der Markt bestimmt den Preis. Was uns zu Punkt 2 führt.

2. Lage, Lage, Lage
Ein Maklerspruch lautet, bei einer Immobilie seien drei Dinge wichtig: erstens die Lage, zweitens die Lage und drittens – die Lage. Im angesagten Stadtteil einer attraktiven Stadt werden Höchstpreise erzielt, nur einen Kilometer entfernt, an einer Durchgangsstraße oder im sozialen Brennpunkt sind die Preise im Keller. Experten unterscheiden die Makrolage (Region, deren Lebensqualität, wirtschaftliche Situation, Verkehrsanbindung und so weiter) und Mikrolage (Stadtteil oder Viertel, Straßenzug). In einer ruhigen Nebenstraße werden andere Preise aufgerufen als an einer Kreuzung, an der zu allem Überfluss noch die Straßenbahn alle sieben Minuten quietschend um die Kurve

eiert. Wohnungspreise werden von vielen Faktoren beeinflusst, seit etlichen Jahren auch von der hohen Nachfrage nach »Betongold« in Zeiten der Niedrigzinsen. Schon vor 15 oder 20 Jahren hielten manche die Preise in Ballungszentren für überhöht, doch bislang sind sie immer weiter gestiegen. Dennoch solltest du nicht blind (also schlecht informiert) viel Geld in eine womöglich übertreuerte Wohnung stecken. Der Zustand der Wohnung selbst ist dabei nur ein Faktor unter vielen. Du musst den jeweiligen Markt intensiv studieren und ein Gefühl für die Preise und deren weitere Entwicklung bekommen. Ab der 30. Wohnungsbesichtigung und nach ein paar Hundert geprüften Anzeigen bei Immoscout24 weißt du einigermaßen Bescheid. Kauf tendenziell eher in boomenden Städten, die man auch international kennt (München, Hamburg, Berlin, Frankfurt am Main, Köln, Stuttgart) als in Randregionen, unbekannten Kleinstädten und schon gar nicht in Gebieten wirtschaftlichen und damit demoskopischen Niedergangs.

3. Lange suchen, viel ansehen, schnell zuschlagen
Immobilienkauf erfordert Geduld – wieder einmal greift also Regel Nummer 1 für kluge Investments. Schau dir viele Wohnungen an, um Preise einschätzen zu können, schärfe deinen Blick für Vor- und Nachteile bei Lage und Umfeld, aber auch bei der Wohnung selbst (zum Beispiel Zuschnitt, Renovierungsaufwand). Wenn ein Objekt ernsthaft infrage kommt, schlage schnell zu. Der Satz »Ich nehme die Wohnung, wir können morgen zum Notar gehen« ist nicht nur Musik in den Ohren der meisten Eigentümer oder Makler, sondern der absolute Zauberspruch, der mir schon viele Schnäppchen beschert hat. Sei also gut vorbereitet, am besten anhand eines Probeobjekts, das du zum Anlass nimmst, bei verschiedenen Banken wegen eines Kredits anzufragen. Hierfür ist es dann auch nötig, deine Selbstauskunft für diese Banken zusammenzustellen. Die kostet aufgrund des beträchtlichen Umfangs einiges an Mühe und verlangt schon mal die Unterstützung deines Steuerberaters. Im Ernstfall bist du dann vorbereitet und kannst Kreditangebote mehrerer Banken einholen, deren Konditionen vergleichen und anderen Interessenten zuvorkommen.

4. Ideal ist der Kein-Bock-mehr-Verkäufer
Frage den Makler oder Eigentümer immer, warum er verkaufen will. Je nüchterner und emotionsloser die Gründe sind, desto schlechter für dich. Mit anderen Worten: Wenn der Verkäufer möglichst viel Gewinn erwirtschaften möchte, vergiss es. Wenn etwa eine Erbengemeinschaft den Kuchen möglichst lukrativ unter sich aufteilen will oder der Eigentümer aufgrund der Marktentwicklung den richtigen Zeitpunkt für gekommen hält, dominiert auf der Gegenseite die Gewinnmaximierungsabsicht. Da lässt man sich Zeit und pokert hoch. Anders sieht es aus, wenn der Verkäufer die Immobilie aus den verschiedensten emotionalen Gründen möglichst bald loswerden will. Beispiele: Er hat keine Lust mehr auf Stress mit dem Mieter. Die Eigentümerin zieht zu den Kindern oder trennt sich aus anderen Gründen vom viel zu großen Eigenheim. Der Eigentümer wollte die Immobilie als Erbe für die Kinder erhalten, die aber eh nie zu Besuch kommen, wovon er die Schnauze voll hat. Und sowieso ist jede Form von Bedarf an schnellem Geld der Gegenseite immer von Vorteil für dich. In solchen Fällen ist die andere Seite kompromissbereiter und du kannst – auch mit dem Hinweis auf schnelle Abwicklung – einen günstigen Preis verhandeln. Verliebe dich bei alldem möglichst nicht in eine Immobilie, die du dann unbedingt haben willst. Wäge nüchtern ab. Das fällt naturgemäß bei Vermietungsimmobilien leichter, als wenn du selbst einziehen möchtest.

5. Keine Angst vor Schulden
Viele Menschen scheuen den Immobilienkauf, weil sie »keine Schulden machen wollen«. Wäre diese Sorge verbreitet, brächen der Staat und weite Teile der Wirtschaft zusammen, die Investitionen ganz selbstverständlich über Kredite (teil-)finanzieren. Man sollte klar trennen zwischen »Schulden« und »Verbindlichkeiten«. Wenn du einen Kredit bei einer Bank aufnimmst, den du zum vereinbarten Zinssatz bezahlst und monatlich tilgst, hast du Verbindlichkeiten bei deiner Bank, die du monatlich bedienst. Zu Schulden werden diese erst, wenn du deiner Zahlungsverpflichtung nicht mehr nachkommst. Beim Mieten einer

Wohnung sagst du ja auch nicht, du hättest nun permanent und jahrelang Mietschulden. Solange du deine Miete pünktlich überweist, ist alles in Ordnung. Von Schulden ist erst die Rede, wenn du bei etwas säumig bist. Hab also keine Angst davor, dir für den Immobilienkauf Geld zu leihen. Du verkonsumierst das Geld ja nicht einfach, sondern erhältst einen hohen Gegenwert, wenn du mit Überlegung und gut informiert gekauft hast. Überdies kannst du Immobilienprojekte an deine persönliche Risikofreudigkeit anpassen, also beispielsweise mit 20 bis 30 Prozent Eigenkapital und langfristiger niedriger Zinsbindung auf Nummer sicher gehen. Besitzt du bereits Wohneigentum, kannst du dieses für den Erwerb einer weiteren Immobilie beleihen. Aktien hingegen werden von Banken, wenn überhaupt, nur zu 60 Prozent als Sicherheit akzeptiert. Wenn dann das beliehene Aktiendepot wegen eines Crashs sinkt, kann es passieren, dass du Geld »nachschießen« musst.

Vielleicht wartest du schon ungeduldig auf den Haken bei der ganzen Angelegenheit. Natürlich gibt es auch bei Immobilieninvestitionen Wermutstropfen. Du musst dich kümmern (Mietzahlungen, Hausverwaltung, Wohnungsrenovierungen). Es kann Stress geben mit Mietern oder in der Eigentümergemeinschaft, denn einen Querulanten gibt es da oft. Du bist dem Gesetzgeber ausgeliefert, der heute die Steuern erhöhen kann und morgen eine Mietpreisbremse beschließt, denn du kannst deine Immobilie nicht einfach unter den Arm nehmen und auswandern, sie ist »immobil«, also nicht mobil. Du kannst eine Immobilie nicht von jetzt auf gleich zu Geld machen wie eine Aktie, du bekommst auch keine tägliche Kursanzeige. Wenn du Immobilien wieder veräußerst, zahlst du bei Selbstnutzung vor Ablauf von drei Jahren,[101] bei Vermietung vor Ablauf von zehn Jahren Steuern auf anfallende Gewinne, die sogenannte Spekulationssteuer. Achtung, Spezialtipp: Für drei Jahre Selbstnutzung reichen laut einem Urteil des Bundesfinanzhofs ein Tag im ersten Wohnjahr, 365 Tage im zweiten und wieder ein Tag im dritten Jahr. Wenn du am 31.12. einziehst, kannst du die Wohnung also nach dem 01.01. des übernächsten Jahres ohne steuerliche Nachteile verkaufen.[102] Die »Immobilität« dieser Investitionsform kann man übrigens auch als Pluspunkt sehen. Das Immobiliengeschäft ist weniger kurzatmig, es zwingt dich zu Beständigkeit und dazu, dein Geld beisammenzuhalten. Schließlich sind Kredite zu tilgen und es gilt, deinen guten Ruf bei den Banken zu wahren, auch für dein nächstes Geschäft. Salopp formuliert: Immobilien bringen dich in »Sparzwang«. Du wirtschaftest automatisch mit mehr Bedacht und vermehrst dein Vermögen auf diese Weise mit Sicherheit. Weitere Vorteile von Immobilien:

- Du erwirbst einen Sachwert (Sicherheit durch Substanz).
- Du gewinnst einen Inflationsschutz auf das eingesetzte Kapital: Seit 2011 sind sogenannte »Indexmieten« erlaubt, das heißt, du kannst die Miete jährlich an die Inflationsrate anpassen. Gleichzeitig verliert das langfristige Darlehen (häufig 20 oder 30 Jahre bis zur vollständigen Tilgung) durch die Inflation an Kaufkraft. Wenn eine Vollkornbiosemmel heute 1 Euro kostet, ist es in 20 Jahren womöglich das Doppelte. Entsprechend sind gemessen an der Kaufkraft 100.000 Euro Darlehen in 20 Jahren erheblich weniger wert.
- Mit der Miete kannst du die Darlehensrate begleichen. Und das bedeutet: Jemand anderes zahlt deine Immobilie ab! Wenn die Miete nicht reicht für die Tilgung des Darlehens, ist das auch nicht so schlimm. Ich habe durchaus auch bei Immobilien monatlich was draufgelegt, und trotzdem waren sie durch den Wertzuwachs eine gute Investition. Mit Mietrenditen von 1 bis 2 Prozent solltest du dich nur dann zufriedengeben, wenn du ziemlich sicher sein kannst, dass die Immobilie im Wert steigt.
- Du hast Steuervorteile, da du mit der Immobilie verbundene Kosten (Zinsen, Notargebühren, Renovierungskosten) steuerlich geltend machen und jährlich einen Prozentsatz des Gebäudewerts abschreiben kannst.[103] Im Gegenzug musst du die Miete als Einnahme versteuern. Aufpassen solltest du auch bei der »Drei-Objekte-Grenze«: Wer mehr als drei Wohnungen oder auch Grundstücke, Garagen oder Gewerbeimmobilien binnen fünf Jahren verkauft, wird steuerlich als Gewerbetreibender eingestuft. Als

Gewerbetreibender kannst du Objekte nicht mehr nach zehn Jahren (respektive drei Jahren bei Selbstnutzung) steuerfrei verkaufen.
- Durch die Mieteinsparung oder einen Verkauf eignen sich Immobilien als Altersvorsorge. Eine abbezahlte selbst genutzte Immobilie erspart dir die Mietkosten im Alter, vorausgesetzt, Lage und Ausstattung machen es möglich, dass du dort auch mit 80 oder 90 wohnen kannst, weil du dich nicht vor Jahrzehnten in die verwinkelte Maisonette im fünften Stock ohne Fahrstuhl verliebt hast. Besser allerdings sind *vermietete* Immobilien als Altersvorsorge, sogar, wenn sie noch nicht ganz abbezahlt sind, unter anderem, weil du vorher die erwähnten Steuervergünstigungen hast und weil du sie natürlich auch einfach »versilbern« kannst.
- Gute Orte und gute Lagen steigen seit vielen Jahren im Wert und werden dies vermutlich auch weiterhin tun.

Schauen wir uns die Vor- und Nachteile einer Investition in Immobilien abschließend noch einmal auf einen Blick an:

Vorteile von vermieteten Immobilien	Nachteile von vermieteten Immobilien

• »Sparzwang« macht dich automatisch reich
• Kann nicht täglich verkauft werden (zwingt dich zu Beständigkeit)
• Keine tägliche Kursanzeige wie bei Aktien (verführt dich nicht zum Zocken)
• Gute Orte und gute Lagen steigen im Wert
• Inflationsschutz durch die Miete
• Inflationsschutz durch das Darlehen, das an Wert verliert
	• Gute Immobilien erfordern hartnäckige Suche
	• Kann nicht täglich verkauft werden
	• Keine tägliche Kursanzeige wie bei Aktien (aktueller Preis nicht vollständig transparent)
	• Immobilie ist »immobil«:
	  – Kann nach Lust und Laune besteuert werden
	  – Gesetzgeber kann nachteilige Gesetze erlassen (wie Mietpreisbremse)

Vorteile von vermieteten Immobilien	Nachteile von vermieteten Immobilien

• Steuervorteile:
  – Zinsen abschreiben
  – Erwerbsnebenkosten abschreiben (Notar, Makler und so weiter)
  – AfA (Jährliche Abschreibung für Abnutzung)
  – Renovierungen allgemein absetzen
• Durch Renovierung Wertzuwachs und höhere Miete
• Nach zehn Jahren steuerfrei verkaufen (Gewinn voll einstreichen)
• Sicherheit, weil Sachwert
• Miete(r) zahlt Darlehen ab, das heißt, jemand anderes zahlt deine Immobilie ab
• Top Altersvorsorge
• Du bist dein eigener Chef
• Du verdienst Geld, wenn du wach bist und wenn du schläfst
	• Immobilienverwaltung macht Arbeit, kostet Geld
	• Mietverwaltung macht Arbeit, kostet Geld
	• Potenziell Stress mit Mietern und Miteigentümern
	• Wert kann auch sinken
	• Leerstandsrisiko
	
	Hier endet die Liste auch schon! Es steht 14 zu 9 für die Immobilie. Die Vorteile von Immobilien-Investments überwiegen die Nachteile also bei Weitem!

Bei all dem kann man sich schon die Frage stellen, warum immer noch so viele Menschen zur Miete wohnen und auch kein vermietetes Wohneigentum aufbauen – auch solche, deren Einkommen das problemlos zuließe. Viele Menschen schätzen die Flexibilität und wollen sich nicht an einen Ort binden. Als Mieter können sie jederzeit die Wohnung kündigen. Allerdings kann man auch Vermieter sein und selbst zur Miete wohnen und so auch flexibel bleiben. Andere haben keine Lust auf den ganzen Aufwand von Suche, Immobilienkauf und Wohnungsverwaltung. Der wahre Grund ist vielfach jedoch ein anderer: Das zur Verfügung stehende Geld wird lieber verkonsumiert als gespart und investiert. Bis heute habe ich

Mieter, die, gemessen an den üblichen Statussymbolen und den bewohnten Quadratmetern, auf größerem Fuß leben als ich selbst, von meinen kargen Anfangsjahren als Immobilieninvestor ganz zu schweigen. Das ist auch völlig in Ordnung, ich habe das ja für mich selbst so gewählt. Nur finde ich es schon ein bisschen scheinheilig, dann das Klischee der bösen Vermieter zu pflegen, die anderen ihr sauer verdientes Geld abknöpfen. Kostenfreies Wohnen gibt's nur im Knast, Wohnen zum Spottpreis allenfalls im Sozialismus. Aber da wird es dann auch eng mit Luxus und Statussymbolen. Ich kann dir versichern: Es ist ein super Gefühl, wenn dein Vermögen still und heimlich wächst und du eines gar nicht so fernen Tages aufwachst und feststellst: Mir kann keiner mehr was! Ich muss mir finanziell nie mehr Sorgen machen.

GELD UND GLÜCK

»Karma is a beauty.« 😀

Ich weiß, der Spruch geht eigentlich anders: »Karma is a bitch.« Frei übersetzt: Das Schicksal ist ein Miststück. Glück haben immer nur die anderen. Der Toast fällt immer auf die Marmeladenseite und prompt auf die frisch gewaschene Lieblingshose. Die zweite Hälfte des Spruchs kennen viele gar nicht: »Karma is a bitch only when you are.« Auch wenn ich mich damit kalenderspruchverdächtig mache: Ich bin felsenfest überzeugt, du kriegst im Leben das zurück, was du aussendest. Meist sogar hundertfach. Vielleicht nicht gleich heute, aber definitiv irgendwann in der Zukunft. Und da wir gerade bei den Kalendersprüchen sind: »Glück ist meist nur ein Sammelname für Tüchtigkeit, Klugheit, Fleiß und Beharrlichkeit.« Sagte ein Mann namens Charles Kettering. Obwohl dieser sein Ingenieurstudium wegen eines Augenleidens zweimal unterbrechen musste, hielt der Farmersjunge am Ende seines Lebens über 300 Patente. Er gründete ein Forschungslabor und war fast drei Jahrzehnte Entwicklungschef von General Motors, zu einer Zeit, als diese Firma noch ein Leuchtturm der US-Wirtschaft war. Zu seinen Erfindungen zählen unter anderem ein serientauglicher Anlasser für Verbrennungsmotoren, die elektrische Fahrzeugbeleuchtung, die elektrische Registrierkasse und ein Inkubator für Frühgeburten. Ich stelle mir Herrn Kettering als einen glücklichen Menschen vor. Ich glaube nicht, dass er Geldsorgen hatte. Geld stellt sich bei so viel individuellem Wert, den jemand in die Gesellschaft einbringt, automatisch ein.

Geld und Glück hängen tatsächlich zusammen, aber ganz anders, als gemeinhin behauptet wird. Geld allein macht weder glücklich noch unglücklich, es erleichtert schlicht das Leben. Und auch, wenn nicht alles, was glücklich macht, Geld kostet: Mit Geld kann man ziemlich viele Dinge tun, die definitiv Glückspotenzial haben. Da trifft es sich gut, dass die Grundhaltungen, die unser Leben glücklicher machen, sich auch beim Reichwerden bewähren. Darum geht es in den letzten Kapiteln dieses Buches.

26 • VERSCHWENDE DEINE ZEIT NICHT

> »Zeitvertreib, der – Mittel zur Förderung des Trübsinns.
> Milde Übung in intellektueller Debilität.«
> (aus: »Des Teufels Wörterbuch«, 1906)
>
> Ambrose Bierce, US-Schriftsteller und Journalist (1842–1914)

Ich weiß nicht, was Ambrose Bierce, ein seinerzeit bekannten Zyniker, zu seinem harschen Urteil über den Zeitvertreib veranlasst hat. Im späten 19. Jahrhundert gab es außer Teegesellschaften, Hausmusik und Angelausflügen wahrscheinlich nur wenige Möglichkeiten, seine Zeit zu verdaddeln, eine Playstation hatte er auf jeden Fall noch nicht. Kehrte Bierce heute für einen Tag auf die Erde zurück, es würde ihm die Sprache verschlagen. Nach dem Freizeit-Monitor von 2020 haben die Deutschen im Schnitt 2537 Stunden freie Zeit pro Jahr, das sind gut 105 Tage. Da fragt man sich tatsächlich, warum die meisten von uns nie Zeit haben und dauergestresst durchs Leben düsen. Und da es kaum etwas gibt, was heutzutage nicht erforscht ist, lassen sich auch darauf empirisch abgesicherte Antworten geben. Im Schnitt gehen täglich schon mal zweieinhalb Stunden fürs Smartphone drauf, und noch einmal zwei Stunden für andere »Unterhaltungsmedien«. Bei den 18- bis 29-Jährigen frisst der Hosentaschencomputer sogar volle vier Stunden pro Tag, fand ein Marktforschungsinstitut vor einigen Jahren heraus, und weniger geworden ist das inzwischen wohl kaum. Natürlich werden da nicht vorwiegend Bildungsinhalte konsumiert. (Wobei ich Schminktipps und Muskelaufbaustrategien mal nicht als Bildung zähle.) Volle drei Stunden verbringen die 18- bis 24-Jährigen nach einer anderen Studie, einer groß angelegten Umfrage der Universität Münster, allein in den sozialen Medien. Der Durchschnitt über alle Altersklassen liegt hier bei einer Stunde und 18 Minuten. Bierce würde sagen: Wir machen den halben Tag lang Debilitätsübungen. Und auch mit seiner Trübsinnsthese zum seichten Zeitvertreib liegt er richtig, denn glücklich macht weder die Schwemme perfekter Bilder noch der selbst empfundene Zwang des »Always on«-Seins und permanenten Reagieren-Müssens (»Von dir hab ich auf meine WhatsApp-Nachricht von gestern nicht mal 'nen Smiley bekommen!!! ☹ ☹☹«). Je mehr Zeit Menschen mit sozialen Medien verbringen, »desto geringer ist ihre Lebenszufriedenheit, desto überdurchschnittlicher ihr Stresslevel, ihre Aggressivität, und desto häufiger vertreten sie radikale Ansichten«, fand die Münsteraner Forschergruppe um Prof. Thorsten Hennig-Thurau heraus.[104]

Vielleicht spüren wir intuitiv, dass wir unsere Zeit und damit unser Leben verschwenden, wenn wir uns permanent auf Angstagram, Fratzbuch, Zitter und PikPok tummeln, und das verhagelt uns die Laune – neben all den geschönten Fotos, die uns das Gefühl geben, als fade und graue Durchschnittsmaus ein langweiliges und graues Durchschnittsmäuseleben zu führen, während alle anderen tapfere Tiger sind, die ständig aufregende Dinge erleben. Social-Media-Kanäle sind ein bisschen wie Schokolade futtern: In Maßen kann man's genießen, aber es hat Suchtpotenzial, und wenn man es übertreibt, drohen Bauchweh, Übergewicht und Frust. Nicht nur beim Geld lohnt es sich, Ausgaben und Investitionen zu trennen (vgl. Kapitel 7). Du erinnerst dich: Eine Ausgabe kostet Geld, eine Investition bringt auf Dauer Geld. Eine Ausgabe entfernt dich von deinen Zielen (wie zum Beispiel finanzieller Freiheit), eine Investition bringt dich deinen Zielen näher. Das kannst du eins zu eins auf deine Zeit übertragen. Wie viel von dem, was du täglich tust, bringt dich deinen eigentlichen Zielen näher? Und wie viel entfernt dich davon? Auch Zeit kann man wie Geld »sinnlos verprassen«. Gelegentlich macht das sogar Spaß, entspannt und ist in dem Moment gar nicht mehr sinnlos, denn keiner kann permanent funktionieren und produktiv sein. Dennoch solltest du darauf achten, deine Zeit nicht zu verschwenden. Anders als Geld ist Zeit für immer weg und nicht einfach nur bei jemand anderem. Du kannst nichts wiedergewinnen oder durch Mehrarbeit wieder reinholen, genauso wenig,

wie du versäumten Schlaf »nachschlafen« kannst. Es gibt kein Zeitsparkonto, keine Zeitzinsen oder Zeitrenditen, die du dir später auszahlen lassen kannst. Höchstens das Überstundenkonto in der Firma, aber auch das wird am Schluss oft eher mit Geld ausgeglichen als mit mehr Freizeit. Ich glaube nicht, dass irgendjemand in 40 oder 50 Jahren bedauern wird, nicht mehr Zeit im Internet, vor dem Fernseher oder im Büro verbracht zu haben. Heute ist der richtige Zeitpunkt, das zu tun, was man mit 90 auf keinen Fall versäumt haben will!

Vielleicht läuft da ja gerade ein kleiner Film in deinem Kopf an ...

Die Frage »Ausgabe oder Investition?« bewährt sich im Alltag. Selbermachen beispielsweise ist Zeit- und damit Geldverschwendung, wenn ein anderer das gewünschte Ergebnis billiger – und oft auch besser und schneller – erreicht. Wenn der Maler 40 Euro die Stunde kostet, und du selbst verdienst 60 Euro die Stunde, frag dich, ob du wirklich selber streichen willst. Übrigens auch, wenn du 40 Euro die Stunde verdienst, aber doppelt so lange brauchst wie der Profi. In der Zeit, in der der Maler aktiv ist, könntest du entweder selbst Geld verdienen, dich fortbilden, um deinen Marktwert im Job zu erhöhen, oder etwas tun, das dich wirklich mit Sinn erfüllt. Wände streichen gehört für die meisten Menschen eher nicht dazu. Und auch umgekehrt wird ein Schuh draus: Solange du weniger verdienst als ein möglicher Dienstleister, ist Selbermachen sinnvoll, sofern du es dir zutraust. Gilt also nicht für Starkstromanschlüsse oder die Wartung von Gasthermen.

Ich stelle mir routinemäßig die Frage: »Ist XXX es mir wert, dass ich meine Zeit damit verbringe?« Ich wartete vor einigen Jahren in einer elend langen Taxi-Schlange am Flughafen in Las Vegas, bei 40 Grad im Schatten und kräftigem Wüstenwind. Unser Urlaub war ohnehin nur sehr kurz, und es sah aus, als ob wir noch mindestens eine Stunde hier stehen würden. Ich habe den Mann, der die Taxis herbeipfiff, mit 20 Dollar in der Hand freundlich gefragt, ob wir die »Schlange überspringen« können (»Can we skip the line?«). Gelernt habe ich das von amerikanischen Touristen, die sich so schon vorher mehrfach den Platz vor uns gesichert hatten. Er war sofort einverstanden. Wohlgemerkt, das hätte jeder in der Schlange machen können, in dieser Stadt, in der mit Geld fast alles geht. Und was mit

Geld nicht geht, geht mit mehr Geld. Nur war den anderen die Zeitersparnis keine 20 Dollar wert. Uns schon (geteilt durch zwei), und so konnten wir bei knapp bemessener Freizeit einen entspannten Abend verbringen. Und falls du dich jetzt fragst, ob ich etwa im Casino war: Ja, einmal wollte ich auch die Stadt sehen, in der Ahnungslose ihr Geld verzocken. Ich kann dir bestätigen, dass man beim Glücksspiel nicht reich wird.

Sei dir bewusst, was deine Zeit wert ist – finanziell, aber auch ideell gesehen. Erlebnisse machen glücklicher als Besitz – frei nach dem schon zitierten niederbayerischen Philosophen Mikaelis Haginakis: »Am Ende bleiben die Momente.« Für unvergessliche Erlebnisse gebe ich weit bedenkenloser Geld und Zeit aus als für materielle Anschaffungen (von Immobilien einmal abgesehen), ich weiß inzwischen einfach um die geringe Halbwertzeit der Freude, die Materielles auslöst. An das tolle Abendessen in einem besonderen Restaurant oder den Flug über der Wüste erinnert man sich noch in vielen Jahren. An vieles andere, was wir sonst so kaufen, nicht. Ich habe noch niemanden begeistert sagen hören: »Das war doch das Jahr, in dem ich meine Moncler-Jacke gekauft habe!« Meine begrenzte Lebenszeit ist es mir wert, mit schönen Momenten gefüllt zu werden, am besten im Kreise lieber Menschen und nicht mit den gerade angesagten Produkten.

Auch beim Pflegen von Kontakten bin ich geizig, wenn es um Nervensägen geht, und freigiebig, wenn es sich um echte Freunde und lohnende Begegnungen handelt. Niemand zwingt dich, kostbare Stunden mit Menschen zu verbringen, die dich langweilen oder durch dauerhaftes Jammern runterziehen, nur als Publikum für ihre Ego-Show missbrauchen oder zu jeder deiner Lösungen sofort ein Problem parat haben. »Nein« ist ein Zauberwort, das einem viel Ärger ersparen kann – und Achtung: »Nein« ist ein ganzer Satz! Bedenke das, wenn das nächste Mal jemand etwas von dir will. Begründe übrigens nie ein Nein, wenn du nicht musst. Und das gilt ausdrücklich auch für Blutsverwandte. Vor einiger Zeit unterhielt ich mich auf einer Feier mit einer evangelischen Pastorin über dies und das. Irgendwann erzählte sie, ihr Mann (ebenfalls Pastor) besuche seine Familie seit Jahren allein: »Wenn ich mitfahre, brauche ich immer zwei Tage, um mich von den Sticheleien und persönlichen Angriffen dort zu erholen. Warum soll ich mir das antun?« Es ist also nicht unmoralisch, sich dem Einfluss negativer Kontakte zu verweigern. Wir sind nicht auf der Welt, um nach der Pfeife anderer zu tanzen. Denk dran: Du bist der Chef in deinem Leben. Vielleicht ziehst du mal eine »Beziehungsbilanz«? Dazu listest du die zehn Menschen in deinem Umfeld auf, mit denen du am meisten zu tun hast, und bewertest sie (ja, ich weiß, Menschen bewerten klingt etwas hart) auf einer Skala von eins (»tut mir nicht gut«) bis zehn (»ist unverzichtbar für mein Leben«). Mach das bitte, ohne die Sieben zu benutzen. Die Sieben ist auf einer solchen Skala immer das Hintertürchen der Entscheidungsscheuen. Mit einer Sieben beziehst du keine klare Position. Wenn jemand ein menschlicher Gewinn für dich ist, geh auf die Acht. Wenn du die Sechs wählen musst, bist du sehr nah an der Fünf, und damit schon nur noch knapp über »tut mir eher nicht gut«. Diese Bewertungsmethode rate ich dir übrigens für alle Bereiche, in denen du selbst eine Beurteilung vornehmen möchtest oder in denen du andere um eine Einschätzung bittest: immer ohne die Sieben!

Zurück zu den zehn Menschen in deinem Leben, mit denen du am meisten zu tun hast. Verringere den Einfluss derjenigen, die im unteren Bereich der Skala angesiedelt sind. Dazu musst du den Kontakt nicht zwingend abbrechen, aber du kannst ihn einschränken und stattdessen Menschen in dein Leben lassen, die dir guttun und von denen du lernen kannst. Insbesondere der Austausch mit Menschen, die schon da sind, wo du gerne hinmöchtest, wird dich enorm weiterbringen. Ich selbst hatte in Sachen Geld erfahrene Mentoren, die ihr Wissen gerne weitergaben, sobald sie Wertschätzung und echtes Interesse spürten. Entsprechend meiner »WIN-Formel« (Wertschätzung – Interesse – Nutzen) habe ich mir dabei immer Gedanken gemacht, wie ich Ihnen nützlich sein kann (vgl. Kapitel 14 »Der Wert deiner Kontakte«). Ein erster Schritt, um dein Umfeld zu erweitern, können Facebook-Gruppen sein, in denen Experten ihr Wissen teilen und interessante Diskussionen geführt werden, oder auch Blogs mit werthaltigen Beiträgen oder Bücher wie das, das du gerade in den Händen hältst.

Unsere Zeit ist kostbar, weil endlich. Lass sie dir von niemandem stehlen, sondern gestalte sie zu deinem Besten. Genieß das Leben. Investiere in deine Gesundheit und deine Bildung. In gewisser Weise kannst du deine Zeit dabei tatsächlich verdoppeln, etwa wenn du auf dem Laufband einen interessanten Podcast hörst, beim Kochen einen Vortrag auf dem Laptop verfolgst oder dir beim Autofahren ein Audiobook vorlesen lässt. Nutze Wartezeiten, ob am Bahnhof oder im Wartezimmer beim Arzt. Es erstaunt mich immer wieder, wie viele Menschen die Zeit dort mit Sitzen und Löcher-in-die-Luft-Starren oder Social Media verbringen. Das Internet ist voller Onlinekurse und nützlicher Tutorials. Auch gute Präsenzseminare sind eine tolle Möglichkeit, den eigenen Horizont zu erweitern und neue Kontakte zu knüpfen. Schaffe Routinen, mit denen du in dich selbst investierst – Sportroutinen, Begegnungsroutinen, nicht zuletzt Bildungsroutinen. Auch Wissen wirft Zinseszinsen ab und potenziert so deine Möglichkeiten.

27 • WAS DU FOKUSSIERST, WIRD GRÖSSER

> *»Ein Durchschnittsmensch, der sich auf den wirkungsvollsten Punkt konzentriert, wird erfolgreicher sein als ein Genie, das sich verzettelt.«*
>
> Wolfgang Mewes, Erfinder der EKS-Strategie[105] (1924–2016)

Erinnerst du dich noch, wie du dich mit 15 gefühlt hast, wenn du mit einem Pickel im Gesicht aufgewacht bist? Von Stund an wurde das Ding in deinen Augen immer größer. Jeder würde das sehen – und nur noch den Pickel sehen. Das ganze Gesicht, nur Pickel. Deine Mutter hatte einfach keine Ahnung: »Pickel? Zeig mal. Ach, das. Ist doch nicht so schlimm.« Worauf wir unsere Aufmerksamkeit lenken, das wächst – in unseren Augen wie in unserem Bewusstsein. Wir ziehen es so förmlich in unser Leben. Die Aufmerksamkeit ist eine Art Torwächter, der darüber entscheidet, was zu uns vordringt. Und unsere Wahrnehmung ist notgedrungen selektiv, weil wir gar nicht alle Eindrücke, die zeitgleich auf uns einprasseln, verarbeiten können. Folge: Wir nehmen vorwiegend das zur Kenntnis, was uns interessiert oder was wir erwarten.

Beobachte dich mal selbst. Nehmen wir an, du spielst momentan mit dem Gedanken, ein Wohnmobil oder ein bestimmtes Automodell zu kaufen. Ab diesem Zeitpunkt werden dir Wohnmobile oder genau dieses Auto im Straßenverkehr viel öfter auffallen – bis du irgendwann denkst: »Nahezu jeder fährt so ein Ding.« Das ist selektive Wahrnehmung. Wenn du dich auf das Negative und den Mangel in deinem Leben konzentrierst, konditionierst du dein Unterbewusstsein darauf, genau das wahrzunehmen. Tatsächlich funktioniert aber auch die gegenteilige Konditionierung. Wenn du täglich mithilfe einer kleinen Übung daran arbeitest, das Positive in deinem Leben zu sehen, wirst du sehr schnell an einen

Punkt kommen, wo eben genau das in deinem Leben dominiert. Ist das nicht schön? Diese Übung ist sehr einfach und dauert nur fünf Minuten am Tag. Ich habe sie schon an anderer Stelle erwähnt, weil sie so wichtig ist. Mach sie morgens, abends oder wann auch immer du Zeit hast. Schreib dir einfach die fünf Dinge auf, die dir heute (oder gestern) im beruflichen oder privaten Bereich gut gelungen sind. Die Fokussierung auf Dinge, die *gut* gelaufen sind, führt zum gleichen Effekt wie bei den Wohnmobilen im Straßenverkehr. Du wirst vermehrt die positiven Seiten deines Lebens sehen. Die Aufmerksamkeit geht immer dahin, worauf du deinen Fokus richtest.

Fokus ist ein zentrales Erfolgsmoment im Leben. Auf was konzentrierst du dich? Was immer es ist, es gewinnt an Bedeutung – zum einen, weil du es überhaupt wahrnimmst, zum anderen, weil es dein Denken und Handeln auch darüber hinaus bestimmt. Wer Möglichkeiten sucht, entdeckt Möglichkeiten. Wer Probleme sucht, findet Schwierigkeiten. Seit ich mich für Immobilien interessiere, laufe ich beispielsweise mit anderen Augen durch die Welt. Ich registriere es, wenn Viertel sich langsam verändern, zum Besseren wie zum Schlechteren. Mir fallen Bauschilder mit Projektankündigungen auf, an denen andere hundertmal achtlos vorbeigehen. Ich stolpere in der Buchhandlung über nützliche Bücher und werde im Netz auf einschlägige Expertenblogs aufmerksam. Und ich bin geistesgegenwärtig genug, beim Abschluss eines erfolgreichen Immobiliengeschäfts den Verkäufer zu fragen: »Haben Sie vielleicht noch eine Immobilie?« Wie ich dir schon erzählt habe, kam ich auf diese Weise zu meiner dritten Wohnung: War das Glück? Nein – es war das Ergebnis meines Fokus.

Sich auf Lösungen und Möglichkeiten zu fokussieren, verändert das Leben. Frag dich nicht, *ob* du dir etwas leisten kannst, sondern frage dich, *wie* du es dir leisten kannst. Sag dir nie, dass etwas nicht geht, sondern frag dich, *wie* es geht. Frag deinen Chef nicht, *ob* du mehr Geld bekommen kannst, frag ihn, *wie viel* mehr du bekommst oder *was du tun musst*, um mehr Geld zu bekommen. Die Qualität der Frage bestimmt die Qualität der Antwort, und das »Wie« lenkt deine Aufmerksamkeit auf die Suche nach Lösungen. Deine finanzielle Situation wird sich um 180 Grad drehen, wenn du nicht mehr fragst, ob du reich werden kannst, sondern indem du definierst, was »reich werden« für dich in genauen Zahlen bedeutet und wie du dieses Ziel konkret erreichst. Dieses große »Wie« kannst du dann wieder auf viele kleine Schritte in Richtung deines Zieles herunterbrechen. Viele Menschen fragen sich weder *ob* noch *wie*, sondern sie konzentrieren sich auf die Suche nach Gründen, warum sie das niemals schaffen werden: »Dazu verdiene ich zu wenig.« – »Dazu muss man geerbt haben.« – »Dazu bin ich zu alt.« – »Ich habe einfach immer Pech.« Das sind die klassischen »Ja-Aberer«, die in jeder Suppe viele Haare finden, ach, was sag ich, ganze Perücken schwimmen in deren Suppentellern. Man könnte sie auch als »Mangler« bezeichnen, weil sie ständig nur den Mangel suchen, damit natürlich immer den Mangel finden und so auf magische Art und Weise wieder und wieder den Mangel in ihr Leben ziehen. Das »Ja, aber« ist das Vaterunser eines Manglers. Mangler schleppen ständig einen Sack voller Probleme mit sich herum und sind erstaunlich resistent gegen Lösungsvorschläge: »Ja, aber das funktioniert bei mir nicht.« *(Im Namen des Vaters ...)* »Ja, aber wann soll ich das denn machen?« *(... und des Sohnes ...)* Und gleich mit doppeltem Aber: »Ja, aber das ist aber schwierig!« *(... und des Heiligen Geistes. Aber-Amen!)* Als gäbe es ein Menschenrecht darauf, dass alles einfach ist. Jeder von uns hat nur ein begrenztes Maß an Energie zur Verfügung. Investieren wir diese Energie lieber in Lösungen, als sie folgenlos für Abwehrkämpfe auszugeben. Wenn dir das schwerfällt, liegt das möglicherweise daran, dass in deiner Familie die Ja-Aberer, die Mangler und Schwarzseher den Ton angaben. Dann war deine Erziehung eher ein Trainingslager im Probleme-Finden als ein Ermutigungscamp. Doch es ist nie zu spät, den eigenen Fokus zu verändern. Zu unser aller Entschuldigung muss ich natürlich auch sagen, dass wir rein genetisch gesehen Nachfahren von »Ja-Aberern« sind. Wenn in der Steinzeit ein Säbelzahntiger aus dem Gebüsch kam und der eine sagte: »Der will doch nur spielen«, und sein Kumpel rief im Wegrennen: »Ja, aber der sieht gefährlich aus!«, dann ist ziemlich klar, wer von den beiden später noch Gelegenheit hatte, sich fortzupflanzen. Also seien wir nicht zu streng mit uns und auch nicht mit den anderen.

Fokus bedeutet aber nicht nur Konzentration auf das Wesentliche, und hier eher auf Lösungen als auf Probleme. Fokus bedeutet auch, ein klares

Ziel im Blick zu haben. Auf diese Weise fällt es leichter, Wesentliches von Unwesentlichem zu trennen und Hindernisse zu überwinden. Wer beim Aufstieg am Berg das Gipfelkreuz im Blick hat, für den schrumpfen die Hindernisse auf dem Weg dorthin. Der steigt einfach über den quer liegenden Baumstamm auf dem Weg, während der andere den Baumstamm betrachtet und sich denkt, dass er da wirklich nicht drüberkommt. Wenn du genau weißt, wofür du etwas tust, mobilisierst du eher die Kräfte für die Umsetzung. Denk an Zeiten zurück, in denen du unbedingt etwas erreichen wolltest – eine Prüfung bestehen, ein Unternehmen gründen, ein Haus bauen. Im Nachhinein wunderst du dich vielleicht, wie du das damals alles gewuppt hast. Nach meiner Pennystock-Pleite hatte ich nur ein Ziel im Fokus: Die 35.000 Euro Schulden zurückzahlen und durch das Abbezahlen meiner ersten eigenen Wohnung finanzielle Sicherheit aufbauen. Heute frage ich mich, wie ich das schaffen konnte: Radio-Job mit Morning-Show, Aufstehen mitten in der Nacht, dann am Nachmittag an die Uni, abends die Magisterarbeit schreiben und am Wochenende weitere Auftritte als Josef Nullinger auf verschiedenen Bühnen, um möglichst viel Geld zu verdienen. Und bei all dem eisern sparen und brav den Kredit tilgen. Ziele, für die man brennt, geben Kraft.

Wer fokussiert ist, konzentriert sich auf das, was ihm wichtig ist, und blendet (für ihn) Unwichtiges aus. Es ist sicher kein Zufall, dass zwei der reichsten Männer auf diesem Planeten, Bill Gates und Warren Buffett, auf die Frage nach der Hauptursache Ihres Erfolgs unabhängig voneinander dasselbe auf einem Zettel notierten: »Fokus«. Die Frage stellte übrigens Bill Gates' Vater bei einem Treffen von 20 Menschen im Hause Gates. Sein Sohn Bill und Buffett konzentrierten sich schon ganz früh auf eine einzige Sache, die ihnen jeweils am allerwichtigsten war: Programmieren im Fall von Gates, Investieren im Fall von Buffett.[106] Fokus verhindert, dass wir uns verzetteln. Fokus ermöglicht uns, auf einem Gebiet Herausragendes zu leisten statt auf vielen Gebieten Mittelmäßiges. Kein Leistungssportler trainiert gleichzeitig Hürdenlauf und Schwimmen, und selbst Zehnkämpfer beschränken sich auf Leichtathletik und wollen nicht gleichzeitig noch Schachweltmeister werden, auch wenn beide nach dem Training möglicherweise matt sind. Fokus setzt daher auch Entscheidungen voraus, was man *nicht* tun will. Und diese Entscheidungen sind in einer Welt der tausend Möglichkeiten und des grassierenden FOMO-Syndroms alles andere als einfach. Mit der Angst, etwas zu verpassen (»*Fear Of Missing Out*«) beschäftigen sich inzwischen schon Krankenkassen[107] – verrückte Welt. Vielleicht sollten wir die nächste Quinoa-Bowl im toootaaal coolen Bistro oder den nächsten Blick aus dem Hotelfenster auf die Strandpromenade einfach mal nicht posten, als kleinen persönlichen Beitrag zur Bekämpfung des FOMO-Virus.

Auf verschiedenen Ebenen bedeutet Fokus also:

1. Übergeordnete Ziele im Leben zu kennen, sie konkret zu visualisieren und darauf hinzuarbeiten (Beispielziele: finanzielle Freiheit, die man mit genauen Zahlen beziffert, eine Familie, eine bestimmte Art von Karriere),
2. seine maximal drei bis fünf Kernwerte zu kennen und Entscheidungen daran auszurichten (Beispielwerte: Freiheit, Sicherheit, Abenteuer, Disziplin, Hilfsbereitschaft, Idealismus, Pflichtgefühl, Professionalität, Reichtum, Spaß, Tradition, Verantwortung, Unabhängigkeit, Wissen – und viele mehr, denn die Liste ist potenziell unendlich),
3. seine Stärken und Talente kennen und sich auf deren Vertiefung zu konzentrieren, statt an seinen Schwächen herumzudoktern – also Stärken stärken und Schwächen vernachlässigen (Bill Gates war Computer-Nerd mit Leib und Seele und versuchte nicht, auch noch als Sportskanone zu überzeugen),
4. es sich zur Gewohnheit zu machen, nach Lösungen zu suchen, statt über Probleme zu lamentieren,
5. im Alltag jeden Tag die Entscheidung zu treffen, was heute wichtig ist und vorrangig erledigt werden sollte und was vernachlässigt werden kann.

Die ersten drei Punkte sprengen – mit Ausnahme der finanziellen Freiheit – den Rahmen dieses Buches, Punkt 4 haben wir schon beleuchtet. Und für Punkt 5 gibt es ein ziemlich bekanntes und bewährtes Prinzip: die 80/20-Regel, nach ihrem Erfinder Vilfredo Pareto auch Pareto-Prinzip genannt. Im Kern lenkt Pareto die Aufmerksamkeit darauf, dass Aufwand und

Ertrag nicht in einem linearen Verhältnis zueinanderstehen. In vielen Fällen sind circa 20 Prozent des Aufwands für circa 80 Prozent eines Resultats verantwortlich. Wenn du zum Beispiel eine PowerPoint-Präsentation erstellst, bist du häufig nach 20 Prozent der Zeit »fast fertig«. Doch dann fragst du dich, ob das nicht auch noch ein bisschen schöner geht? Und schon beginnst du, an Formulierungen zu feilen und Grafiken zu ändern. Am Ende sind 80 Prozent deiner Zeit für kleine Verbesserungen draufgegangen.

Das Pareto-Prinzip schlägt überall zu:

- 20 Prozent der Kunden machen 80 Prozent des Ärgers, und wiederum (andere) 20 Prozent der Kunden bringen 80 Prozent des Umsatzes. Nimm diesen Satz als Handlungsanweisung, und du sparst dir den Unternehmensberater.
- 20 Prozent des Inhalts unseres Kleidungsschrankes tragen wir 80 Prozent der Zeit.
- 20 Prozent der Sachen, die wir essen, sind für 80 Prozent der überflüssigen Pfunde verantwortlich. Es ist ein Witz, Süßstoff in den Kaffee zu träufeln und dazu Schwarzwälder Kirschtorte zu essen.
- 20 Prozent der Menschen, mit denen wir zu tun haben, verschaffen uns 80 Prozent unserer Lebensfreude. Fatalerweise haben wir oft wenig Zeit für sie, weil wir uns meistens mit den übrigen 80 Prozent herumplagen.
- 20 Prozent der Posten, die wir einsparen, sind für 80 Prozent der Ersparnis verantwortlich. Es bringt relativ wenig, Billigkäse zu kaufen, wenn man dafür mit dem nagelneuen Nobel-SUV zum Discounter fährt. Und – last, but not least:
- 20 Prozent der Finanzstrategien, die wir anwenden, sind häufig für 80 Prozent des Erfolgs verantwortlich. Denk an meinen guten Freund, der allein durch die Einrichtung eines Kontosystems und eine monatliche automatische Sparrate seine finanzielle Situation entscheidend verbesserte.
- In Sachen Finanzen lässt sich das Pareto-Prinzip noch weiter durchspielen: 20 Prozent der Aktien in deinem Portfolio bringen sehr wahrscheinlich 80 Prozent der Rendite. Leider lässt sich nicht sicher vorhersehen, welche das sein werden, sodass man mit einem ETF-

Sparplan sicherer fährt. 20 Prozent der Anlagestrategien bringen 80 Prozent der Rendite. Bei mir sind das die vermieteten Immobilien.

Eigentlich wäre es sinnvoller, vom *20/80*-Prinzip zu sprechen, denn im Grunde geht es darum, sich – in welchem Lebensbereich auch immer – auf die wirkungsvollsten 20 Prozent zu fokussieren, die 80 Prozent bewirken. Anders ausgedrückt: In einer Zeit, in der man ohnehin nie alles schaffen kann, was man gerne tun würde, verspricht eine einzige simple Strategie mehr Erfolg und mehr Zufriedenheit: Konzentriere dich auf das, was die größte Wirkung hat. Wenn du abnehmen willst, spar dir das Kalorienzählen und Brotscheibenabwiegen – lass Schokolade, Kuchen, Chips und Alkohol weg. (Vergiss das mit dem Alkohol-Weglassen, als ich das geschrieben habe, war ich betrunken.) Wenn du als Freiberufler oder Unternehmer mehr Geld verdienen willst, gib dein Bestes für die 20 Prozent zahlungskräftiger Kunden und verabschiede dich konsequent von den Nervensägen. Und wenn du finanzielle Freiheit erreichen willst, fokussiere lieber wenige Maßnahmen, die für dich aktuell umsetzbar sind, als dich von der schieren Fülle der Möglichkeiten lähmen zu lassen.

Zu diesem Thema gibt es übrigens zwei lesenswerte Bücher. Eines ist von Gary Keller (Gründer des größten US-Immobilienunternehmens) und trägt den Titel *The One Thing*. Er empfiehlt die »Fokus-Frage«, die er selbst als »enttäuschend simpel«, aber umso wirkungsvoller bezeichnet: »Welches ist die *eine* Sache, die ich tun kann, sodass alles andere einfacher oder sogar überflüssig wird?«[108] Wenn ich weiß, dass ich Geld sparen möchte, und monatlich viel Geld an der Tankstelle lasse, kann ich zum Beispiel ab sofort das Fahrrad zur Arbeit nehmen. Habe ich übrigens selbst jahrelang gemacht. Das Killerargument »Das geht nicht, dann komme ich verschwitzt an« lässt sich durch ein Pedelec oder Elektrofahrrad entschärfen (oder schlicht durch duschen und Wechselklamotten). Wenn du mit E-Antrieb hinradelst und ohne Unterstützung zurück, sparst du dir gleichzeitig noch das Fitnessstudio. In der Großstadt bist du ohnehin oft schneller als mit dem Auto und kannst dich vielleicht ganz von deinem Wagen trennen. Das spart enorm, und zwar nicht nur Nerven bei der Parkplatzsuche! Und manche Arbeitgeber stellen dir sogar ein Dienstfahrrad. Mit *The One Thing* ist Keller sozusagen der Extremist unter den Pareto-Predigern. Das andere tolle Buch zu dem Thema ist von Richard Koch und heißt einfach *Das 80/20-Prinzip*. Koch bestritt seinen Oxford-Studienabschluss mit dem Pareto-Prinzip. Er fand heraus, dass 20 Prozent der Prüfungsfragen in 80 Prozent der Prüfungen vorkommen, und bereitete sich auf ebendiese vor. Mit durchschlagendem Erfolg.[109] Doch ob ein Ding oder zwei Dinge, 10 Prozent oder 20: Am Ende geht es ums Prinzip – Fokus! Und wenn du das verinnerlichst und umsetzt, wird sich dein Leben radikal verbessern.

28 • GLÜCK IST, WENN VORBEREITUNG AUF GELEGENHEIT TRIFFT

> *»Glück ist kein Geschenk der Götter, sondern die Frucht innerer Einstellung.«*
>
> Erich Fromm, Psychologe und Philosoph (1900–1980)

Wenn du mich ärgern willst, gibt es dafür einen einfachen Satz, den ich immer wieder höre: »Na ja, Mike, bei deinem Vermögen, da hast du halt einfach nur eine gehörige Portion Glück gehabt!«

Kruzefixhimmelherrgottsakrament!

Na klar hatte ich Glück! Und *was* ich für ein Glück hatte! Ich hatte das Glück, viele Jahre wie deppert zu arbeiten, das Glück, dass der Wecker unerbittlich um 3.30 Uhr geklingelt hat, und das Glück, ins Bett gehen zu dürfen, wenn alle anderen sich mit Freunden im Biergarten oder zum Abendessen getroffen haben. Ich hatte das unfassbare Glück, jeden Cent zu sparen, indem ich auf vieles verzichtet habe, was sich andere »einfach mal gegönnt« haben: einen schönen Urlaub, ein neues Auto, eine größere Wohnung, teure Restaurantbesuche. Das Glück von vielen 100-Stunden-Wochen, mit denen ich mich fast in den Burn-out getrieben habe. Das Glück, über Jahre hinweg immer dann, wenn andere Party gemacht haben, arbeiten zu gehen. Das Glück, irgendwann später Stunden über Stunden Immobilienanzeigen zu wälzen und mir dann in ungezählten Besichtigungsterminen Objekte anzuschauen, sie zu prüfen, Unterlagen durchzuarbeiten, Protokolle von Eigentümerversammlungen zu lesen, um die eine Wohnung zu finden, die sich zu kaufen lohnt. Das Glück, in einer Wohnung zu leben, die so klein ist, dass ich mir bis heute überlege, was ich verschenke oder wegwerfe, wenn ich etwas Neues anschaffen will – selbst wenn es sich nur um etwas in der Größe einer Weinkaraffe handelt. Das Glück … – ach woaßt, ich denk, die Botschaft ist klar.

»Glück ist, was passiert, wenn Vorbereitung auf Gelegenheit trifft.« Das ist kein Spruch aus dem Abreißkalender meiner Münchner Stammbäckerei, sondern eine Weisheit des antiken Philosophen Seneca, geboren im Jahre 1 unserer Zeitrechnung und nach Auskunft von Historikern ebenso wohlhabend wie philosophisch. Wer nichts tut, kann auch kein Glück haben. Damit die Glücksgöttin Fortuna ihr Füllhorn vor dir ausleeren kann, darfst du ihr nicht die Tür vor der Nase zuschlagen und dich zu Hause verrammeln – du musst in die Welt hinaus! Natürlich passiert auch mir gelegentlich ein Missgeschick oder ein unglücklicher Zufall. Da schnappt mir jemand eine interessante Wohnung vor der Nase weg. Oder ich fange mir ausgerechnet im Südafrika-Urlaub einen fiesen Magen-Darm-Infekt ein. In solchen Fällen setze ich auf die Lebensweisheit meiner Mama: »Michael, kein Nachteil ohne Vorteil!« Nachdem ich viele Jahre immer den Vorteil im Nachteil gesucht und auch entdeckt habe, wurde daraus ein eherner Glaubenssatz für mich: »Ich habe immer Glück im Leben!« Das ist exakt das Gegenteil von dem, was die meisten Menschen denken: »Ich habe einfach immer Pech!« Inzwischen ist es bei mir ein Automatismus, dass ich *sofort*, wenn irgendetwas ist, das ich kurz als Pech empfinden würde, nach dem Glück suche, das diese Situation mit sich bringt, und es in der Regel auch gleich finde. Ich finde es, weil es ja gar nicht anders sein kann (so funktionieren halt Glaubenssätze, man braucht nur die richtigen). Manchmal finde ich es sofort, manchmal nach Tagen, Wochen, Monaten oder Jahren. Bei dem Magen-Darm-Infekt in Südafrika musste ich drei Tage warten. Dann war ich wieder gesund, und die tolle Tour im Krüger-Nationalpark, die vorher komplett ausgebucht war, hatte wieder zwei Plätze frei. Wir buchten den Rückflug um und hatten den Urlaub unseres Lebens. Kurz darauf wurden wir alle in den ersten Corona-Lockdown geschickt. Was für ein Pech! In dieser Zeit habe ich allerdings angefangen, dieses Buch zu schreiben. Was für ein Glück! Kein Nachteil ohne Vorteil. Oder auch Life happens *for* you, not *to* you – alles in deinem Leben geschieht zu deinem Besten.

Für manche Menschen klingt das nach Gesundbeterei oder naivem »positiven Denken«. Ich halte es schlicht für zielführender als die pessimistische Alternative. Mal ehrlich: Was ist gewonnen, wenn du dir sagst: »Ich habe einfach immer Pech!«? Das lähmt und macht mutlos. Es verankert zudem den Glauben in deinem Unbewussten, dass dir nichts Gutes widerfahren wird. Und meistens passiert dann auch genau das. Du ziehst das Pech in dein Leben. Das ist wie beim Skifahren: Die sicherste Methode, gegen die Fichte zu knallen, ist, bei der Abfahrt zu denken: »Jetzt bloß nicht an den Baum da vorne fahren!« Am Ende geht es immer wieder um unsere Glaubenssätze. Wie wir über uns selbst denken, so wird unser Leben. Dein Unterbewusstsein achtet immer darauf, dass es kongruent ist zu dem, was du dir über dich selbst sagst. »Immer krieg ich die Scheißtypen!« Okay, dein Unterbewusstsein sucht schon nach dem nächsten. »Immer hab ich Pech im Leben!« Zu Befehl, dein Unterbewusstsein findet mit Sicherheit die nächste Bananenschale. »Immer hab ich Stress mit meinem Chef!« Kein Problem, dein Unterbewusstsein fängt schon mal an, die nächste Aufgabe, die er dir gegeben hat, zu versauen, das ist ein Leichtes. Du bist und wirst, was du über dich denkst. Achte mal drauf, wenn du anderen von einer Situation aus deinem Leben berichtest. Welche Rolle gibst du dir hierbei meistens? Bist du der, der immer das Opfer widriger Umstände und der Missgunst unliebsamer Zeitgenossen ist? Oder bist du die, die die Situation immer im Griff hat, am Ende wieder mal alles gemeistert hat und als Siegerin dasteht? So wie wir uns anderen gegenüber in Geschichten aus unserem Leben darstellen, so stellen wir uns auch unserem inneren Selbst gegenüber dar. Und so werden wir. Die gute Nachricht ist: Das können wir beeinflussen, zu jedem Zeitpunkt unseres Lebens. Wer willst du sein? Das ewige Opfer? Oder der, der immer Glück hat im Leben? Sei dir einer Sache sicher: Du triffst die Entscheidung, in welche Richtung auch immer. Und dein Unterbewusstsein wird alles dafür tun, dass dein Leben so aussieht wie das Leben, das du mit dieser Entscheidung gewählt hast. Immer Pech oder immer Glück? Es ist deine Wahl. Eine Wahl, die du – noch mal – jederzeit korrigieren kannst. Und ja, auch hier und jetzt und in dieser Sekunde.

Es geht also nicht um Realitätsverleugnung, sondern darum, in einer konkreten Situation eher den Weg der Lösungsorientierung zu wählen, als routinemäßig in die Selbstmitleidssackgasse abzubiegen oder sich auf das Negative zu fokussieren. Argwöhnisch durch die Steppe zu laufen und überall Gefahren zu wittern, das mag für unsere Urururururahnen lebenserhaltend gewesen sein. Forscher meinen, dass unsere Antennen deshalb bis heute für Negatives empfänglicher sind als für Positives. So gesehen ist Schwarzmalerei ein archaisches Verhaltensmuster. Glücklicherweise haben wir die Steppe vor Jahrtausenden verlassen und können bewusst umsteuern, wenn wir das wirklich wollen. Kostet ein bisschen Mühe und Übung, lohnt sich aber.

Das Wort »Glück« hat interessanterweise zwei Bedeutungsnuancen, die im Englischen klarer unterschieden werden als im Deutschen. Wir können »Glück haben« (»to be lucky«) und »Glück empfinden/glücklich sein« (»to be happy«). Wenn wir uns von dem Gedanken verabschieden, dass Glück (im Sinne von »luck«, also glücklichen Fügungen) immer nur die anderen haben, fördert das auch das persönliche Glücksempfinden. In der Wissenschaft ist man sich einig, dass Glücklichsein nur bedingt mit äußeren Lebensumständen (also mit »luck«) zu tun hat. Wäre das anders, gäbe es keine unglücklichen Millionäre und keine Rockstars, die sich in den Kopf schießen. Amy Winehouse würde noch leben, Janis Joplin wäre Großmutter, und die beiden könnten sich auf einen Tee treffen und Duette singen. Wie kann es sein, dass jemand, dem die Welt zu Füßen liegt, der reich und berühmt ist, so tief unglücklich ist? Sonja Lyubomirsky, eine kalifornische Psychologie-Professorin mit russischen Wurzeln, geht dem Thema Glück seit Jahrzehnten empirisch auf den Grund. Aufgrund von Studien mit Zwillingen kommt sie zu dem Ergebnis, dass etwa 50 Prozent unseres Glücksempfindens genetisch bedingt sind, nur etwa 10 Prozent durch äußere Umstände hervorgerufen werden und 40 Prozent durch »bewusste Verhaltensweisen« jedes Einzelnen erzeugt werden.[110] Menschen haben also tatsächlich ein unterschiedliches Talent zum Glück. Gleichzeitig bleiben jedoch rund 50 Prozent »Handlungsspielraum« übrig, in denen sich jeder bewusst entscheiden kann, glücklicher zu sein. Die Einstellungen und Verhaltensweisen, die dabei helfen, klingen fast zu simpel, um wahr zu sein. Sonja Lyubomirsky kommt auf zwölf: dankbar sein, optimistisch bleiben, Grübeleien und soziale Vergleiche vermeiden, anderen Menschen helfen, Beziehungen pflegen, Bewältigungsstrategien entwickeln, Vergeben lernen, sich Flow-Erlebnisse schaffen (tun, was man liebt), Schönes genießen, seine Lebensträume verwirklichen, Spiritualität/Religion kultivieren und gut für den eigenen Körper sorgen. Fazit: Glück ist eine Entscheidung. Wie Reichtum auch.

29 • AUF DAUER BESITZT MAN, WAS MAN VERDIENT

> *»Wir sind nicht nur verantwortlich für das, was wir tun, sondern auch für das, was wir nicht tun.«*
>
> Molière, Komödiant und Menschenkenner (1622–1673)

Ich habe meine ganz persönliche Theorie, warum Lottomillionären das Geld so häufig durch die Finger rinnt: Sie haben es im wahrsten Sinne des Wortes nicht »verdient« – und zwar wörtlich und auch in einem übertragenen Verständnis. Sie haben den Gegenwert für dieses Geld nicht in die Gesellschaft eingebracht. Deswegen bleibt es auch nicht bei ihnen. Aber natürlich ist es nicht weg, es ist halt nur … du kennst inzwischen den Rest. Den verantwortlichen Umgang mit Geld kann man lernen, doch an große Summen muss man sich gewöhnen. Wenn ein armer Schlucker von heute auf morgen zehn Millionen Euro auf dem Konto hat, ist das so, als ob sich ein Kind aus strengem Ökomilieu (»Unsere Henriette mag nichts Süßes, nur Nüsse und Möhren!«) plötzlich ohne elterliche Aufsicht vor einem opulenten Gummibärchen-Schokokuss-Überraschungsei-Büfett wiederfindet. Henriette oder Henry werden sich vollstopfen, als gäbe es kein Morgen. Lottomillionäre verhalten sich häufig ähnlich. Sie hauen die Kohle raus wie besinnungslos und ohne einen Blick dafür, dass selbst zehn Millionen endlich sind. Hätten sie dieselbe Summe über fünf Jahrzehnte durch Sparen und Investitionen erworben, würden sie sich anders verhalten.

Dauerhafte finanzielle Freiheit ist die Folge von Disziplin, Selbstverantwortung und konsequentem Handeln. Ich rede hier nicht von reichen Erben, die mitunter zu denselben Eskapaden neigen wie manche Lottomillionäre, mit durchaus denselben Folgen. Ich rede von selbst erarbeiteter Unabhängigkeit. Und die basiert auf denselben Tugenden wie die Zufriedenheit in anderen Lebensbereichen. Die bei Weitem wichtigste Tugend ist für mich dabei die Selbstverantwortung. »Es gibt nur einen Chef in meinem Leben, und das bin ich«, ist mein Lebensmotto. Wir können nur bis zu einem gewissen Grad beeinflussen, welche Bälle uns das Schicksal zuspielt. Aber wir können entscheiden, wie wir den Ball annehmen und damit weiterspielen. Wo wir heute stehen, ist die Summe unserer Entscheidungen in der Vergangenheit. Und keine Entscheidung ist auch eine Entscheidung. Wir wissen ja inzwischen: Jeder is', wo er is', weil er is', wie er is'.

Leider ist es leicht, sich in unserer Wohlstandsgesellschaft die Eigenverantwortung abzugewöhnen. Für den Schulerfolg ist die Schule verantwortlich, für die Berufswahl die Berufsberatung, für die Gesundheit der Arzt, für die möglichst niedrige Miete die Stadt, für soziale Sicherheit der Arbeitgeber und für die auskömmliche Rente der Staat. Erwachsene Menschen werden infantilisiert, wie Kinder behandelt, um die man sich permanent kümmern muss. Das mag in manchen Fällen notwendig sein und es ist gut, dass wir soziale Sicherungen haben, die Menschen vor dem Schlimmsten bewahren. In vielen Fällen ist es jedoch träge Gewohnheit. Das Thema Homeoffice war in Corona-Zeiten noch gar nicht zu Ende diskutiert, da hoben schon die ersten Arbeitsschützer wie einstmals Lehrer Lämpel bei Max und Moritz den Finger und verlangten, dass die Arbeitgeber nun aber auch für ergonomisch eingerichtete Arbeitsplätze in den Wohnungen ihrer Mitarbeiter zu sorgen hätten und dabei zum Beispiel kontrollieren müssten, ob der Lichteinfall dort bei der Bildschirmarbeit nicht schädlich für die Augen sei. Ein banales Beispiel, das aber die grassierende Vollversorgungs- und Vollkaskomentalität illustriert. Vielleicht bin ich da als Selbstständiger anders gepolt: Ich bin nicht der Auffassung, dass für meine Gesundheit zuallererst jemand anders zuständig ist und nicht ich selbst. Ist es wirklich vermessen, einen Teil des eingesparten Fahrgelds in einen vernünftigen Schreibtischstuhl zu investieren, wenn man den noch nicht besitzt, oder ein Rollo anzubringen, wenn es blendet? Überhaupt käme ich nicht auf die Idee, dass für irgendetwas in meinem Leben jemand anderes zuständig ist. Mein Vater sagte immer: »Hilf dir selbst, dann hilft dir Gott.« Und das kann ich nur unterstreichen. Wir haben alles in unserem Leben in den eigenen Händen, unsere Gesundheit, unser Vermögen, unsere Beziehungen zu anderen Menschen, unsere Arbeit und nicht zuletzt auch unser Lebensglück.

Gleichzeitig offenbart dieses Beispiel die dunkle Kehrseite der Versorgung: Wer sich kümmert, bestimmt. Das war schon so, als man noch seine Füße bei den Eltern unter den Tisch stellte. Darf der Arbeitgeber in der Mitarbeiterwohnung dann die Möbel umstellen, damit das mit dem Lichteinfall passt? Darf er den Fernseher für die Dauer der Arbeitszeit technisch sperren, damit der Arbeitnehmer nicht abgelenkt ist? Darf er am Ende sogar aus Gründen des Arbeitsschutzes kontrollieren, ob Herr Meier und Frau Müller auch früh genug ins Bett gehen, und zwar möglichst nicht miteinander, damit sie auch wirklich ausgeschlafen sind? Vorsicht ist geboten bei Rufen nach demjenigen, der uns »rettet«, denn das ist derselbe, der uns am Schluss auch kontrolliert und maßregelt. Wer seine Eigenverantwortung abgibt, braucht sich nicht zu wundern, wenn jemand anderes für ihn definiert, was das Beste für ihn ist. Freiheit, ade!

Anderes Beispiel: Der Staat organisiert die gesetzliche Rente, dazu zieht er die Pflichtbeiträge ein. Ob der Zahler das überhaupt will und wie sinnvoll seine Beiträge angelegt werden, darauf hat ein Arbeitnehmer keinen Einfluss. Für einen Teil der Menschen ist das vermutlich ein Segen, da sie sonst im Alter vor dem Nichts ständen. Für einen anderen Teil ist es eine Entmündigung. Wer heute noch glaubt, dass die gesetzliche Rente sicher ist und ihm später ein auskömmliches Leben auf dem gewohnten Level garantieren wird, glaubt vermutlich auch noch an den Weihnachtsmann. Diese Selbstentmündigung schnappt auch in anderen Lebensbereichen zu. Wer meint, »die Firma« sei dafür verantwortlich, dass er weiterhin Arbeit hat, findet sich eines Tages womöglich mit Kollegen vor dem Werkstor wieder, die Trillerpfeife in der einen und das Protestplakat in der anderen Hand. Kein Arbeitgeber wird dafür sorgen, dass du dich nicht bewegen musst, wenn er in Osteuropa oder Indien Kosten sparen kann. Und wer glaubt, »der Arzt« müsse einen zwischen einem bewegungsarmen oder einseitig belastenden Arbeitstag und Kippe und Bier auf der Couch »schnell mal« gesund machen, wird vermutlich erleben, dass ihm eher früher als später der eigene Körper diktiert, was er noch tun kann und was nicht. Noch einmal, weil es für mich eine der wichtigsten Lebenslehren ist: Wer nicht der

Chef ist im eigenen Leben, der bekommt vom Leben einen Chef. Und der macht mit dir, was *er* will, und nicht, was du dir vielleicht vorstellst.

»Es gibt nur einen Chef in meinem Leben, und das bin ich« bedeutet: In meinem Leben sage nur ich, wo es langgeht, was getan wird, was passiert. Hab Mut – sei jeden Tag der Chef in deinem Leben:

- Sei *du* der, der dich antreibt, früher aufzustehen, um Sport zu treiben, oder am Abend die Couch gegen Joggingschuhe und Laufband einzutauschen.
- Sei *du* der, der entscheidet, sich gesund zu ernähren, und seinen Tag entsprechend zu planen.
- Sei *du* der, der festlegt, ob Urlaub drin ist oder ob dein Geld momentan anders besser angelegt ist.
- Sei *du* der, der bestimmt, ob du ein neues Auto bekommst oder ob es das alte noch tut und ob du das Geld besser in eine vermietete Immobilie investierst.
- Sei *du* der, der seine Stärken so ausbaut und einsetzt, dass du nicht auf Gedeih und Verderb von deinem jetzigen Arbeitgeber abhängig bist.
- Sei *du* der, der seine finanzielle Situation nicht komplett in die Hände anderer legt, sondern sich selbst kümmert.
- Sei *du* der, der sein Glück nicht davon abhängig macht, dass andere ihn »glücklich machen«. Lebe selbstbestimmt, entscheide, handle – und sorge so selbst für dein Glück.
- Sei *du* der Mensch, der du schon immer sein wolltest, und lebe exakt das Leben, das *du* leben möchtest – und nicht das Leben der anderen.

Es ist immer besser, sich selbst einen Ruck zu geben, als von anderen einen Tritt in den Allerwertesten zu bekommen. Der Chef in seinem Leben zu sein, heißt oft auch, unangenehme Entscheidungen zu treffen. Die Konsequenzen für das zu tragen, was man zu verantworten hat. Sich Ziele zu setzen und sich dafür anzustrengen. Und dann die eigenen Erfolge zu genießen und milde über Neider zu lächeln, die meinen, du hättest »immer Glück gehabt« in deinem Leben. Ich arbeite dran. Sei also *du* der Chef in deinem Leben, und du wirst niemals einen anderen Chef in deinem Leben haben!

30 • MIKES F.A.B.E.L.®-STRATEGIE – UND WARUM SIE AUCH BEIM THEMA GELD GREIFT

> *»Alles, was mit Willenskraft erreichbar ist, kannst du erreichen.«*
>
> Mike Hager, Selfmade-Millionär und Geldmentor (*1974)

Der 25. August 2001 war ein denkwürdiger Tag in meinem Leben. Es war ein Samstag und ich stellte mich morgens im hässlichen Siebzigerjahre-Badezimmer in meiner Dreier-Studenten-WG in München auf die Waage. Drei Sekunden später erschien eine Zahl auf dem Display: 78,2 kg. Es war geschafft. Ich hatte in den letzten anderthalb Jahren 50 Kilo abgenommen. In einem Marmorbad mit goldenen Wasserhähnen hätte ich mich nicht großartiger fühlen können. In diesem Moment war ich mir vollkommen sicher: Egal, was ich in meinem Leben erreichen möchte – was ich wirklich will, das werde ich schaffen. Ich hatte nicht nur die Dotcomblase überlebt und meinen Schuldenberg aus einer Fehlspekulation beinahe vollständig abgetragen. Ich hatte es als Dialekt sprechender Bub aus Niederbayern zum Radio geschafft. Und ich war nicht länger der Superdicke, den keiner ernst nimmt, und das nicht nur, weil er so lustig ist. Bis heute bin ich felsenfest überzeugt: Mit der Formel »Wissen aneignen, planen, machen« kann jeder – auch du – sein Leben jederzeit um 180 Grad drehen.

Diese Erkenntnis löste über die Jahre eine Art Sendungsbewusstsein in mir aus. Und je öfter ich Freunden, Bekannten und schließlich auch auf der Bühne von meinen Erfahrungen erzählte, desto mehr kristallisierten sich fünf einfache Sätze heraus, in denen sich mein Erfolgswissen bündeln ließ. Die F.A.B.E.L.®-Strategie war geboren. Ich habe nicht alle Elemente selbst erfunden, ich habe mich von Erfolgsmenschen inspirieren lassen. Aber Goethe hat für seinen *Faust* schließlich auch woanders gespickt.[111] Hier also die F.A.B.E.L.®-Strategie auf einen Blick:

F	**Failing to plan is planning to fail.** Wer es nicht schafft zu planen, plant, es nicht zu schaffen. Du brauchst einen Plan.
A	**Average of five.** Du wirst zum Durchschnitt der fünf Menschen, mit denen du am meisten Zeit verbringst. Achte auf deinen Umgang.
B	**Believe in yourself.** Egal, ob du glaubst, du schaffst es, oder ob du glaubst, du schaffst es nicht, du wirst immer recht behalten. Gedanken werden Wirklichkeit.
E	**Es wird mit dir gemacht, was du mit dir machen lässt.** Wem du die Schuld gibst, gibst du die Macht. Gehe in die Eigenverantwortung.
L	**Life happens for you, not to you.** Alles in deinem Leben geschieht zu deinem Besten. Suche in jedem »Unglück« sofort nach dem Glück.

F wie Failing to plan is planning to fail. Oder: Wer plant, gewinnt
Vielleicht kennst du das: Du willst abnehmen und hast den ganzen Tag tapfer Nein gesagt. Kein Keks im Meeting. Mittags nur Salat. Kein Stück vom Geburtstagskuchen der Kollegin, der in der Teeküche auf Opfer lauert. Dann kommst du nach Hause, hast eine Saulaune, öffnest den Kühlschrank. Dein trüber Blick fällt auf Null-Prozent-Joghurt, Gurke und schon leicht welke Radieschen. Und dann reicht es dir plötzlich. Du schiebst eine Tiefkühlpizza in den Ofen, Salami, mit extra dick Käse. Und das Schlimmste: Du isst sie auch, bis auf den letzten Krümel, und spülst sie mit einem gepflegten Bier runter. Ein typischer Planungsfehler: *Failing to plan is planning to fail.* Hättest du einen Wochenplan gemacht, am Sonn-

tag vorgekocht und einen Vorrat von leckeren und gesunden Gerichten im Kühlschrank, wäre dir das nicht passiert. Du hättest nicht mal Pizza im Haus. Klingt oberlehrerhaft, ist aber so. Glaub mir, wenn bei mir drei Tafeln Schokolade im Haus sind, dann sind sie ziemlich bald nicht mehr in der Schublade, sondern ganz tief in mir drin. Gute Planung ist das ganze Geheimnis. Das gilt auch in Geldfragen: Ob Kontensystem, automatischer Sparplan, Sparzwang durch ein Immobiliendarlehen oder Fünfer-Regel (Kapitel 18), Planung und Automatisierung ersetzen Willenskraft. Es kostet total viel Energie, sich jeden Tag aufs Neue zu entscheiden, dies oder jenes zu sparen. Und es ist vergleichsweise einfach, einmal geplante Systeme laufen zu lassen.

A wie Average of five. Oder: Nutze die Kraft deines Umfeldes
Akademikerkinder studieren oft. Arbeiterkinder bleiben häufig Arbeiter. Dicke Eltern haben oft dicke Kinder. Reichtum vererbt sich. Armut auch. Das mag man nicht gut finden, doch es bleibt eine Tatsache: Unser Umfeld hat einen entscheidenden Einfluss darauf, wie wir leben und was wir erreichen. Die positive Schlussfolgerung lautet: Wir können unser Umfeld so gestalten, dass es unsere Lebensziele fördert. Wer abnehmen will, umgibt sich am besten mit sportlichen Menschen, die auf ihre Ernährung achten. Und wer reich werden will, sucht am besten die Nähe von Menschen, die wissen, wie's geht. Und so weiter. Was ist *dein* nächstes Ziel, und wer könnte dich dabei inspirieren? Ziehe diese Menschen wie ein Magnet in dein Umfeld, benutze dafür meine WIN-Regel (vgl. Kapitel 14). Und denk immer an den einfachen Satz, mit dem du jederzeit neue Menschen ansprechen kannst: »Wissen Sie, was mir an Ihnen aufgefallen ist?« Auf die Nachfrage »Nein, was denn?« sagst du einfach aufrichtig gemeint irgendwas Schmeichelhaftes (und Zutreffendes!) – und schon bist du im Gespräch.

B wie Believe in yourself. Oder: Gedanken werden Wirklichkeit
Mark Twain prägte den, wie ich finde, sehr passenden Ausspruch »I've had a lot of worries in my life, most of which never happened.« Übersetzt heißt das so viel wie: »Ich habe viele Sorgen in meinem Leben gehabt,

von denen die meisten nie eingetreten sind.« Wie recht er doch hatte und wie oft wir uns trotzdem Sorgen machen. Dabei sollten wir unseren Kopf mindestens so oft aufräumen wie unsere Küche. Die wird gewienert, und was dort nicht hingehört, fliegt raus. In unserem Kopf geht es dagegen drunter und drüber, denn jeder Gedanke, der ungebeten auftaucht, darf sich dort festsetzen und vor sich hin müffeln: »Die Prüfung schaff ich nie.« – »Übergewicht liegt bei uns in der Familie.« – »Mehr Gehalt, das macht der Chef sowieso nicht mit.« Alles unbewiesene Behauptungen, deswegen aber nicht weniger wirkungsvoll. Die Überzeugung »Egal, ob du glaubst, du schaffst es, oder ob du glaubst, du schaffst es nicht, du wirst immer recht behalten« stammt, wie bereits erwähnt, von Henry Ford, der in seinem Leben erwiesenermaßen eine ganze Menge geschafft hat. Seine Erkenntnis: Wir können nur in Angriff nehmen, was wir vorher gedacht und uns zugetraut haben. Aus Denken wird Tun (oder Nicht-Tun). Gedanken werden Wirklichkeit. Achte also auf deine Gedanken. Wende zum Beispiel diesen Trick an: Immer, wenn du sagen möchtest: »Ich kann das nicht«, oder: »Das krieg ich nicht hin«, füge das mächtige Wörtchen »noch« ein. Denn wenn du etwas »noch« nicht kannst, beinhaltet das die Möglichkeit, es demnächst zu lernen und so zu ändern. Und glaube so oder so nicht immer alles, was »es« in einem schwachen Moment in dir denkt!

E wie Es wird mit dir gemacht, was du mit dir machen lässt. Oder:
Die Entscheidung liegt bei dir
Viele Menschen »müssen« von morgens bis abends: Sie müssen früh aufstehen/zur Arbeit/zum Einkaufen, ja sie »müssen« sogar zum Geburtstag oder zum Volleyball. Es klingt, als stünde permanent jemand mit geladener Pistole hinter ihnen, dann »müssten« sie wirklich. Nüchtern betrachtet musst du nichts. Na ja, zumindest sehr wenig (schlafen, essen, trinken und das Gegenteil). Warum immer müssen müssen, wenn du genauso gut auch einfach nur wollen brauchst, um dann können zu können? Du kannst sofort deinen Job kündigen, aus der Volleyballmannschaft austreten und den Geburtstagsbesuch verweigern. Wenn du es nicht tust, ist dir offenbar der Preis dafür zu hoch, etwa in Form von drohender Arbeitslosigkeit oder Ärger mit dem Geburtstagskind. Die volle Verantwortung

für das eigene Leben zu übernehmen, ist eine ungeheure Befreiung. Kein »Müssen« mehr, nur noch »Wollen«. Und auch keine Schuldzuweisungen mehr. Nicht der Chef ist schuld, wenn du deinen Job hasst, sondern du, weil du bleibst und dich nicht wehrst. Es wird mit dir gemacht, was du mit dir machen lässt. Sobald du alles zu »deiner Schuld« machst (oder zu deiner Verantwortung), liegt es in deiner Macht. Nicht die Bank ist schuld, dass dein Geld sich nicht vermehrt, sondern du selbst, weil du dich nicht um alternative Anlagemöglichkeiten kümmerst. Wem du die Schuld gibst, gibst du die Macht. Ob mächtig oder ohnmächtig, das entscheidest du ganz allein.[112] Formuliere doch einfach um von »Ich muss« zu »Ich werde«. Und vermeide das Wörtchen »man«. Bleib bei dir und mache aus »man« lieber »ich«.

L wie Life happens for you, not to you. Oder:
Es kommt drauf an, was du daraus machst
»Alles in deinem Leben geschieht zu deinem Besten« – spätestens hier regt sich häufig Widerspruch. Wofür soll es gut sein, wenn man sich das Bein bricht, mit Aktien viel Geld verliert oder im Job die Kündigung bekommt? Doch viele Menschen sagen mit etwas Abstand tatsächlich Sachen wie »Die Kündigung damals war das Beste, was mir passieren konnte« oder »Wäre ich nicht so lange im Krankenhaus gewesen, wäre ich nie auf die Idee gekommen, mich selbstständig zu machen«. Um von mir selbst zu sprechen: Hätte ich mit Mitte 20 keine finanzielle Bruchlandung hingelegt, wäre ich heute nicht finanziell frei. Und hätte ich den Herrn Nullinger nicht in Rente geschickt, wäre dieses Buch nie entstanden. Life happens for you, not to you.

Mit der F.A.B.E.L.®-Strategie steht dir die Tür offen für ein fabelhaftes Leben. Finde heraus, was deine derzeit wichtigste »Baustelle« ist. Du wirst feststellen, dass es meist einer der fünf Bereiche ist, der gerade besonders im Argen liegt (manchmal sind es auch zwei). Das Schöne ist, dass du dafür keinen anderen Menschen dazu bringen musst, sich zu ändern. Denn es gibt nur einen einzigen Menschen, der jeden einzelnen dieser Punkte in Angriff nehmen und ändern kann: du selbst. Arbeite an diesem Punkt und nimm dir den nächsten erst vor, wenn du dafür Freiraum hast. Auch hier gilt: Fokus! Und wenn du eine leicht anwendbare Strategie-Hilfe suchst, greif zu meinem F.A.B.E.L.®-Planer, einem Arbeitsbuch, mit dem du in 90 Tagen deine Ziele erreichst.[113]

Kurz und auf gut Bayerisch, oder besser Fränkisch, gesagt: Mit der F.A.B.E.L.®-Strategie hast du *F*ür *a*lle *B*robleme *e*ine *L*ösung.

PACK ES AN!

Jetzt hast du es im wahrsten Sinne des Wortes in der Hand: dieses Buch. Und in dem Buch die Anleitung für den Weg zu deinem Vermögen. Solltest du dir jetzt denken: »Puh, das ist ja ganz schön kompliziert«, oder: »Bin ich nicht schon zu alt? Soll ich jetzt wirklich noch starten?«, oder: »Bei mir ist das was ganz Spezielles, ich glaub nicht, dass das einfach so funktioniert«, dann möchte ich dir Mut machen. Der Weg ist einfach. Und er macht Spaß. Ja, wirklich! Und es sind ihn schon viele vor dir gegangen, die sicher teilweise eine schlechtere Ausgangssituation hatten als du. Fang ganz einfach jetzt, hier und heute mit den ersten kleinen Schritten an. Sammle deinen ersten Fünfer und leg ihn in eine Box, spar dir als nächsten Schritt vielleicht immer montags den teuren Coffee to go auf dem Weg in die Arbeit, lass die eine oder andere erste Ausgabe einfach sein und genieß das Gefühl, stark zu sein und etwas Verlockendes mal *nicht* zu kaufen. Du wirst sehen, schneller, als du denkst, sammeln sich die ersten Fünfer an. Nach wenigen Monaten kommen in der Regel schon ein paar Hundert Euro zusammen. Nach einem Jahr sind es oft schon über Tausend. Du entwickelst plötzlich Spaß daran, du erkennst Chancen und ergreifst sie. Du bewegst deinen Chef dazu, dir mehr Gehalt zu bezahlen, oder ziehst durch deine Energie einen guten neuen Kunden in dein Leben. Du tätigst erste kleine Investitionen. Und plötzlich ist da ein zartes, kleines Pflänzchen. Ein kleiner Geldhaufen, der auf magische Art und Weise immer größer und größer wird. Sieh das Ganze doch wie ein Spiel, mit der richtigen Prise Leichtigkeit, und sei dir einer Sache bewusst: Der Aufbau deines Vermögens ist wie eine Dampflok. Sie steht jetzt noch tonnenschwer auf dem Bahnhof und du kannst nicht glauben, dass es möglich sein soll, diesen Koloss vom Fleck zu bringen. Doch plötzlich setzt er sich in Bewegung. Wenn du genau hinsiehst, erkennst du, dass die Räder sich bewegen. Erst nur wenige Millimeter, dann die ersten, immer noch kaum wahrnehmbaren Zentimeter. Nach und nach rührt sich etwas, und schon haben die Räder ihre erste volle Umdrehung hinter sich. Und die zweite folgt, die dritte, dann bewegt sich der Zug schon in Schrittgeschwindigkeit. Noch könnten

Passagiere aufspringen. Aber schon wenige Sekunden später ist das riesige Gefährt zu schnell dafür. Es verlässt den Bahnhof und nach wenigen Minuten ist der Bahnsteig nur noch in der Ferne zu erkennen. Er kommt zu den ersten Weichen, sie sind gestellt und führen direkt in Richtung freie Strecke. Die Geschwindigkeit steigt, dein Geldzug durchfährt die ersten lang gezogenen Kurven und nimmt weiter Fahrt auf, unbeirrbar unterwegs in Richtung Schnelltrasse. Jetzt ist die Bahn frei, das Monstrum beschleunigt grenzenlos, das Geld-Biest ist losgelassen. Da ist sie schon, die lange Gerade, die schnurstracks in Richtung deines Ziels führt. Die Lok wird schneller, 60, 80, 110 Stundenkilometer, dieser Zug ist nicht mehr aufzuhalten. *Höchstgeschwindigkeit!* Und plötzlich merkst du: Alles funktioniert, jedes einzelne der kleinen Rädchen, die Fünfer, das Kontensystem, die Fülle, dein Mindset, deine Investitionen, Aktien, Immobilien, dein Verzicht auf Statussymbole und die Bereitschaft zu spenden, alles greift ineinander, und du hörst dich selbst, den Zugführer, eine allerletzte Durchsage machen: »Meine sehr verehrten Damen und Herren. In wenigen Minuten erreichen wir die Endstation dieser Reise: Ihre finanzielle Freiheit, Ihre Unabhängigkeit, Ihr Vermögen. Jetzt sind *Sie* der Chef in Ihrem Leben. Sie haben Ihr Ziel erreicht. Genießen Sie Ihren Aufenthalt. Sänk ju for träwelling und sänk you fürs Spar'n.« Ich wünsche dir, lieber Leser, dass deine Dampflok sehr bald den Bahnhof verlässt und dass sie dich sicher und wohlbehalten dort hinbringt, wo du hingehörst: In ein selbstbestimmtes, freies, (erfolg)reiches und glückliches Leben.

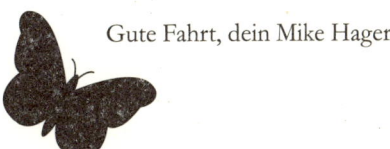

Gute Fahrt, dein Mike Hager

DIE ZEHN GEBOTE DES GELDES

1. Wenn wir uns ändern, ändert sich alles. Auch unser Vermögen.
2. Jeder kann vermögend werden, wenn er selbst die volle Verantwortung für seine Finanzen übernimmt.
3. Beachte den Unterschied zwischen Ausgabe und Investition und wende ihn auf alle Lebensbereiche an.
4. Definiere klare finanzielle Ziele und frage dich immer: »Bringt mich das, was ich gerade mache, meinem Ziel näher?«
5. Lebe nach der Devise »Immer sparen, immer spenden, immer investieren«. So lebst du in der Fülle und ziehst Geld in dein Leben.
6. Achte darauf, dass deine Einnahmen immer höher sind als deine Ausgaben. Vermeide Konsumschulden und teure Statussymbole.
7. Denke langfristig, meide kurzfristige Kauf-Lustbefriedigung. Der Zinseszinseffekt ist dein Freund.
8. Löse limitierende Glaubenssätze zum Thema Geld auf, wenn du welche hast: Geld ist gut, und jeder kann reich werden.
9. Reichtum ist ansteckend. Achte auf dein Umfeld und umgib dich mit Menschen, von denen du lernen kannst.
10. Dein Einkommen ist immer so groß wie dein Engagement, deine Hartnäckigkeit und dein Selbstvertrauen.

P.S.: Wenn du gerade die Stirn runzelst und Zweifel hast, gehörst du offenbar zu denen, die ein Buch von hinten lesen. Fang lieber von vorne an 😊*!*

DIE ULTIMATIVE REICHTUMSFORMEL

Geld ist nach wie vor leider ein Schmuddelthema, so scheint es mir zumindest. Man redet nicht drüber – und wenn, dann ist die Diskussion geprägt von Neid und Missgunst oder aber von unrealistischen Versprechungen und halb garen Tipps. Das ist schade, denn es hindert viele Menschen daran, ein finanziell freies Leben zu führen. Dabei kann jeder reich werden durch das folgende Mindset:

1. Weg von Ausgaben und hin zu Investitionen.
2. Weg vom Mangeldenken und hin zur Fülle.
3. Weg vom kurzfristigen Denken und hin zum langfristigen Denken.
4. Weg vom Egodenken (»Was brauche *ich*?«) und hin zu dem Grundgedanken »Was brauchen andere Menschen von mir?«.

Diese vier Punkte sind für mich die ultimative Reichtumsformel. Reich wird man also nicht von heute auf morgen und nicht ohne Anstrengung, aber mit dem richtigen Know-how und ein wenig längerem Atem klappt es. Mit meinen Büchern, Videos, Onlinekursen und Mentoring-Programmen, meinem Podcast und meiner Facebook-Gruppe möchte ich das Thema Geld deshalb aus der Schmuddelecke holen und anderen Menschen zeigen, wie sie selbst das schaffen können, was ich geschafft habe. Ohne Fachkauderwelsch und schwer verständliche Finanzstrategien, dafür mit einer Prise Humor und nachvollziehbaren Tipps. Also: Vermehre dein Geld und hab Spaß dabei!

Dein Mike

Du erreichst mich auf folgenden Kanälen:
Meine Homepage: https://mikehager.de
Mein YouTube-Kanal: https://buch.mikehager.de/youtube
Facebook-Seite: https://buch.mikehager.de/facebookseite

Facebook-Gruppe: https://buch.mikehager.de/facebookgruppe
Instagram-Kanal: https://buch.mikehager.de/instagram
TikTok-Kanal: https://buch.mikehager.de/tiktok
Podcast: https://buch.mikehager.de/podcast

Kontakt zu mir: info@mikehager.net

Infos zu meinen Programmen, mit denen ich dich zu deinem Ziel begleite, findest du unter https://mikehager.de.

DANKE

Ein Buch ist immer eine Gemeinschaftsleistung. Ich bedanke mich bei Albert Einstein, der mir in unseren WhatsApp-Chats immer wertvolle Anregungen geliefert hat. Bei Muhammad Ali, weil ich gerne Musik höre, und dafür braucht man Boxen. Bei mahatma Glück, mahatma Pech, Mahatma Gandhi. Ich mag einfach seine sanfte und friedliebende Art, wenn er Kommentare unter die Beiträge in meiner Facebook-Gruppe schreibt. (Dass er sich nur immer so aufregen muss, wenn er eine lila angemalte Kuh sieht. Heiliger Bimbam!) Bei Nelson Mandela, der mir beigebracht hat, nicht alles schwarz-weiß zu sehen. Bei Neil Armstrong für seinen tollen Hit »What a wonderful world« und bei den Brüdern Louis und Lance Armstrong, die, als ich ihnen dieses Buch geschenkt habe, meinten: »Das ist ein kleiner Schritt für dich und ein kleiner Schritt für die Menschheit.« Bei einem ehemaligen Präsidenten der USA, der begeistert war von diesem Buch, weil es »länger im Kamin gebrannt hat als die anderen«. Und bei Warren Buffett, den ich mal bei einer Veranstaltung am Büfett getroffen habe, dafür, dass er der Welt gezeigt hat, dass du ganz einfach reicher werden kannst als alle anderen, indem du einfach älter wirst als alle anderen. Ich weiß noch genau, wie ich ihn nach seinem Geheimnis gefragt habe, und er mit vollem Mund antwortete: »Pfinfefpfinf-Effekt!«

Und jetzt mal ernsthaft: Ein großes Dankeschön ...

An meine Frau Sophia Hufnagel für den besten und immerwährenden Beistand in allen Lebenslagen.

An alle meine Kunden, sei es in meinen Mentoring-Programmen oder als Besucher von Auftritten oder als Leser meiner Bücher und Nutzer meiner Fortbildungsprogramme, und an alle treuen Hörer, die ich über 20 Jahre im Radio begleiten durfte.

An meinen Vater dafür, dass er mir nicht nur sehr früh Lesen und eine große Liebe zu meinen beiden Muttersprachen (Bayerisch und Deutsch) beigebracht, sondern mich auch weitere Sprachen gelehrt hat.

An meine Mutter, deren eherne Lebensregel »Kein Nachteil ohne Vorteil« zu großen Teilen dafür verantwortlich ist, dass ich ein glückliches Leben führe.

An beide, dass sie mich mit einem wachen Geist und dem Hang zu eigenständigem Denken und Handeln versorgt haben.

An meine Schwester Katja für ihre Unterstützung und Geschwisterliebe.

An Beate Neubeck, von der ich nahezu alles über Immobilien gelernt habe.

An Stefan Meixner für unsere wunderbare Freundschaft.

An Lisa Pfaffinger, deren Satz »Jeder is', wo er is', weil er is', wie er is'« mich bis ans Ende meiner Tage begleiten wird.

An Dirk Stiller für viele bereichernde Gespräche.

An Tommy Seewald für das Zeigen einer völlig neuen (Online-)Welt.

An Roman Haase für über 20 Jahre immer wertvolle Beratung.

An Tom Erl und seine Fähigkeit, Probleme in Lichtgeschwindigkeit zu lösen.

An Guy Fränkel, der einfach nur rockt.

An Barbara Pafel für die Unterstützung beim Aufbau meiner »zweiten Karriere«.

An Lauri Kult für seine Leichtigkeit.

An Kerstin und Hermann Scherer für den einen richtigen Stupser zur richtigen Zeit.

An Petra Begemann, meinen »geistigen Zwilling«, für die traumhafte Zusammenarbeit.

An Bettina Traub, Stephanie Walter und Michaela Ruis vom Ariston Verlag sowie das gesamte tolle Team von Ariston, das von Anfang an an dieses Buch geglaubt hat.

Und zuletzt an Josef Nullinger für alles, was mir dieser – mein geliebter, verfressener niederbayerischer Freund – ermöglicht hat.

Und natürlich einen großen Dank an alle meine lieben Freunde und Wegbegleiter, von denen ich in der Vergangenheit und bis zum heutigen Tage viel lernen durfte. Eine Liste, die natürlich nie vollständig sein kann. Falls ich dich vergessen haben sollte, bitte sieh es mir nach. Mein

Dank geht an, Willi Weitzel, Brien Dorenz, Alexander Volkmer, Reinhard Brandl, Horaz Dragota, Ralph Müller, Valerie Weber, Chrisch Müller, Clemens Bittner, Florian Fischer, Sven Hansen, Dawid Przybylski, Eli Schütz, Alex Fischer, Gerald Hörhan, Oliver Pott, Joschi Haunsperger, Daniela und Heiko Forwick, Jan Westphal, Klaus Stäringer, Martin Müller, Eduardo Cusano, Simone und Josua Kohberg, Theresa Ambrosius, Benjamin Keller, Josef Westermeier, Kathie Kleff, Stephan Schöpf, Katrin Müller-Hohenstein, Wolfgang Leikermoser, Stephan Lehmann, Florian Weiß, Stefan Schneider, Toby Wessely, Christian Lisch, Stefan Höchtl, Stephy Beck, Wolfgang Wild, Franz Hau, Tom Stuhl, Ralf Schmitz, Minh Do-Dam, Julien Backhaus, Laura Dietberg, Dominik Fürtbauer, Stefanie Kühn. Ihr alle habt mich entweder auf meinem Weg begleitet oder mir geholfen. Ihr seid die Riesen, auf deren Schultern ich stehen durfte, und jeder Einzelne von Euch war und/oder ist eine Bereicherung in meinem Leben.

Mindestens genauso sehr bedanke ich mich allerdings bei denen, die mir mein Leben »schwer« gemacht haben. Ihr wart der Widerstand, an dem ich stärker werden und somit alles erreichen konnte, was ich erreicht habe. Life happens for you, not to you.

QUELLENANGABEN UND ANMERKUNGEN

1 https://mikehager.de/ueber/.
2 Kerstin Papon: »Private Finanzen: Tabuthema Geld«, Frankfurter Allgemeine Zeitung 08.08.2015; im Internet unter www.faz.net.
3 Thomas Ramge: »Reichtum wird überschätzt«. Interview mit dem Politikwissenschaftler Prof. Klaus Schroeder, in: Brand eins 2007, im Internet unter www.brandeins.de.
4 Vgl. https://www.bundesregierung.de/breg-de/aktuelles/bundeshaushalt-2020-beschlossen-1640494 und Martin Beznoska/Tobias Hentze, Die Verteilung der Steuerlast in Deutschland. Köln: Institut der Deutschen Wirtschaft 2017 (= IW Trends 1/2017).
5 Vgl. https://www.tagesspiegel.de/wirtschaft/3-440-euro-netto-im-monat-mit-diesem-einkommen-zaehlen-sie-zur-gehalts-oberschicht/24894732.html.
6 Eine Zusammenfassung der 4-Fragen-Methode findest du auf Byron Katies Homepage unter https://thework.com/wp-content/uploads/2019/03/AnleitungzuTheWork.pdf; mehr in Byron Katie: Wer bin ich ohne diesen Gedanken? Weisheit für jeden Tag. München: Arkana Verlag 2013.
7 Im Original lautet das Zitat aus der »Götzen-Dämmerung«: »Hat man sein warum? des Lebens, so verträgt man sich fast mit jedem wie?«
8 Vgl. Charles Dickens, A Christmas Carol (Eine Weihnachtsgeschichte) (1843). Vielleicht kennst du den Film? Den Text findest du in vielen Buchausgaben und auch im Internet, zum Beispiel hier: www.babyclub.de/magazin/specials/weihnachten/Eine Weihnachtsgeschichte.pdf.
9 Vgl. https://www.iwkoeln.de/studien/iw-kurzberichte/beitrag/lebenszufriedenheit-schenken-macht-gluecklich-255083.html.
10 Adam Grant, Geben und Nehmen: Warum Egoisten nicht immer gewinnen und hilfsbereite Menschen weiterkommen. München: Droemer Knaur 2016.
11 Unbekannter Autor.
12 Vgl. www.businessinsider.de/wirtschaft/lotto-sportwetten-casino-was-staat-mit-gluecksspiel-verdient/.
13 Vgl. https://kelbet.de/10-dinge-die-wahrscheinlicher-sind-als-im-lotto-zu-gewinnen.html.

14 Eine Focus-Reportage (»Die Buberts: Wenn Lotto Millionäre verarmen«) findest du unter /www.youtube.com/watch?v=O6KwblBxvJo, einen Pressebericht unter www.merkur.de/leben/geld/ehepaar-gewann-vier-millionen-euro-lotto-endet-tragisch-zr-10205697.html.
15 Vgl. http://www.aktuelle-lottozahlen-online.de/lotto-faq/was-kostet-das-lottospielen-kosten-fur-lotto-normalschein-lottoschein.php.
16 Vgl. https://www.businessinsider.de/wirtschaft/lotto-sportwetten-casino-was-staat-mit-gluecksspiel-verdient/.
17 Auf diesen Unterschied weisen auch andere Geldexperten hin. Gut erklärt wird er zum Beispiel auch in Alex Düsseldorf Fischers Buch *Reicher als die Geissens*. AF Media 2016, S. 115ff.
18 Vgl. https://manhattanhomedesign.com/blog-post-60-years-of-the-eames-lounge-chair/.
19 Vgl. Katja Joho, »Schulden-Atlas 2018. Überschuldete Deutsche: Zu viel Miete, zu viel Konsum«; in: Wirtschaftswoche vom 13.11.2018; im Internet unter www.wiwo.de.
20 Vgl. Cornelia Karin Hendrich, »Fast jeder Dritte hat am Monatsende kein Geld mehr«; in: Die Welt vom 23.02.2019; im Internet unter www.welt.de.
21 Vgl. Katja Joho, a. a. O.
22 https://wirtschaftslexikon.gabler.de/definition/lebensstandard-40609/version-263990.
23 Falls du dir was Gutes gönnen möchtest, hier die Wein-Preise: https://www.millesima.de/. Meine Empfehlung wäre allerdings eher eine Immobilie ☺. Mehr zu Johnny Depps Ausgaben findest du hier: https://www.bild.de/unterhaltung/leute/johnny-depp-verprasst-zwei-millionen-im-monat-50056574.bild.html.
24 Vgl. www.spiegel.de/spiegel/print/d-133262119.html.
25 Zum Experiment vgl. https://lexikon.stangl.eu/3697/marshmallow-test/, zur Kritik daran Jakob Simmank, Selbstkontrolle: Der Marshmallow, entmachtet?, in: Die Zeit vom 08.06.2018; im Internet unter www.zeit.de.
26 Diese Headline ist inspiriert von Chuck Palahniuk und einem Zitat aus seinem erfolgreich verfilmten Buch »The Fight Club«: »Von dem Geld, das wir nicht haben, kaufen wir Dinge, die wir nicht brauchen, um Leuten zu imponieren, die wir nicht mögen.«
27 Vgl. www.schuldnerberatung.de/konsumschulden/.
28 Vgl. Arvid Kaiser, »Milliardenbetrüger: Bernie Madoff errichtet im Knast Kakaomonopol«, in: Der Spiegel vom 13.01.2017; im Internet unter www.spiegel.de.

29 Vgl. Hannes Vogel, »Baden im Geld der Anleger«, 25.09.2015; im Internet unter www.n-tv.de.
30 Vgl. https://meedia.de/2014/08/20/haetten-sie-vor-zehn-jahren-google-aktien-gekauft-haetten-sie-heute-1-300-prozent-gewinn/ und https://www.boerse-online.de/aktie/alphabet_a-aktie.
31 Bei Wikipedia gibt es viele unverzichtbare Informationen, beispielsweise die Kosenamen der Lugner-Freundinnen (https://de.wikipedia.org/wiki/Richard_Lugner).
32 Robert T. Kiyosaki, Rich Dad – Poor Dad. Was die Reichen ihren Kindern über Geld beibringen. München: FBV, 15. Auflage 2020.
33 Vgl. Faust I (»Nacht. Faust mit sich allein.«)
34 Ein aufrüttelndes Interview hierzu mit der Finanzberaterin Helma Sick unter dem Titel »Ein Mann ist keine Altersvorsorge« (03.09.2015) findet sich im Netz unter https://womenandworkblog.wordpress.com.
35 Vgl.: »Streit ums Geld vermeiden: Finanztipps für Paare« (28.06.2020), im Internet unter www.finanzen.net. »Geldmanagement in der Partnerschaft«, Pressemeldung der RaboDirect-Bank vom 08.01.2019, im Internet unter www.rabodirect.de. Nina Blagojevic, »Geld bleibt ein Reizthema in Beziehungen«, Handelsblatt vom 11.09.2018; im Internet unter www.handelsblatt.com.
36 Vgl. »Geldmanagement in der Partnerschaft«, a. a. O.
37 Vgl. Aziza Freutel, »Studie: Shoppen ist das zweitliebste Hobby der Deutschen« (03.04.2019); im Internet unter www.textilwirtschaft.de. (Die Ergebnisse der Studie beziehen sich auf das Jahr 2018.)
38 Vgl. zum Beispiel »Top 10 Characteristics of an Effective Team«; im Internet unter https://effective-training-development.co.uk.
39 Vgl. Franziska Knupper, »Neurochemie: Auf der Jagd nach der Droge des Verliebtseins«, in: Berliner Zeitung vom 26.06.2016; im Internet unter www.berliner-zeitung.de.
40 Vgl. Martin R. Textor, »Beziehungsdefinitionen und unbewusste Verträge«; im Internet unter www.ipzf.de/beziehungsdefinitionen.html.
41 Vgl. Hansjörg Leichsenring, »Hört beim Geld die Freundschaft auf?« (12.04.2018); im Internet unter www.der-bank-blog.de.
42 Vgl. https://brak.de/fuer-journalisten/zahlen-zur-anwaltschaft/ (»Fachanwaltsstatistik« und »Entwicklung der Fachanwaltschaften seit 1960«).
43 Wörtlich: »When you're the smartest person in the room, you're in the wrong room.«
44 Vgl. https://www.anja-niekerken.de/blog-details/bullshit-mythen-du-bist-der-durchschnitt-der-fuenf-personen-mit-denen-du-dich-umgibst.

45 Mike Hager, Mikes Mindset Minuten – 39.5 ultimative Erfolgsgesetze für dein geiles Leben. München, 2021.
46 Vgl. Alice Schroeder, Warren Buffett – Das Leben ist wie ein Schneeball. München: FBV 2010.
47 Im Original: »It's not your salary that makes you rich, it's your spending habits.« Vgl. »The 70 Best Quotes about Money and Success«, im Internet unter https://10yeartarget.com.
48 Vgl. zum Beispiel »Vor 75 Jahren starb der Firmengründer Robert Bosch«; in: Esslinger Zeitung vom 11.03.2017; im Internet unter www.esslinger-zeitung.de.
49 www.businessinsider.de/tech/bill-gates-groesste-anschaffungen-milliardaer-2018-2/.
50 Vgl. www.trinkwasser-wissen.net/fakten/preis.
51 Vgl. https://www.adac.de/reise-freizeit/ratgeber/tests/oepnv-preise-vergleich/.
52 Bodo Schäfer, Der Weg zur finanziellen Freiheit. Ihre erste Million in 7 Jahren. München: dtv, 11. Auflage 2020, hier: S. 174.
53 Vgl. www.ecb.europa.eu/euro/banknotes/design/html/index.de.html Motive aus der Architektur.
54 Ken Honda, Happy Money. Der entspannte Weg zu Wohlstand und Glück. Berlin: Ullstein 2020.
55 Streng wissenschaftlich müsste es heißen: »Das Belohnungszentrum Nucleus accumbens unterliegt im Zwist mit der Insula im Großhirnlappen«, vgl. https://www.ndr.de/ratgeber/verbraucher/Kaufrausch-Wie-Rabatte-auf-unser-Hirn-wirken,kaufen106.html.
56 Vgl. zum Beispiel »Rabatte wirken wie Kokain« (Interview mit dem Mediziner und Neurowissenschaftler Christian Elger (09.03.2016); im Internet unter www.focus.de.
57 Vgl. https://www.gallup.de/183104/engagement-index-deutschland.aspx.
58 Vgl. https://fabelplaner.com.
59 Vgl. https://buch.mikehager.de/facebookseite.
60 Ehre, wem Ehre gebührt: Diesen Tipp habe ich bei Bodo Schäfer gefunden: Der Weg zur finanziellen Freiheit. Ihre erste Million in 7 Jahren. München: dtv, 11. Auflage. 2020, hier: S. 91ff.
61 Nein, kein Scherz! Das soll Frau Marx tatsächlich gesagt haben. Ob das der gute Karl geahnt hat?.
62 Vgl. www.welt.de/fernsehen/article157915519/Die-heimtueckischen-1000-Euro-Fragen.html.
63 Vgl. www.t-online.de/leben/id_56101930/richtig-verhandeln-so-klappt-s-mit-den-schnaeppchen.html.

64 Aus dem Film *Das Leben des Brian*, https://www.youtube.com/watch?v=oW2TX5zUA6I.
65 Vgl. www.joinhoney.com/de.
66 Stellungnahmen verschiedener Wissenschaftler zu dieser Frage findest du hier: https://en.wikipedia.org/wiki/Common_law_of_business_balance.
67 Titel der Sendung vom 21.08.2019: »Fast Fashion – Wegwerfprodukte für wenig Geld«.
68 Vgl. Christoph Sackmann, »Wie Schimpansen mit Dart-Pfeilen zu den besten Bankern der Wall Street wurden« (20.02.2018); im Internet unter www.finanzen100.de.
69 Vgl. Christoph Sackmann, »Diese Grafik über Warren Buffett zeigt die beste Eigenschaft eines guten Anlegers« (24.01.2017); im Internet unter www.finanzen100.de; und https://de.statista.com/infografik/12050/die-reichsten-menschen-weltweit/ unter Berufung auf Forbes.
70 Vgl. https://falschzitate.blogspot.com/2017/07/der-zinseszins-war-die-grote-erfindung.html?m=0.
71 Formel für den Zinseszins:

$$K_{neu} = K \cdot (1 + \frac{p}{100})^n$$

Dabei ist »K_{neu}« das Kapital nach der Verzinsung (Endkapital), »K« ist das Kapital vor der Verzinsung (Anfangskapital), »p« ist die Zinszahl und »n« ist die Anzahl der Jahre. Quelle und weitere Formeln: www.gut-erklaert.de/mathematik/zinseszins-berechnen-formel-erklaerung.html Nicht, dass es heißt, hier lernt man nix …;-). Und die Taschenrechner-App bleibt aus, Freunde!
72 Vgl. www.boerse.de/grundlagen/aktienanlage/Aktienmaerkte-gewinnen-9Prozent-pa-25 für Dow Jones und DAX sowie das DAX-Rendite-Dreieck, auf das ich weiter unten (im Kapitel 23) näher eingehe (www.dai.de/files/dai_usercontent/dokumente/renditedreieck/181231%20DAX-Rendite-Dreieck%2050%20Jahre%20Web.pdf).
73 Zitiert nach https://de.wikipedia.org/wiki/Josephspfennig.
74 Lazar Backovic: »Unser Gehirn ist nicht dafür gemacht, mit Geld umzugehen«. Interview mit Dan Ariely im Handelsblatt vom 16.09.2018.
75 Vgl. https://www.ted.com/talks/dan_ariely_are_we_in_control_of_our_own_decisions#t-438893.
76 Mann, du nimmst es wirklich sehr genau, wenn du das jetzt extra nachprüfst! Aber bitte: Ich gehe von einer Strecke von sechs Metern zwischen Couch und Kühlschrank aus. Macht zwölf Meter pro Gang. Mein Vater ist 2.400.000 Meter mit dem Fahrrad gefahren. Geteilt durch zwölf ergibt

200.000 Kühlschrankgänge und bei durchschnittlich vier Kühlschrankgängen pro Tag 50.000 Tage. Und das sind nach Adam Riese 136,9863 Jahre. Ich gebe zu: Schaltjahre habe ich vernachlässigt. Dafür gehen Babys aber noch nicht allein zum Kühlschrank. Dann passt's wieder.

77 Es ist der Tomasee in Graubünden, nur für den Fall, dass auch du die Erdkundestunde gelegentlich verpennt hast.
78 Einen Überblick zur Einlagensicherung findest du im Internet unter https://www.finanztip.de/sichere-banken/einlagensicherung/ (Stand: 20.11.2020).
79 Vgl. Spiegel Geld 2/2020, S. 4.
80 Einen Überblick gibt https://www.biallo.de/geldanlage/ratgeber/so-vermeiden-sie-negativzinsen/ (Stand: 1.10.2020).
81 Vgl. www.planet-wissen.de/geschichte/deutsche_geschichte/weimarer_republik/pwiediehyperinflationvon100.html.
82 Vgl. www.zinsen-berechnen.de/inflationsrechner.php.
83 Vgl. https://de.statista.com/statistik/daten/studie/4917/umfrage/inflationsrate-in-Deutschland-seit-1948/.
84 Am 5.10.2020 lag der Apple-Kurs bei 97,30 Euro, den aktuellen Kurs kannst du leicht über Google herausfinden.
85 Nein, ich weiß nicht, welche Aktie das war. Ich kann dir nur die Quelle dieser Story verraten: https://wallstreet-stuff.de/boersenwissen/boersengurus/andre-kostolany/.
86 Buffett sagte wörtlich: »Wenn du nicht bereit bist, eine Aktie für zehn Jahre zu halten, solltest du auch nicht darüber nachdenken, sie für zehn Minuten zu besitzen.« Kaum jemand hat so viele witzige und gleichzeitig treffende Dinge übers Aktiengeschäft gesagt wie Buffett. Kein Wunder – er hat ja auch schon 90 Jahre Zeit dafür. Für eine vergnügliche (und lehrreiche) halbe Stunde schau mal im Netz bei »The Motley Fool«: »Die 100 besten Zitate von Warren Buffett« (10.05.2019), www.fool.de/2019/05/10/der-grosse-berkshire-hathaway-rueckkauf-ueber-den-niemand-spricht-2/.
87 Eine Zusammenfassung von Beate Sanders Strategie gibt es hier: www.focus.de/finanzen/boerse/hoch-tief-mut-strategie-die-millionen-formel-mit-mumm_id_10636466.html; eine von Warren Buffetts Ansatz hier: www.handelsblatt.com/finanzen/maerkte/boerse-inside/buffetts-strategie-auf-der-spur-des-superinvestors/6114594-all.html.
88 Hier auch der Link: www.dai.de/files/dai_usercontent/dokumente/renditedreieck/181231%20DAX-Rendite-Dreieck%2050%20Jahre%20Web.pdf.
89 Einen Überblick über Länder-Indizes gibt es unter www.finanzen.net/indizes im Internet.

90 Der Prozentanteil variiert je nach betrachteter Laufzeit und Index, liegt aber durchgängig sehr hoch. Vgl. zum Beispiel Egmond Haidt, »90 Prozent der Fonds laufen schlechter als der Gesamtmarkt« (22.03.2018), im Internet unter www.finanzen100.de und »Gemanagte Fonds sind noch schlechter als ihr Ruf« (10.10.2019 in der Welt): Eine Studie des Index-Anbieters S&P Dow Jones kam zu dem Ergebnis, dass sich bei zehnjähriger Laufzeit international zwischen 85,2 und 98,6 Prozent der Indizes besser entwickeln als aktiv gemanagte Fonds (im Netz unter https://www.welt.de/finanzen/article201693566/Gemanagte-Fonds-Fondsmanager-sind-noch-schlechter-als-ihr-Ruf.html).

91 Vgl. https://de.wikipedia.org/wiki/In_China_ist_ein_Sack_Reis_umgefallen.

92 Vgl. zum Beispiel »Total Expense Ratio: Hilft die TER beim Fondskauf?«, im Internet unter https://bergfuerst.com; »Kosten von ETFs: Ein Überblick über alle Kosten«; im Internet unter www.weltsparen.de sowie die Auswertung von über 1000 ETFs unter https://denkfabrik.rocks/durchschnittliche-ter-etf/.

93 Vgl. https://de.wikipedia.org/wiki/R%C3%A4um-_und_Streupflicht.

94 Vgl. https://finanziell-umdenken.info/ideen-fuer-die-strategische-asset-allocation sowie Michael Ferber: »Was Sparer in Sachen Geld von reichen Familien lernen können«, in: Neue Zürcher Zeitung vom 07.11.2019; im Internet unter www.nzz.ch. Erstaunlicherweise ergeben die genannten Prozentanteile in Summe 101 Prozentpunkte. Da selbst Reiche im Leben zumindest mathematisch auch nur 100 Prozent bekommen, steckt in den Quellen vermutlich irgendwo ein Rundungsfehler.

95 Vgl. www.fr.de/ratgeber/geld/investieren-picasso-11709268.html.

96 Vgl. www.gold.de/kurse/goldpreis/.

97 Vgl. https://www.finanztip.de/gold/.

98 Vgl. den Überblick von Johannes Heinritzi, »Trügerische Sicherheit: Anzeichen für neue Gold-Verbotswelle häufen sich«, in: Focus Money vom 04.12.2019, im Internet unter www.focus.de, sowie den sehr ausführlichen Artikel zum Goldverbot unter https://de.wikipedia.org/wiki/Goldverbot.

99 Wenn dir die Murmeltierbemerkung ein Rätsel ist, hast du eine füllenswerte cineastische Bildungslücke. Such im Internet nach »Murmeltier Film« und schau ihn dir an. Anders als manche Fahrradvermehrungsdiskussion ist das mit Sicherheit nicht langweilig.

100 Vgl. Spiegel Geld 2/2020, S. 23.

101 Das bedeutet, du musst im Verkaufsjahr und zwei Kalenderjahre davor in der Immobilie gewohnt haben.

102 Urteil vom Bundesfinanzhof vom 03.09.2019, Aktenzeichen IX R 10/19.
103 Bei linearer Abschreibung sind das 2,5 Prozent bei Gebäuden, die vor dem 01.01.1925 fertiggestellt wurden, ab 01.01.1925 sind es 2 Prozent.
104 Vgl. www.freizeitmonitor.de; Studie: «Smartphones liebster Zeitvertreib der Deutschen» (11.09.2015), im Internet unter www.splendid-research.com; Werner Kolhoff, »So verbringen die Deutschen ihre Freizeit«, Westdeutsche Zeitung vom 05.09.2018, im Internet unter www.wz.de; Karin Völker, »Unglücklich durch Facebook«, Westfälische Nachrichten vom 05.09.2019, im Internet unter www.wn.de (zur Studie der Universität Münster mit 2000 Teilnehmern).
105 Engpasskonzentrierte Strategie. Eine Kernaussage dieser Businessstrategie darin, sich auf ein brennendes Problem seiner Zielgruppe zu konzentrieren und dieses besser zu lösen als alle anderen. Ich hoffe, das gelingt mir mit diesem Buch 😊.
106 Vgl. dazu ein CBS-Interview, in dem Buffett genau das erzählt: Bei YouTube unter www.youtube.com/watch?v=ju20hzifwAo oder unter dem Suchbegriff »One word that accounted for Bill Gates' and my success: Focus« – Warren Buffett.
107 Vgl. www.tk.de/techniker/magazin/digitale-gesundheit/fomo-2048966.
108 Gary Keller (mit Jay Papasan), The One Thing. Die überraschend einfache Wahrheit über außergewöhnlichen Erfolg. München: Redline Verlag 2017, hier: S. 117.
109 Richard Koch, Das 80/20-Prinzip. Mehr Erfolg mit weniger Aufwand. Frankfurt am Main: Campus Verlag, 4. Auflage 2015, hier: S. 49.
110 Sonja Lyubomirsky, Glücklich sein. Warum Sie es in der Hand haben, zufrieden zu leben. Frankfurt am Main: Campus Verlag, 2., aktualisierte Neuausgabe 2018.
111 Für alle, die es ganz genau wissen wollen: Vor allem bei Christopher Marlowe und seinem Drama »Die tragische Historie vom Doktor Faustus« von 1589, die bald zum Repertoire der Wanderbühnen in deutschen Landen gehörte. Schlau geklaut ist besser als schlecht erfunden. Oder wie Harald Schmidt immer sagte: »Wer bei mir klaut, klaut schon zum zweiten Mal.«
112 Wenn dir das jetzt zu schnell ging: Es gibt ein lesenswertes Buch zu diesem Thema: Reinhard K. Sprenger, Die Entscheidung liegt bei dir! Wege aus der alltäglichen Unzufriedenheit. Frankfurt am Main: Campus Verlag, 15. Auflage 2016.
113 Mike Hager, F.A.B.E.L.®-Planer für dein fabelhaftes Leben. Erreiche deine Ziele in 90 Tagen! Remscheid: One World Distribution 2019. Mehr unter https://mikehager.de.